영유아교육과정

정주선 · 김민경 · 김세루 · 양정은 · 윤정선

창지사

머리말

영유아교육은 대상자의 연령적 특성으로 인하여 다른 연령에 비해 교육 및 교육과정에서보다 더 종합적이며, 실천적·응용적 특성이 있다. 또한 어린 시기에 보호와 양육은 교육과 분리되지 않으며 교육은 이를 포함한 과정이기도 하다. 영유아교육과정은 영유아교육의 모든 분야의 기본서이자 중심이라고 할 수 있다.

이 책의 저자들은 그간의 강의와 현장의 경험을 통해 영유아교육과정을 공부하는 학생들에게 실질적인 도움이 될 수 있도록 영유아교육에 필요한 이론과 현장에 어떻게 하면 쉽게 접근할 수 있을지에 대한 고민 끝에 같이 하게 되었다.

이 책은 총 여덟 개의 chapter로 구성되어 있으며 2020년 현재 시행되고 있는 2019 개정 누리과정과 제4차 표준보육과정 전문을 본문에 제시하였다.

chapter 1은 영유아교육과정의 기초로 교육과정의 개념을 살펴본 후 다양한 준거에 의한 교육과정 유형을 바탕으로 영유아교육과정의 개념에 대해 소개하였다.

chapter 2는 영유아교육과정의 이론적 기초를 다지는 철학적·심리적·사회적 기초를 알아보았다.

chapter 3은 영유아교육과정의 접근법과 유형으로 영유아교육과정의 접근법과 유형의 분류에 대해 소개하였다.

chapter 4는 영유아교육과정의 구성으로 영유아교육과정의 기본 방향을 알아보고 구성의 기본 요소에 대해 소개하였다.

chapter 5는 영유아교육과정의 계획 및 운영으로 일과 계획과 운영 및 이번에 개정된 교육과정의 중심인 놀이중심 교육과정 계획 및 운영과 이러한 교육과정을 위한 환경구성을 소개하였다.

chapter 6은 우리나라 영유아교육과정으로 변천사와 현재를 알아보는 장으로 유치원 교육과정과 누리과정, 표준보육과정으로 나누어 소개하였고, chapter 7은 영유아교육 프로그램으로 현재 유아교육·보육 현장에서 가장 일반적으로 논의되고 있는 주요 프로그램들을 소개하였다. chapter 8은 영유아교육기관 평가로 유치원과 어린이집 평가를 2020년 현재 평가 기준안을 기본으로 알아보았다.

이 책이 영유아교육을 전공하는 학생과 유치원과 어린이집 현장의 교사 등 관계자들에게 영유아교육과정의 이론과 실천을 위한 방향을 제시하는 교재가 될 수 있기를 희망합니다.

끝으로 이 책이 나오기까지 함께해 주신 창지사 가족들에게 감사의 마음을 전합니다.

2020년 8월

저자 일동

차례

chapter 1

영유아교육과정의 기초

이 장에서는 일반적인 교육과정의 개념을 살펴보고 영유아교육의 특성에 따른 유아교육과정의 개념에 대해 살펴보고자 한다.

I. 교육과정의 개념

교육과정은 무엇을 가르치고 배울 것인가에 대한 문제를 체계적으로 다루는 교육학의 한 전문 분야이다(권미량, 2020). 교육과정에 대한 개념은 1918년 보비트(John Franklin Bobbit)가 『교육과정(*The Curriculum*』이라는 단행본을 발간한 이후 지금까지 수많은 교육과정 학자들에 의해 꾸준히 논의되고 발전되어 왔다(박영신 외, 2017). 그의 책에서 '교육과정'의 개념은 학습자가 교육 목표에 도달하도록 도와주고 교사와 학생 사이를 연결하는 '코스' 또는 '과정'의 뜻을 내포하고 있다(이순형 외, 2016). 보비트 이후에 등장한 가장 체계적인 이론서는 타일러(Tyler)의 『교육과정과 수업의 기본원리(1949)』이다(문미옥, 2015). 이 책은 교육과정 설계자가 가져야 할 가장 핵심적인 질문 네 가지(교육목표의 설정, 학습경험의 선정, 학습경험의 조직, 학습성과의 평가)를 제시함으로써 오늘날에도 널리 통용되고 있으며 교육과정과 수업의 기본 매뉴얼이 되고 있다(강유정 외, 2020).

영어로 교육과정(curriculum)은 라틴어의 'currere(달리다)'와 'culum(cule, 과정)'의 합성어이며 'the course to be run(달려야 할 경주로)'라는 뜻으로 경마장의 '경주로', 나아가 '수행해야 할 교수요목'을 의미한다(교육부, 1998). 즉, 학교에서의 교육과정의 의미로 쉽게 짐작할 수 있는데 1학년에 입학해서는 이러한 정해진 교과목들을 배우고, 또 2학년에 가서는 이러이러한 정해진 교과목들을 배우고, 또 언제는 이런 시험을 보아야만 하고 그래서 나중엔 졸업 즉 목표지점에 이르게 되는 일련의 정해진 코스가 교육과정이 되는 것이다(강유정 외, 2020). 이렇듯 교육과정은 학생이 입학해서 졸업할 때까지 쭉 달려가는 정해진 코스, 또는 학생이 학습할 내용을 일정한 순서에 따라 조직하고 배열한 것이라는 뜻으로 사용되었고, 교육과정은 '목표와 일정한 순서로 배열된 학습의 코스와 더불어 교육내용이나 경험 내용'을 의미한다(양옥승 외, 2016).

여러 학자들도 다음과 같이 교육과정을 시대적·사회적 변화에 따라 다양하게 정의하고 있다.

파이너(W. F. Pinar)는 교육과정의 어원으로서의 쿠레레를 새롭게 해석하여 교육과정을 재개념화하였다. 파이너는 쿠레레의 또 다른 의미로서 '달리는 과정' 또는 '경험이라는 행위'를 인식론적으로 해명함으로써 교육과정을 순수이론으로 정립하고자 하였다(김승호 외, 2019). 그는 학생들이 교육과정을 습득하고 경험하는 과정에서의 주관성과 역동성을 강조하는 동사로서의 쿠레레를 강조하였다(강유정 외, 2020).

교육부(1998)는 교육과정을 학습자에게 학습경험을 선정하고 조직하여 교육경험의 질을 구체적으로 관리하는 교육의 기본 설계도라고 하였다.

고핀과 윌슨(Goffin & Wilson, 2001)은 교육과정을 '학습을 위한 문화를 발전시키거나 학습환경을 만들기 위한 틀(framework)'이라고 정의하면서, 지금까지처럼 교육과정을 협의로 인식하고 이와 관련하여 '무엇을, 언제, 어떤 방식으로' 제공할 것인가에 대한 논의에만 집중할 것이 아니라 이제는 개별 유아의 사회·문화적 맥락을 고려하여 '왜' 요구되는가에 대한 논의나 고심이 필요하다고 지적하고 있다(양옥승 외, 2016).

정리하면, 일반적으로 교육과정이란 교육기관에서 이루어지는 전문적 활동으로, 교육 목적과 목표를 설정하고 그에 맞는 활동내용을 선정, 조직하여 운영 및 활동을 전개하고 평가하는 등에 관한 체계적인 설계도라고 할 수 있다(길효정, 2017). 교육과정 개념에 대한 변천과정을 나타내 보면 [그림 1-1]과 같다.

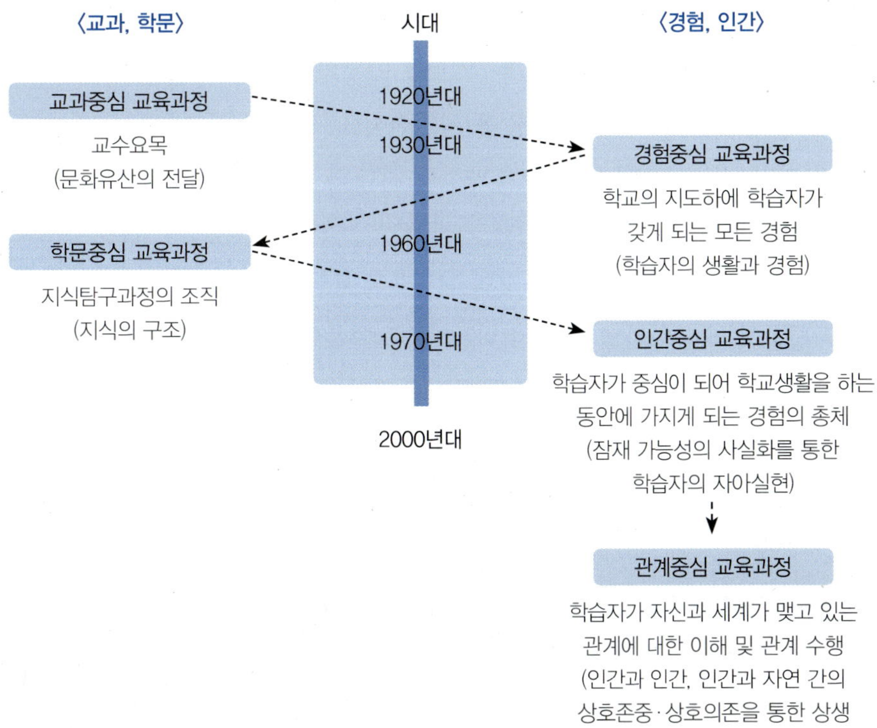

| 그림 1-1 | 교육과정 내용 구성방식에 따른 개념의 변천

출처: 박찬옥 외(2020). 유아교육과정. 정민사. p. 4.

Ⅱ. 다양한 준거에 의한 교육과정 유형

1. 교육사조의 흐름에 따른 분류

교육과정 개념의 이해를 위해 교육사조의 역사적 변천에 따라 교과·경험·학문·인간중심 교육과정의 내용과 구성을 근거로 삼은 교육과정을 살펴보면 다음과 같다.

1) 교과중심 교육과정(subject-centered curriculum)

교과중심 교육과정은 학문의 특성에 따라 분류되는 교과의 분과 학문적 성격을 강조하는 교육과정이다(권미량, 2020). 교과(subject matter)는 학교에서 가르치고 배우기 위해 만들어 놓은 것으로, 학교교육 목표를 달성하기 위해 교육내용을 체계적으로 조직해 놓은 묶음이다(김승희, 2018). 예를 들어, 2009년 개정교육과정에 기초하여 초등학교 1, 2학년은 국어, 수학, 통합교과가 교육내용으로 정해져 있고 마찬가지로 초등학교 고학년이나 중학교, 고등학교에서 배우는 내용이 정해져 있는 것이다(이선애 외, 2016).

교과중심 교육과정(subject-centered curriculum)은 학교교육이 시작된 때부터 1920년대 말까지 계속되었으며 사상적인 배경은 본질주의 교육사조다(양옥승 외, 2016).

교과중심 교육과정은 2015년 개정 교육과정에 기초하여 초등학교 1, 2학년은 국어, 수학, 통합교과가 교육내용으로 정해져 있는 것과 마찬가지로 초등학교 고학년이나 중학교, 고등학교에서 배우는 내용이 정해져 있다(박찬옥 외, 2020). 이렇듯 교과서를 교육과정이라고 도식적으로 이해하는 것도 바로 이러한 교육과정에 대한 관점에서 비롯되었다고 볼 수 있다(강유정 외, 2020). 교과중심의 교육과정은 문화유산의 전달이 주된 교육내용이 되며, 교사중심, 설명위주의 교수법, 한정된 교과 영역 내에서의 학습활동 등의 특징을 갖는다(박찬옥 외, 2020).

교과중심 교육과정은 객관적으로 가치가 있다고 생각되는 것을 논리적이고 체계적으로 조직하므로, 학습계획 및 진도의 진행이 쉽고, 표준화와 관리가 편리하며, 학습자의 지적 성장을 위해 필수적인 내용을 공급할 수 있는 점 등의 장점이 있다(양옥승 외, 2016). 그러나, 학습자들의 참여가 소극적이고, 학습자들의 흥미나 요구가 반영되기 힘들다는 문제점이 있다(권미량, 2020). 그리고, 교과중심 교육과정은 학습자의 전인적 발달과 거리가 멀다는 비판을 받는다(김승희, 2018).

| 표 1-1 | 교과중심 교육과정의 장·단점

장점	단점
• 교과중심 교육과정 내용의 체계적인 조직은 경험을 효과적으로 해석하는 데 꼭 필요한 것이다. 즉, 미래경험의 길잡이 역할을 한다. • 교과중심 교육과정 내용의 조직은 단순 명료하다. • 객관적인 평가기준에 의해 쉽게 학습결과를 평가할 수 있다. • 교과중심 교육과정은 교사의 학생 및 학부형들에게 최대의 안정감을 준다. • 교과중심 교육과정은 개인의 지성개발에 적당하며 시간과 노력을 절약해 준다. • 문화유산의 전달에 가장 알맞다. • 장구한 전통에 뿌리를 두고 있으며, 널리 받아들여지고 있다. • 중앙집권적 통제가 용이하다.	• 학습자의 흥미와 활동을 경시한다. • 너무 규칙화되고 단편화되어 지식을 통합하는 전체적 구조가 없다. • 현대학교가 성취하려는 민주적 가치로부터 동떨어져 있다. • 원리, 법칙, 개괄, 논증 등을 위주로 수업을 전개하므로 학습자들에게는 어렵다. • 교육과정의 내용을 효과적으로 배열하기 어렵고 사회문제를 무시하기 쉬우며, 효과적인 사고습관 및 개발에 실패하기 쉽다. • 보다 넓은 새로운 목표를 무시하기 쉬우며 새로운 내용에 대한 첨가가 곤란하고 융통성 있는 수업진행이 어렵다. • 교육목적 달성을 충분히 수행하도록 하는 데 이바지하지 못하고 있다. • 수동적인 학습태도를 형성할 우려가 있고, 인지발달, 창조적 표현력, 사고력 등 고등정신 능력함양이 어렵다. • 실제 생활문제에서 유리되기 쉽고, 경쟁적이며 비실용적인 지식을 전달할 수 있다.

출처: 이인학 외(2013).

2) 경험중심 교육과정(experience-centered curriculum)

경험중심 교육과정은 교과중심 교육과정이 현실 상황을 충분히 고려하지 못하고 있다는 비판이 대두되면서 1930년 미국에서 듀이(Dewey)의 진보주의 교육사상에 근거하여 교육과정을 '학교의 지도하에 학습자가 겪게 되는 모든 경험'으로 보는 견해이다(양옥승 외, 2016). 당시 미국은 1929년에 시작한 대공황으로 엄청난 시련을 겪으면서 교과 중심 교육과정에 대한 회의를 느끼면서 실생활과 긴밀하게 연관된 교육과정을 통해서 학습자의 문제해결능력을 향상해야 할 필요성이 대두되었다(김승희, 2018).

듀이(Dewey)는 아동이 학교 안에서의 활동에 능동적으로 참여함으로써 자아실현을 성취할 수 있도록 도와주는 특별한 환경을 만들어 주어야 한다고 하였다(강유정 외, 2020). 따라서, 경험중심 교육과정의 구성은 학생의 필요와 흥미가 바탕이 되며 실생활에서 당면하는 문제들을 현명하게 해결하고 새로운 사회에 잘 적응할 수 있는 경험들을 교육해야 한다는 요구에 따라 가정 · 공예 · 실과 · 기술 등의 교과가 구성되기도 하고, 바느질, 목장견학, 기계조립 등의 체험학습을 내용으로 교과가 구성되기도 하였다(이선애 외, 2016).

교과중심 교육과정이 지식의 내용과 그 분과적 교과를 중시하였다면, 경험중심 교육과정은 개별적 경험과 그 경험의 계열을 강조하는 접근법이다(권미량, 2020). 경험중심 교육과정은 학습자의 흥미와 경험을 중시하고, 공식적으로 의도하지는 않았지만 학습자가 교실 안팎의 모든 학교 환경으로부터 직 · 간접적으로 배우게 되는 잠재적 교육과정에 관심을 갖게 했다는 것에 의의가 있다(양옥승 외, 2016). 이러한 특성은 교육과정이 아동중심, 흥미중심, 생활중심의 교육과정이라는 성격을 띠게 한다(권미량, 2020).

경험중심 교육과정에서의 교사는 조력자 · 안내자 · 상담자의 위치에서, 학습자가 사회 변화에 따른 다양한 문제를 현명하게 해결해 나갈 수 있는 능력을 배양하도록 하는 데 중점을 둔다(박찬옥 외, 2020). 그러나, 소양과 지도요령이 미숙한 교사의 경우 학생의 통제가 힘들 수 있으며, 학교교육의 기능과 본질을 과소평가할 수 있다는 면이 지적되기도 한다(권미량, 2020). 그리고 학습자의 흥미와 요구를 만족하는 학습활동에 치중함으로써 학습자의 기초 학력이 저하하는 결과를 초래하였으므로 학습활동을 좀 더 체계화하는 것이 요구된다(김승희, 2018).

| 표 1-2 | 경험중심 교육과정의 장·단점

장점	단점
• 학습자의 흥미와 필요가 자발적 활동을 유발하기 쉽다. • 현실적이고 실제적인 생활문제를 해결할 수 있다. • 민주시민으로서의 자질함양이 용이하다. • 학교와 지역사회와의 유대를 강화할 수 있다. • 학교생활의 여러 가지 장면의 통합을 증진시킨다. • 개인차에 따르는 학습이 용이하다. • 자연적 및 사회적 환경을 학습활동에 이용한다.	• 경험중심 교육과정은 기초학력의 저하를 초래할 수 있다. • 교육에의 시간강제를 무시하기 쉽다. • 직접 경험에서 얻어진 원리나 사실이 새로운 장면에 잘 적용되지 않을 수 있다. • 경험중심 교육과정은 조직상의 논리적인 체계가 부족하다. • 교육과정 분류와 준거가 분명치 못하다. • 교직적 소양과 지도방법이 미숙한 교사는 교육과정 운영에 실패할 수 있다. • 사전에 계획하지 않기 때문에 행정적인 통제가 어렵다.

출처: 이인학 외(2013).

3) 학문중심 교육과정(discipline-centered curriculum)

학문중심 교육과정은 지식의 본질과 기본개념 습득을 강조한 교육과정으로 본질주의(essentialism)에 뿌리를 둔다(김승희, 2018). 학문중심 교육과정은 1949년에 Tyler가 제시한 『교육과정과 교수의 기본원리』에서 교육과정의 구성 방식을 4단계, 즉 교육목적 및 목표의 설정, 교육내용의 선정 및 조직, 교수-학습과정의 계획 및 운영, 성취도 평가 등으로 나누어 교육계획의 철저함과 일련의 구조화된 학습결과를 강조한 것이 교육과정의 개념 변천의 계기가 되었다(이선애 외, 2016).

학문중심 교육과정은 1957년 구소련의 인공위성 스푸트니크(Sputnik)발사사건이 발달의 계기가 되었는데 인공위성 발사의 선두를 놓쳐버린 미국에서 학습자의 요구를 지나치게 존중하는 경험중심 교육과정에 대한 커다란 회의를 불러일으켰다(권미량, 2020). 그 결과, 학교교육에서 아동의 경험이나 흥미보다는 수학과 과학을 강조하는 교육이 실행되었다(양옥승 외, 2016).

학문중심 교육과정에서는 교육과정의 중심이 학문에 있다고 본다. 브루너(J. S. Brunner)의 저명한 책『교육의 과정(1960)』에서 브루너는 학교에서는 교과가 속한 학문의 '지식의 구조'를 가르쳐야 한다고 주장한다. 브루너에 의하면, 지식의 구조는 각 학문의 가장 핵심적인 지식 내지는 원리들로서 전이가 매우 높다고 하였다(강유정 외, 2020). 학문중심 교육과정은 교과의 기본개념과 원리, 법칙, 이론 등을 학습자의 수준에 맞게 제시하는 데 주의를 기울인다. 더 나아가 발견학습(discovery learning)과 탐구학습(inquiry learning)을 강조함으로써 학습자에게 지식 습득의 기회를 제공하는 데 관심이 있다(김승희, 2018).

학문중심 교육과정에서의 교과내용은 초등학교에서부터 고등학교까지 동일하되, 학년의 진전에 따라 그 수준이 달라지도록 나선형 방식으로 조직하게 되어 있다(박찬옥 외, 2020). 이러한 방법은 지식의 기본개념, 기본원리들을 아동의 수준에 맞게 반복하여 가르쳐서 연령이 증가함에 따라 지식이 심화되고 확장되어 나간다는 장점이 있다. 그러나, 이러한 교육과정은 학문체계의 논리성을 강조한 나머지 현장에서 적용하기 어렵다는 점과 정의적 발달을 소홀히 할 수 있다는 단점이 있다(권미량, 2020).

| 표 1-3 | 학문중심 교육과정의 장·단점

장점	단점
• 학문중심 교육과정은 교육내용의 단순화를 지니며 내용상의 중복을 피할 수 있다. • 저학년부터 교과의 기본 구조에 따른 교육을 행할 수 있다(--학습준비도 이론) • 학습면에서 비약을 가져올 수 있다. • 학습동기를 유발하는 방법을 넓혀 준다. - 교과중심 교육과정 상벌 - 경험중심 교육과정 칭찬 - 학문중심 교육과정 지적 훈련의 유발과 문제해결 시 오는 희열을 통한 학문의 내적 동기 유발 • 두 개념 간의 선택(syntax)이 분명하다. • 내용 선정상의 중복·누락 방지가 가능하다. • 높은 준비도 형성이 가능하다.	• 능력이 중상 이상인 학생들에게만 적당하다. • 학문중심 교육과정에서는 계속적인 연구가 행해지지 않고 있다. • 좁은 학문이나 과목의 내용에 강조점을 두는 여러 과정을 낳게 했다. - 생물학, 화학, 물리학의 새로운 교육과정을 독자적인 것으로 채택→단편화, 구획화의 문제 • 학년제를 기초로 만들어져 있다. • 평가방법이 개발되어 있지 않다. - 한정된 평가도구 및 방법을 제시하고 있는 형편 • 과정별 단편화로 통합학습, 다양한 평가방법의 개발이 어렵다.

출처: 이인학 외(2013).

4) 인간중심 교육과정(human-centered curriculum)

현대사회의 기계문명과 거대한 사회조직은 점차 인간의 자유 및 자율적 행위의 가능성을 제약하였고, 그로 인한 생활의 특성은 인간성의 상실 혹은 비인간화 현상으로 나타났다(강유정 외, 2020). 20세기 후반에 이르러 사람들은 '사회·경제발전에 필요한 인재를 육성하는 것'이라는 교육의 수단관에 회의를 느껴 결국 '교육은 인간의 삶 자체에 충실해야 하며, 자기충족감이 넘치는 인간을 육성하는 것'이라는 교육의 본질관에 적극적인 관심을 두게 되었다(박찬옥 외, 2020).

인간중심 교육과정은 1970년대 들어서 새롭게 강조되기 시작한 교육과정이며 학문중심 교육과정이 지식교육과 기능교육을 지나치게 강조하고 가치와 태도교육을 소홀히 하여 인성교육이 제대로 이루어지지 않았음을 지적하며 제기되었다(양옥승 외, 2016).

인간중심 교육의 궁극적 목적은 인간의 잠재적인 능력을 최대한으로 개발하여 보다 인간다운 인간으로 키우면서 개인적으로 자아를 실현하며, 사회발전에 기여할 수 있는 삶을 살도록 돕는 데 있다. 그리고, 이 교육과정은 감정과 느낌, 그리고 자아개념 등과 같은 정의적 측면의 교육에 많은 관심을 두고 있다(강유정 외, 2020).

인간중심 교육과정에서는 학교제도와 조직 및 인간관계를 포함하는 풍토 조성에 관심을 두며 교사의 교육관을 중시한다. 교사는 인간주의적이고 진실되어야 하며 한 개인의 학습자에 대한 존중, 공감적 이해, 애정 등을 갖추어야 한다. 인간중심 교육과정에서 계획은 학습자의 자유로운 선택과 의사결정 및 책임을 격려하고 존중하는 일련의 상황 조절적 계획을 포함한다(이선애 외, 2016).

이러한 인간중심 교육과정은 인간주의적 교사를 필요로 하는데 이는 학습자의 정의적 측면과 자아실현에 진실된 교사로서 존중과 공감을 통한 인간적 관계를 이룰 수 있다고 본다(권미량, 2020). 그러나 실제적으로 잠재능력 개발이나 자아실현 등의 교육목표가 단기간에 달성되기 어려울뿐더러 그 효과를 정확히 측정하기가 힘들기 때문에 목표를 실현하기 어렵다는 문제점이 제기된다(김승희, 2018). 또한, 개인의 성장을 지나치게 강조하다 보면 전체 사회구조 속에서 이루어지는 교육 본질에 대한 전반적인 이해가 결여될 수 있으며 인지적·지적 발달을 소홀히 할 수 있다는 비판이 제기되고 있다(박영신 외, 2017).

| 표 1-4 | 인간중심 교육과정의 장·단점

장점	단점
• 전인교육을 통하여 인간의 성장 가능성을 조화롭게 발전시킬 수 있다. • 학습자의 개별적인 자기성장을 조장할 수 있다. • 학습자의 자아개념을 긍정적으로 형성하는 데 도움이 된다. • 학습과정을 통해 터득된 의미가 내면화될 수 있다.	• 자유로운 환경조성과 역동적인 인간관계가 유지되지 않으면 교육성과의 보장이 어렵다. • 교사들의 투철한 교육관이 확립되지 않으면 그 실현이 어렵다. • 과대규모의 학교와 과밀학급의 규모, 밀도를 줄이는 개선책과 학교교육에서 지나친 경쟁과 비교를 지양하는 학교 행정적 조건 정비가 선행되지 않으면 그 실천이 어렵다. • 교육의 인간화가 보장되지 않으면 그 실천이 어렵다.

출처: 이인학 외(2013).

| 표 1-5 | 교육과정의 종합 비교

	교과중심	경험중심	학문중심	인간중심
기원	7자유학과	자연주의 (Rousseau)	Bruner	자연주의 (Rousseau)
심리학	형식도야설	반성적 사고, 성장	인지주의 학습이론	인본주의 심리학
인식론	관념론	실용주의	인지론	실존주의
목적	지적 능력의 개발	전인적 인간형성 (사회적 유능인)	과학자 (이성의 개발)	자아실현인
방법	반복적 학습을 통한 지식의 주입	문제해결법	발견법	성장
교육내용	문화유산의 전달	생활경험 (광의의 경험)	구조화된 지식	실존적 경험 (자아실현 경험)
교육철학	본질주의	진보주의	항존주의	실존주의

출처: 이인학 외(2013).

2. 의도성 여부에 따른 분류

1) 표면적 교육과정(manifest curriculum)

표면적 교육과정은 문서화하고 공식화한 교육과정으로, 학교에서 학습자에게 의도적으로 제공되는 교육내용과 학습활동 전체를 말한다(김승희, 2018). 학교에서 공식적으로 가르치는 교과서를 비롯한 교수·학습자료, 국가 수준의 교육과정 문서, 시·도 교육청의 교육과정 지침, 지역 교육청의 장학자료, 학교의 교육방침 등이 이에 속한다(양옥승 외, 2016). 표면적 교육과정과 같은 의미로 계획된(planned), 구조화된(structured), 공식적(official), 외현적(overt), 가시적(visible), 외적(external), 조직화된(organized), 기대된(expected), 형식적(formal) 교육과정이라는 용어가 사용되기도 한다(박찬옥 외, 2020).

표면적 교육과정은 학교의 철저한 계획에 따라 이루어지는 만큼 주로 바람직한 내용을 다루며 이것은 고정불변하지 않으며 사회의 변화에 따라 끊임없이 바뀐다(김승희, 2012). 유아를 위한 교육목표, 교육내용, 교육방법 등의 계획을 중심으로 하여 그 형태는 매일매일의 교육내용을 진술하는 것부터 주제나 내용 영역에 따라 일련의 활동들을 진술하는 것이 있다(문미옥, 2013).

학교에서는 사회적으로 인정되는 것을 가르치려고 시도하기 때문에 표면적 교육과정에는 바람직한 내용이 바람직하지 않은 내용보다 훨씬 더 많이 포함된다(김승희, 2012). 학교는 표면적 교육과정을 통해서 의도하고 계획하였던 학습결과나 행동변화를 얻을 수 있으나, 표면적 교육과정 차원에서만 교육적 효과를 판단하고자 한다면 학교문화에서 일어나는 다양한 관계와 영향력을 간과해 버릴 수도 있다(박찬옥 외, 2020).

2) 잠재적 교육과정(hidden curriculum)

잠재적 교육과정은 학교에서 계획한 바 없으나 학교생활을 통해 학습자가 은연중에 경험하는 것으로, 표면적 교육과정이 진행하는 중에 부수적이고 산발적으로 나타난다(김승희, 2012). 잠재적 교육과정은 학교생활을 통해 은연중에 경험하는 것이므로 바람직한 내용뿐만 아니라 바람직하지 않은 내용도 포함한다. 예를 들어, 학습자는 사회적 상호작용을 통해 협동과 같은 바람직한 가치를 습득하지만, 집단 따돌림과 같은 바람직하지 못한 행동을 배우기도 한다(김승희, 2018). 잠재적 교육과정과 같은 의미로는 숨은(hidden), 비구조적(unstructured), 비공식적(unofficial), 내현적(covert), 비가시적(invisible), 내적(internal), 비조직적(unorganized), 기대되지 않은(unexpected), 비형식적(informal) 교육과정이라는 용어가 사용된다(박찬옥 외, 2020).

표면적 교육과정은 단기적으로 배우는 것이어서 어느 정도 일시적이지만, 잠재적 교육과정은 장기적이고 반복적이어서 항구성을 지니고 있다. 예를 들어, 학교에서 매일 시행하는 조회의 경우 학교생활을 하는 동안 수없이 반복되므로 이때 가지게 되는 감정과 태도는 좀처럼 잊혀지지 않는다(양옥승 외, 2016). 또한, 창의적 사고나 도덕적 가치, 생활태도, 흥미도 등을 포함하는 정의적 영역에서는 계획된 내용과 결과가 반드시 일치하지 않는 경우가 많다. 예를 들어, 교사가 협동심을 의도하였지만 공동작업을 하면서 편 가르기나 이기적 행동이 나타나는 사례가 적지 않다(이선애 외, 2016).

잠재적 교육과정론자는 학교 안에서 모든 학습자가 존엄성을 지닌 인간으로서 평등하고 건전하게 자라도록 하기 위하여 학교에서 의도하지 않았거나 학교교육 속에 숨어 있는 경험을 찾아내고 이를 표면화하여 이러한 경험에 대해 관심을 둘 것을 강조한다(양옥승 외, 2016).

잠재적 교육과정은 인간중심 교육과정과 관계중심 교육과정에 포함될 수 있는데, 인간의 자아실현에 중점을 두고 인간다움의 회복에 특별한 중요성을 부여하고자 하는 인간중심 교육과정은 닐(Neil)의 서머힐 자유학교 교육과정에서 그 면모를 발견할 수 있다. 그리고 최근에 강하게 불고 있는 생태숲 체험학교 교육과정에서 볼 수 있는 인간·자연·사회·사물 간의 관계망 형성과 관계가 빚어내는 의미 탐구에서 관계중심 교육과정의 면모를 발견할 수 있다(박찬옥, 2020).

표면적 교육과정이 주로 지적인 것이라면, 잠재적 교육과정은 주로 비지적인 것이다. 표면적 교육과정은 주로 이론 지식에 관련되는 반면, 잠재적 교육과정은 주로 생활기능에 관련된다. 표면적 교육과정은 일시적·단기적으로 배우는 데 반하여, 잠재적 교육과정은 장기적·반복적으로 배우게 된다. 표면적 교육과정은 주로 바람직한 내용인 데 반하여, 잠재적 교육과정은 바람직한 것뿐만 아니라 그렇지 않은 것도 포함한다(강유정 외, 2020).

| 표 1-6 | 표면적 교육과정과 잠재적 교육과정의 관계(Bloom)

표면적 교육과정	잠재적 교육과정
• 학교에서 의도적으로 조직하고 가르친다.	• 학교에서 의도하지 않았지만 학교생활을 하는 동안 은연중에 배우게 된다.
• 지적인 것(교과)을 통하여 배우는 것과 관련된다.	• 비지적·정의적인 영역(흥미, 태도, 가치관, 신념 등)과 관련된다.
• 교과와 관련된다.	• 학교의 문화풍토와 관련된다.
• 단기적으로 배우며 어느 정도 일시적인 경향이 있다.	• 장기적 반복적으로 배우며 보다 항구성을 지니고 있다.
• 교사의 지적·기능적인 영향을 받는다.	• 주로 교사의 인격적인 강화를 받는다.
• 바람직한 내용이 주가 된다.	• 바람직하지 못한 것도 포함한다.
• 표면적 교육과정과 잠재적 교육과정이 서로 조화되고 상보적인 관계에 있을 때 학생 행동에 강력한 영향을 미칠 수 있다.	
• 잠재적 교육과정을 찾아내어 이를 계획한다 하여도 표면적 교육과정과 잠재적 교육과정의 구조는 변하지 않는다.	
• 표면적 교육과정 자체의 잠재적 기능이 있다.	

출처: 이인학 외(2013).

3) 영 교육과정(null curriculum)

영 교육과정은 학교에서 소홀히 하거나 공식적으로 가르치지 않는 지식, 사고방식, 태도, 행동양식 등을 의미하며, 그 결과로서 학생들이 아직 경험하지 못한 것을 말한다(김승호 외, 2019). 영어로는 '가치없는', '무효의' 라는 'null'을 사용하고 한자어로는 '비 내리는 영(零)'자로 번역한 것은 의도적으로 가치없는 것으로 마치 비 오는 날씨처럼 흐리게 하고자 하는 교육과정이라는 뜻이 담긴 것이라 하겠다(문미옥, 2015).

영교육과정은 공식적 교육과정을 배우는 동안 학생들이 배우지 못하는 다른 한편의 교육내용이라고 할 수 있다. 예를 들어, '남이 귀를 기울이도록 말을 하는 방법과 남이 말을 하도록 귀를 기울이는 방법'과 같은 기술은 가정, 학교, 사회생활을 하는 데 필수적인 기술이지만 공식적 교육과정에 빠져 있거나 학교에서 가르치지 않는다면 영 교육과정에 속한다(강유정 외, 2020). 그러나, 전인적 성장과 사회적 총체성에 비추어 볼 때 공식적으로 가르치지 않거나 소홀히 되는 영역은 교육과정 측면에서 매우 중요한 영역일 가능성이 높다. 영교육과정의 개념을 통해 교육자는 매우 가치로운 내용임에도 불구하고 본인의 의지와 사회·문화적 금기, 정치적 규제 등의 영향으로 고의적으로 배제하는 부분이 없는지를 돌아보아야 함을 알 수 있다(문미옥, 2015).

영 교육과정을 최초로 제안한 아이스너(Eisner, 1994)는 학교에는 공식적인 교육과정에 포함하지 않는 많은 교육내용들이 있는데, 만일 학교가 이것들을 공식적인 교육과정에 포함하지 않는다면 학교의 교육적인 영향력은 그만큼 위축되어 왜곡될 수 있다고 경고하였다(강유정 외, 2020).

예비교사들은 교육활동을 하면서 학생들의 입장에서 비단 공식적 교육과정뿐만 아니라 잠재적 교육과정도 고려해야 하며, 더불어 지금 가르치고 있는 공식적 교육과정의 이면에서 소외된 교육과정이 있다는 점도 늘 의식함으로써 교육과정을 해석하고 재구성하며 운영할 필요가 있다(김승호 외, 2019).

유아의 일상생활과 삶의 질은 교육기관이 명시적으로 밝힌 표면적 교육과정에 의해서만 향상되는 것이 아니다. 유아교육기관이 의도하지 않았으나 은연중에 가르친 잠재적 교육과정도 있고 의도하지 않은 영교육과정도 있기 때문이다(양옥승 외, 2016). 따라서 영 교육과정은 유아교육기관에서 특정 발달 특성이나 교육내용을 중심으로 교육과정을 구성함으로써 의도적으로 가르치지 않는 것은 없는지 관찰하는 중요한 단서가 될 수 있다는 점에서 충분히 관심을 불러일으킬 만하다(양옥승, 2008).

3. 교육과정의 시간 계열에 따른 분류

교육과정을 시간의 흐름에 따라 유형을 분류하기도 하는데 이를 이해하면 교육계획과 실천 간의 불일치에 대한 문제점을 인식하게 된다. 김효권(1977)은 교육과정이 학교현장에서 어떤 모습으로 재현되고 전개되는가에 따라 다음과 같이 세 가지로 나누었다.

1) 의도한 교육과정: 계획으로서의 교육과정

의도한 교육과정은 공약된 목표로서의 교육과정을 의미한다. 교육부 교사로서의 교육과정이 이 수준에 속한다(김효권, 1997). 이 수준의 교육과정은 학교현장에서 전개되거나 실천되기 전에 아직 하나의 계획 상태에 머물러 있는 교육과정을 의미한다. 앞으로 이러저러한 내용을 가르치겠다는 하나의 공개된 약속 성격을 띠는 교육과정이다(박영신 외, 2017).

우리나라의 경우 편성하고 운영하는 주체에 따라 국가, 지역, 학교, 교육과정이라는 세 종류로 구분된다. 국가, 지역, 학교 등 어디에서 계획하든 계획상태의 교육과정이라면 의도한 교육과정 혹은 계획으로서의 교육과정이라 한다(문미옥, 2015).

2) 전개된 교육과정: 실천으로서의 교육과정

전개된 교육과정은 수업 시간에 반영된 교육과정을 가리킨다. 공약으로서의 또는 규범으로서의 교육과정은 어차피 교사에 의하여 재해석되고 교사의 수업 행위 속에서 재현되지 않으면 안 되어서 계획수준의 교육과정이 실제 수업이라는 실천적 행위로 구체화되는 것이다(박영신 외, 2017). 즉, 실천으로서의 교육과정은 교사가 교육현장에서 교육과정을 실행에 옮기는 상태의 교육과정을 말한다(문미옥, 2015). 이 수준의 교육과정은 '국가 수준의 교육과정'과 합치될 수도 있고 그렇지 않을 수도 있다(이선애 외, 2016).

3) 실현된 교육과정: 성과·산출로서의 교육과정

교육과정은 맥락에 따라 공식적인 문서(문서로서의 교육과정)나 실제로 행해지는 교육 활동(실천으로서의 교육과정)을 가리키기도 하지만 교육의 결과로 나타나는 성과나 산출(성과 산출로서의 교육과정)을 의미하는 것으로 교수-학습 활동에 참여한 결과 학생들이 실제로 갖게 되는 경험이나 성취를 뜻한다(문미옥, 2015).

학생들의 학습능력이나 경험 및 교육적 필요에 따라 개인차가 있을 수 있다는 점을 고려할 때, 동일한 교육과정에 따라 전개된 동일한 수업조건 속에서도 매우 다양한 학습 성과를 기대해야 할 것이다(문미옥, 2015). 교사의 어떤 교육적 의도나 실천적 노력에 상관없이 뜻밖의 학습이 일어날 수도 있다는 점을 중요시하는 이른바 잠재적 교육과정의 입장도 바로 이러한 학습 성과로서의 교육과정의 중요성을 시사하고 있다(박영신 외, 2017).

4. 교육과정 주체수준에 따른 분류

1) 국가 수준의 교육과정

국가 수준의 교육과정(national curriculum)이란 국가가 학생에게 어떤 목적을 위하여 무엇을 가르칠 것인가에 대해 일련의 의사결정을 해 놓은 문서를 말하며, 교육법규에 의거하여 고시된 국가 수준의 '기준'을 명시한 '교육과정', 교과서 및 교사용 지도서 등이 여기에 속한다(양옥승 외, 2016).

또한, 교육 법규에 의거하여 고시된 국가 수준의 '기준'을 명시한 문서를 말하기도 하는데 우리나라는 유치원의 교육목적과 교육목표를 달성하기 위해서 「유아교육법」을 제정하였으며 제13조 제2항에 따라 교육과학기술부 장관이 문서로 결정, 고시한 교육내용에 관한 전국 공통의 일반적인 기준이 바로 '국가 수준의 유치원 교육과정'이다(문미옥, 2015).

국민이 자국에 대해 헌신하고 충성할 수 있도록 국민적 유대감과 소속감을 느끼게 하는 것이 국가 수준 교육과정의 목적이다. 그러므로 국가 수준 교육과정은 국가의 성공이 곧 개인의 성공이라고 주장하면서 국민의 자발적 참여와 협력을 강조하는데 이는 모든 국민이 단결해야 다른 나라와의 경쟁에서 이길 수 있다고 주장하는 견해이다(김승희, 2018).

이러한 국가 수준의 교육과정은 전국의 또는 학교에서 편성·운영해야 할 교육과정의 목표, 내용, 방법, 평가, 운영 등에 관한 공통적이며 일반적인 기준으로서의 특성을 지닌다. 그러나 각 지역의 특수성과 각 학교의 다양한 교육적 요구와 여건을 모두 고려하기는 사실상 어려운 일이며 너무 구체적이거나 상세하게 규정되면 지역의 자율성을 해치게 된다(강유정, 2020).

2) 지역 수준의 교육과정

시·도 단위 혹은 시·군·구 단위의 지역 특성과 실정, 필요, 요구 등을 반영한 교육과정 편성·운영 지침을 '지역 수준의 교육과정'이라고 할 수 있다(문미옥, 2015). 즉, 국가 수준의 교육과정 기준이 전국의 공통적·일반적·표준적 교육내용이라면, 시·도 단위 혹은 시·군·구 단위의 지역 특성과 실정, 필요, 요구 등이 반영되어 국가 기준을 보완하거나 확장할 수 있도록 하는 교육과정 편성·운영·지침을 '지역 수준의 교육과정'이라고 할 수 있다(양옥승 외, 2016).

지역 수준 교육과정은 미국과 같이 연방제를 시행하는 국가에서 발달한 것으로, 각 지역의 특수한 이해와 요구를 반영한다. 알래스카와 같이 추운 지역에서는 혹한에 대비하기 위한 교육과정이, 플로리다와 같이 허리케인이 자주 발생하는 지역에서는 재난에 대비하기 위한 교육과정이 요구된다(김승희, 2018). 그 외에도 지역의 관광을 활성화하기 위해, 농업을 살리기 위해, 문화를 보존하기 위한 것 등의 이유로 지역 수준 교육과정이 발달한다(김승희, 2018).

지역 수준의 교육과정 개발과 운영은 지역인사의 전문성 부족과 시간, 인력, 예산, 자료 등의 부족으로 인하여 결과적으로 개발되는 교육과정의 질적 수준이 떨어질 가능성이 있으며, 해당 지역의 경제·문화적 수준에 따라서 지역 간 교육격차가 심화될 수 있다는 위험성이 제기되기도 한다(강유정 외, 2020).

3) 학교 수준의 교육과정

국가 수준 혹은 지역 수준의 교육과정이 고시되어도 그대로 각 유치원이나 어린이집에서 하는 것이 무리가 될 때가 있다. 국가의 공통기준과 지역의 공통기준 외에도 각 기관의 경제적·환경적·인적 여건과 유아 및 부모의 요구와 상황에 보다 부합되는 교육·보육이 필요하기 때문이다(문미옥, 2015).

학교 수준 교육과정은 각 학교의 독특한 문화와 풍토 등이 반영된 것으로, 학교 구성원의 특성과 요구를 고려하여 개발된다(김승희, 2018). 학교 수준 교육과정에서는 학교장의 교육철학이나 학교교훈 등이 뚜렷이 드러나며, 연간계획과 실천방안 등이 체계적이고 일관성 있게 제시된다(김연정, 2004).

학교 수준의 교육과정은 학교의 상세한 교육설계도로서 그 학교가 수용하고 있는 학생에게 책임지고 실현하여야 할 교육목표, 내용, 방법, 평가 등에 대한 구체적인 실행교육 프로그램을 의미하고, 특색 있는 교육전략 또는 상세한 교육운영 세부 시행계획으로 규정된다. 그래서 전국의 각 학교는 제각기 다양한 교육의 모습을 보일 수 있게 된다(강유정 외, 2020).

학문중심 교육과정은 교과중심 교육과정과 마찬가지로 학습자의 요구나 특성을 간과할 우려가 많으며 개별 학문의 구조화·체계화를 강조하기 때문에 지식의 조직에 있어서 통합화보다 분절화를 강조한다는 비판을 받는다(박영신 외, 2017).

위의 세 가지 수준의 교육과정이 서로 연관되거나 일치되는 정도에 따라 이상적인 교육과정의 계획 및 운영의 여부가 결정된다. 가장 이상적인 상태는 국가 수준, 교사수준, 학습자 수준이 일치하는 교육과정이다(이선애 외, 2016).

Ⅲ. 영유아교육과정의 개념

영유아교육과정의 의미는 교육과정의 관점에 근거를 두지만 교육과정의 이론과는 다른 독특한 특성을 가지고 있다. 따라서 교육과정의 기본적인 개념과 함께 영유아교육의 특성에 기초하여 영유아교육과정에 대한 개념 정립이 필요하다(이기숙 외, 2019).

1. 영유아교육의 특성

유아교육은 유아교육 대상이 지니는 특수성 때문에 초·중등 일반교육과정의 의미와는 차이가 있다. 유아교육은 학교교육보다는 개인이나 사회단체에 의해 시작되었으며, 교육과 보호라는 두 가지 기능을 수행하도록 요구되었으며, 교육학, 가정학, 사회복지학 등 여러 분야에서 다양하게 접근되어 왔다(양옥승 외, 2016). 여기서는 영유아교육의 특성을 교육대상의 발달 정도 및 개별성 존중, 교육기관과 프로그램의 다양성, 교육과 보호의 역할수행, 교수·학습방법의 차별성으로 나누어 살펴보고자 한다.

1) 교육대상의 발달 정도 및 개별성 존중

유아교육의 대상 연령은 매우 다양한 관점에서 정의되고 있다. 유아기는 초등학교에 입학하기 전의 취학 전 유아를 지칭하기도 하고, 유치원에 다니는 3세에서 취학 전까지의 유아를 말하기도 한다(이순형 외, 2016). 유아교육법에 따르면, 유아란 3세부터 초등학교 취학 전까지의 어린이를 의미하며(유아교육법 제2조), 「영유아보육법」에 따르면 6세 미만의 초등학교 취학 전 아동을 의미한다(영유아보육법 제2조 제1호)(길효정, 2017).

이 시기는 일생을 통해 성장과 발달적 변화가 가장 빠른 시기에 속하며 각 연령에 따른 발달 수준의 차이도 크고 동일한 연령의 유아일지라도 발달속도에서 개인차가 존재한다(양옥승 외, 2016). 따라서, 영유아교육에서 좀 더 유아 개인의 발달 수준과 흥미에 따라 다양하게 교육을 해야 하며 영유아의 경험이 계속적으로 연결되고 통합성이 유지되도록 하는 것도 필요하다(이기숙 외, 2020). 또한, 유아교육에는 일반 유아뿐만 아니라 장애아 및 취업부모, 빈곤가정, 위기가족 등 요보호 상황의 유아 모두가 유아교육의 대상에 포함되므로 개별성과 특수성을 고려한 유아교육과정 구성이 필요하다(이순형 외, 2016).

2) 교육기관과 프로그램의 다양성

영유아교육은 가정, 유치원 어린이집 등 다양한 기관에서 이루어지며, 대상연령, 기관유형에 따라 프로그램 운영방법도 다양하다(길효정, 2017). 다양한 기관에서 교육이 이루어지기 때문에 대상연령에 따라, 기관유형에 따라, 운영시간에 따라 다양한 프로그램이 존재한다(이순형 외, 2016).

유치원이나 어린이집의 경우에는 국가 수준에서 누리과정과 표준보육과정을 통해 교육 목표와 내용 및 교수 방법과 평가에 대한 전체적인 기준을 제시하고 있지만 개별 유아교육기관에서 이를 각 기관의 운영 철학, 운영 형태, 영유아의 연령, 가족 및 지역 특성 등에 맞게 적용하기 때문에 프로그램은 다양할 수 밖에 없다(이기숙 외, 2020).

1960년대 이후 미국과 유럽에서 교육철학과 아동발달에 대한 심리학적 이론 등에 따라 유아를 위한 다양한 프로그램이 개발되었으며, 현재 이러한 프로그램들이 우리나라의 교육현장에 다양하게 도입, 적용되고 있는 상황이다(이순형 외, 2016).

3) 교육과 보육의 역할 수행

유아교육은 양육과 교육의 양면성을 갖는다. 0세부터 8세까지의 유아에게는 기본적인 욕구를 해결해 주는 보호 및 양육뿐만 아니라 전인적 성장을 돕는 교육이 필요하다(박찬옥 외, 2020). OECD(2012) 국가들은 이미 영유아교육을 교육에 한정하지 않고 '에듀케어(early childhood education and care)'라는 용어를 사용하여 유아를 위해 제공하는 모든 보호와 교육 서비스를 포함하고 있다(길효정, 2017).

우리나라의 경우, 과거에는 유아원과 유치원은 중산층의 유아를 대상으로 하는 교육 프로그램을 운영하고 어린이집은 저소득층의 자녀를 대상으로 단순히 취업모를 대신하여 유아를 맡아서 신체적 필요를 충족시켜 주는 프로그램을 운영한다고 인식되어 왔으나 유아교육의 확장과 취업모의 증가로 인해 어린이집이 보편화되면서 이러한 구별과 편견이 없어졌다(이순형 외, 2016).

4) 교수방법과 교재·교구의 차별성

우리나라 초등교육에서 가장 중요한 교재는 교과서인 반면, 유아교육은 일상생활 속에서 놀이를 중심으로 통합교육으로 이루어지기 때문에 다양한 교재·교구와의 상호작용과 교사·유아의 상호작용, 유아·유아 상호작용과 같은 다양한 상호작용이 중요한 교육내용이자 교수방법이 된다(양옥승 외, 2016). 즉, 유아교육에서 교재 및 교구는 교사가 유아의 학습을 위해 제시한 동화나 게임 자료, 그림책 등만을 의미하는 것이 아니며 유아가 환경에서 접하게 되는 모든 사물을 포함하게 된다(이순형 외, 2016). 영유아교육에서는 유아-교구의 상호작용, 유아-교사의 상호작용, 유아-유아의 상호작용과 같은 다양한 상호작용이 중요한 교육 내용이자 교수방법이 된다(이기숙, 2020). 〈표 1-7〉은 초등교육과 유아교육의 본질적인 차이를 보여 주고 있다.

| 표 1-7 | 유아교육과 초등교육의 차이점

	유아교육	초등교육
교육과정 운영	교과가 아닌 하나의 주제를 중심으로 다양한 활동이 전개되는 생활주제 중심 통합교육	미리 준비되어 있는 지식의 체계에 맞추어 구분된 교과를 중심으로 이루어짐
가르침과 배움 방법	유아의 놀이와 흥미에 따라 주제가 결정/교사-유아 상호작용과 구체적이고 직접적인 경험을 통해 발견하도록 유아를 안내함	교과에 따라 교사 주도적인 강의와 설명으로 이루어짐
아동의 선택 기회	실내·실외 자유선택활동시간에 수많은 선택 기회가 있음	선택 기회가 별로 없음-모든 학생이 거의 온종일 동일한 활동을 함
교실환경	쌓기, 언어, 수조작, 과학, 조형, 음률 등 다양한 흥미 영역으로 구성되어 있으며 영역별 다양한 교재·교구가 갖추어져 있음	고정된 교탁, 칠판, 책상과 의자 배열에 지정된 아동의 자리 등으로 구조화된 수업 중심의 교실환경을 가지고 있음
하루 일과	재료 탐색과 놀이를 위해 제한 없이 크게 나눈 시간	교과목을 위한 40분으로 편성된 단위수업 시간
놀이	학습의 주 매개체로 놀이중심 통합 교육은 유아교육의 핵심임	휴식시간에 잠깐 이루어짐
교사역할	교육과 보호라는 양면성 가짐	교과목에 주력함
학습평가	관찰, 일화기록, 포트폴리오 온전한 유아 성장에 강조점	점수, 시험, 보고서

출처: 양옥승 외(2016). 영유아교육과정(2판). 학지사. p. 35.

2. 영유아교육과정의 유형에 따른 개념

영유아는 영아와 유아를 합친 용어이다. 유아교육에 있어서 유아라 함은 대체로 출생에서 5세까지를 이르며 보다 세부적으로 구분할 때는 출생~2세를 영아, 3세 이후를 유아로 분류한다. 즉, 출생에서 5세까지를 의미하는 '유아'에 이미 영아가 포함된 것으로 볼 때, 영유아교육과정이라는 용어와 유아교육과정은 동일한 개념이라고 할 수 있다(문미옥, 2015).

영유아교육과정은 교사가 가르치고 유아가 배울 것이라고 기대하는 지식이나 기술 등을 종합적으로 계획한 것이다(Epstein, 2007).

유아교육과정의 개념을 비교적 체계적이고 포괄적으로 정리하고 있는 학자는 슈바르츠와 로빈슨(Schwartz & Robinson, 1982)이며 이들은『유아를 위한 교육과정의 설계(*Designing curriculum for early childhood*)』라는 저서에서 유아교육과정의 여러 가지 정의들을 다섯 가지로 구분하였다(이연섭 외, 2005).

1) 우연히 일어난 것으로서의 교육과정

우연히 일어난 것으로 정의하는 입장은 교사가 교육과정을 미리 계획하는 것이 아니라 유아의 요구와 흥미가 교육 경험으로 제공되는 유아교육과정이다. 이 입장은 학습의 내용보다는 학습하는 과정에 가치를 둔 교육과정 개념을 가진다(문미옥, 2015). 이 교육과정에는 유아는 스스로 선택한 활동에 능동적으로 참여하여 학습하므로 유아의 선택이 가장 중요하다(이순형 외, 2016). 교육활동은 유아의 선택과 행동에 의해 나오게 되며 미리 계획할 수 없고 학습의 구체적인 내용보다는 학습하는 과정에 기초를 둔다(이선애, 2016). 즉, 학습자는 내용보다 과정 속에서 스스로, 때때로, 우연히 교육이 일어날 수 있다고 보기 때문에 교사는 그 환경을 체계적으로 준비해 주고 영유아는 놀이나 활동을 통해서 스스로 그 길을 걸어가는 것이다(권미량, 2020).

이 교육과정의 성격에 가장 근접한 것으로 우리나라 2019 개정 누리과정을 들 수 있다. "유아가 중심이 되고 놀이가 살아나는 교육과정"임을 천명한 2019 개정 누리과정은 유아의 자발적·주도적 놀이를 통한 배움을 강조한다(박찬옥 외, 2020). 따라서, 교사는 교육내용을 미리 선별하거나 계획하기보다는 유아의 흥미와 요구가 다양하게 이루어질 수 있도록 교육 환경을 체계적으로 마련해 주고 끊임없는 관찰과 배려로 유아를 안내해야 한다(이기숙 외, 2020). 그러나, 교육과정의 범위가 지나치게 모호하여 탁월하게 유능한 교사가 아닌 경우 유아가 흥미를 가지고 놀이에 몰입하지 못하거나 교육적 기능을 살리지 못할 수 있다는 단점이 있다(박영신 외, 2017).

2) 유아가 교육기관에서 갖게 되는 모든 경험으로서의 교육과정

이 유아교육과정은 유아가 유아교육기관에서 겪는 모든 경험으로 정의하는 관점으로, 교사가 의도하는 경험뿐 아니라 의도하지 않고 계획되지 않은 많은 요인이 유아에게 영향을 미친다는 점에서 교사의 민감성이 특별히 요구된다(이순형 외, 2016). 예를 들어, 교실의 분위기, 교사와 유아, 유아와 유아, 유아와 교구의 상호작용, 언어적인 의사소통 등과 같은 모든 물적·인적 환경이 중요시된다(이기숙 외, 2020). 즉, 교사가 의도하지 않았지만 경험되는 모든 것이 교육과정이라고 보는 것으로 영유아와의 물적·인적 상호작용이나 생활 속에서 이루어지는 다양한 경험을 모두 교육과정으로 보는 입장이다(권미량, 2020).

2019 개정 누리과정에서도 놀이경험을 교육과정의 핵심개념으로 하고 있다. 따라서 유아교육기관의 하루 일과에서 유아주도의 놀이를 가장 비중 있게 운영하고, 교사가 계획한 활동과 일상생활도 유아가 즐겁게 경험하도록 강조한다. 교사에게 가장 중요한 역할은 놀이 지원자와 협력자로서의 역할이다(박찬옥 외, 2020).

학습활동은 유아의 흥미와 요구에 근거하면서 유아에게 의미가 있어야 한다. 다시 말해 학습활동은 유아의 학습동기를 유발함으로써 유아의 신체적·인지적·정서적·사회적 발달을 도모할 수 있으려면 수용적이고 개방적인 학교환경이 요구된다(김승희, 2018).

이 교육과정은 교사의 민감성, 융통성, 창의성의 정도에 따라 좀 더 진보적인 유아중심 교육을 실시할 수 있다는 장점이 있다(이순형 외, 2016). 그러나, 이 교육과정은 범위가 넓고 모호하며 교사의 역할이나 책임한계가 불분명해질 가능성이 높은 것이 단점이 된다(이연섭 외, 2005).

3) 교수계획으로서의 교육과정

교수계획으로서의 교육과정은 교사에 의해서 미리 짜여진 교수계획, 의도된 계획을 교육과정이라고 보는 입장으로, 오래 전부터 보편적으로 내려온 전통적인 교육과정개념이라고 할 수 있다. 유아기에 유아의 자발적인 탐구활동을 통해 적절한 지식의 구조가 형성되기 위해서는 교수계획이 잘 이루어져야 한다는 관점이다(이순형 외, 2016).

학문중심 교육과정의 견해와 입장을 같이하고 있으나 유아교육에서의 교수계획은 교사가 유아의 욕구, 흥미, 활동을 예견하고 자료와 환경을 체계화함으로써 유아의 지적 탐구활동 및 교육활동 간의 연계성과 통합성을 높이고자 하는 데 의미를 둔다(문미옥, 2015).

이러한 교육과정 계획은 사실, 정보, 개념, 아이디어 등의 내용에 대한 계획, 활동에 대한 계획, 유아의 장기적 발달 형태를 강조하는 과정에 대한 계획 및 이들 세 가지 모두를 고려한 종합적인 계획으로 구분할 수 있다(이기숙 외, 2020).

계획은 연간과 월간, 주간, 일일계획 등으로 구분되며, 교육목표를 비롯하여 교육내용과 교육방법, 교육평가 등을 포함한다. 이를테면, 연령별로 유아에게 요구되는 학습내용이나 1년 동안 유아가 달성해야 할 발달과제, 한 달 동안 유아가 참여할 학습활동 등이 계획에 포함된다(김승희, 2018).

교사에 의해 미리 짜여진 교수계획은 유아의 요구나 흥미에 충분한 정도로 융통성 있게 대처하는 데 한계가 있으므로 지나치게 경직된 교수계획으로서의 교육과정의 한계를 지적하는 입장도 있다(박영신 외, 2017). 2019년 개정 누리과정이 유아·놀이중심 교육과정의 성격을 띠고 있어 유아주도의 놀이과정을 중요시하나, 놀이지원자로서의 교사 전문성과 책무성 차원에서 최소한의 사전계획을 권고하고 있다(박찬옥 외, 2020).

4) 교수요목으로서의 교육과정

이 교육과정은 가장 좁은 의미의 교육과정 정의로, 유아에게 가르칠 교육목표와 내용, 순서를 일련의 문자로 작성한 교수요목을 교육과정이라고 보는 입장이다(박영신 외, 2017). 이 관점은 문서화된 일련의 포괄적인 계획으로 장기적 지침이라 할 수 있다(이순형 외, 2016). 문서화된 교육과정은 국가적으로 믿을 만한 공식적인 문서의 성격을 가지므로 목표 설정이나 수행 과정을 관찰하기에 용이한 장점이 있다(이기숙 외, 2020).

주로 행정부처에서 중요하게 다루며 이를 교수요목으로 정의하고, 전통적인 교과 중심의 교육과정에서 볼 수 있다. 이러한 문서화된 교육과정은 국가 공식적인 문서의 성격을 가지므로 목표 설정이나 수행과정을 관찰하기에 용이하고 학습할 내용이 일정하게 구성되어 있어서 어떤 교사라도 교수요목에 맞추어 수업을 진행할 수 있다(이순형 외, 2016).

교수요목으로서의 교육과정은 교사들이 직·간접적으로 교수계획안을 짜는 데 참여한다면 유아들의 학습욕구에 대한 생각을 재검토하고, 교실 내의 적용을 평가하는 데 도움을 주는 자료가 될 수 있다(박찬옥 외, 2020).

실제로 국가나 사회수준에서 교수요목을 선정하게 되므로, 의도된 교육과정의 성격을 지닌 교육과정으로서 획일화되기 쉽다는 문제점을 지적받기도 한다(권미량, 2020). 그러나 교사들이 직·간접적으로 교수계획안을 짜는 데 참여한다면 유아들의 학습욕구에 대한 생각을 재검토하고, 교실 내의 적용을 평가하는 데 도움을 주는 자료가 될 수 있다(박찬옥 외, 2020).

5) 프로그램으로서의 교육과정

프로그램으로서의 교육과정은 교육과정을 특정 프로그램의 개념으로 접근하는 것으로서 어떤 이론이나 가정에 기초한 프로그램이나 교육 모델을 교육과정으로 보는 것이다(권미량, 2020). 이 입장은 유아교육에서 찾아볼 수 있는 독특한 관점으로, 1960년대 이후 헤드스타트 운동의 일환으로 개발된 다양한 보상교육 프로그램 모델과 팔로우스루(follow through) 프로그램 모델로 인하여 유아교육과정을 유아교육 프로그램으로 부르는 경향에서 비롯되었다(이순형 외, 2016).

이와 같은 프로그램 중심의 유아교육과정 개념은 유아교육기관의 종류, 설립 목적 및 주체, 대상 유아의 연령과 발달 수준, 운영시간 등 실제적 상황의 차이에 기인하며, 특히 유아발달·학습·교육 등에 대한 이론적 관점의 차이가 크다(박찬옥 외, 2020).

많은 유아교육 프로그램은 대부분 유아의 학습과 발달에 관한 기본 이론으로 성숙주의, 행동주의, 구성주의 세 이론을 선택적으로 활용하고 있는데, 구체적인 내용은 다음과 같다(이순형 외, 2016). 유아교육에서는 몬테소리 프로그램, 뱅크 스트리트 프로그램, 카미-드브리스 프로그램, 디스타 프로그램, 레지오 에밀리아 프로그램 등 유아교육과정 모형들을 개발하여 적용한 역사적 경향이 있다(박영신 외, 2017).

이상에서 살펴본 바와 같이 슈바르츠와 로빈슨이 구분한 다섯 가지 유형의 유아교육과정 개념은 유아교육현장에서 혼용되어 사용되고 있다. 이러한 유아교육과정의 유형을 고려할 때 교사가 교수를 위해 계획한 교수계획, 교수요목으로서의 교육과정에 기초해서 유아의 흥미와 요구, 경험을 반영하여 우연히 일어난 것, 경험으로서의 교육과정이 강조된다고 볼 수 있다(이순형 외, 2016). 슈바르츠와 로빈슨의 유아교육과정 개념 분류를 정리하면 다음 〈표 1-8〉과 같다.

| 표 1-8 | 슈바르츠와 로빈슨의 유아교육과정 분류

유아교육과정의 정의	특성
우연히 일어난 것으로서의 교육과정	• 유아가 자신의 흥미와 요구를 바탕으로 교육활동을 선택하여 이루어 가는 교육과정 • 놀이와 활동을 중심으로 학습하는 과정에 초점을 둠
경험으로서의 교육과정	• 유아교육기관에서 경험하게 되는 모든 경험을 교육과정으로 보는 것 • 교사가 의도하지 않은 모든 경험을 포함하는 잠재적 교육과정을 포함함
교수계획으로서의 교육과정	• 교육목표, 내용, 방법, 평가 등의 체계적인 교수 계획을 의미하는 보편적 개념의 교육과정 • 교육과정이 미리 정해져서 상황에 따른 융통성 있는 반영이 어려울 수 있음
교수요목으로서의 교육과정	• 교육목표, 내용 등의 순서를 일련의 공식적으로 문서화된 계획으로 작성해 둔 교육과정 • 국가나 사회 수준에서 의도된 형태의 교육과정이 해당될 수 있음
프로그램으로서의 교육과정	• 특정 프로그램을 뜻하는 교육과정 • 특정 이론이나 가정에 의해 구성된 협의의 개념의 교육과정

출처: 권미량(2020). 영유아교육과정. 양서원. p. 25.

chapter 2

영유아교육과정의 이론적 기초

유아교육과정을 구성하고 운영하기 위해서는 여러 가지 이론적 요인들을 이해하고 기초가 기반이 되어야 한다. 여러 가지 이론적 요인 가운데 대표적인 것은 철학적, 심리적, 사회·문화적 기초의 세 가지 측면으로 나누어 볼 수 있다. 이러한 유아교육의 이론적 요인 탐색은 유아교육의 본질 즉 유아관, 학습관, 유아교육의 목적관을 바르게 이해하는 데 도움을 준다. 이 장에서는 유아교육과정을 구성하고 운영하기 위한 기초적인 단계로 인간의 본성과 능력에 대한 철학적 기초, 유아의 성장과 발달에 대한 심리적 기초, 현대사회의 특징과 변화에 대한 사회적 기초에 대해 살펴보고자 한다.

I. 철학적 기초

철학(philosophy)의 어원은 그리스어인 philos와 sophia라는 말의 합성어이다. 그리스어 'philos'는 '사랑스러운'이라는 뜻이고, 'sophia'는 '지혜, 앎, 지혜로움'의 뜻이다. 따라서 'philosophia'는 '앎을 사랑한다' 혹은 '지혜로움을 사랑한다'라는 뜻이다. 철학의 본성은 끊임없이 지혜를 탐구해 가는 학문이며, 더 나아가 스스로 체득하는 학문이다.

철학이란 진리를 추구하는 것으로서, 인간이 살고 있는 현재 삶의 현장과 관련된 진리를 추구하고 인간의 삶을 유의미한 삶으로 변화시키고자 한다. 교육을 담당하는 사람들이 가지고 있는 교육에 대한 신념과 이해 또한 그들의 철학에 기반한다. 철학은 교육활동의 근거와 목적을 제공하고 교육의 방향을 제시하기도 한다. 따라서 영유아교육과정을 계획하고 실행하는 작업에 있어서 인간, 유아, 교육에 대해 어떤 사항과 철학을 가지고 있는가는 매우 중요한 문제이다. 예를 들어 유아교육사상가들이 공통적으로 지니고 있었던 유아에 대한 존중과 이해의 태도는 현대에 이르러 선구적인 교육체계와 교수방법 및 프로그램의 이해에 있어서 필수적이며 유아교육을 이해하는 핵심 가치 중 하나가 되었다. 그러므로 모든 교육과정은 철학적 기초 위에서 시작된다고 해도 과언이 아니다.

1. 고대의 유아교육

유아교육은 오랫동안 매우 다양하게 정의되어 왔으며 뿌리가 되는 철학적 기반을 찾아 거슬러 올라가다 보면 고대 그리스와 아테네의 교육에 관한 기록에서 이미 교육의 내용이나 방법이 성문화되어 있음을 알 수 있다. 그리스 문명 이후 이어진 중세에는 성경을 바탕으로 한 기독교 사상이 교육을 포함한 모든 면에 영향을 주었다. 기독교의 원죄설에 따라 영유아를 엄격하게 훈육하였고, 수태되는 순간 이미 작지만 완전하게 만들어진 인간으로 세상에 태어난다는 전성설(preformation)을 믿었다. 이 시기의 유아들은 매우 엄격한 교육을 받았으며, 나름대로의 독특한 발달적 요구는 전혀 고려되지 않은 성인의 축소물로 간주하였다. 또한, 어린 나이에도 여아들과 노동계층의 자녀들은 가사와 노동의 고된 훈련을 받아야 했고, 부유한 가정의 상류계층 남아들만 엄격한 교육이 시행되었다. 비교적 체계화된 교육은 플라톤과 아리스토텔레스의 교육관에서 찾아볼 수 있다.

1) 플라톤(Platon, B.C. 427~347)

플라톤은 기원전 427년 아테네의 상류귀족가문에서 태어났다. 플라톤이 태어난 때는 펠로폰네소스전쟁이 발발한 지 약 4년이 경과했고, 그 전쟁은 플라톤이 23세가 될 때까지 28년간이나 개전과 휴전을 거듭하면서 계속되었다. 그 당시 아테네는 도덕적으로도 혼란한 시기였으며, 소피스트들은 대부분 정치에서의 성공을 이루는 방법을 가르치며 젊은이들의 사악한 권력욕을 부추겼다. 이러한 상황 속에서 도덕성의 본질적 인식을 통해 인간다운 인격 형성을 역설하던 플라톤의 스승 소크라테스가 신들의 존재를 부정하고 젊은이들을 타락시킨다는 죄목으로 사형에 처해졌다. 이 사건이 계기가 되어 플라톤은 정치가의 실을 포기하고 일생을 철학에 몸담게 되었다. 플라톤은 스승의 뜻을 받들어 아테네의 도덕적 질서를 바로잡기 위해 아카데미아(Academia)라는 학교를 세우고 인재양성에 힘을 쏟으며 교육자의 길을 걷게 된다. 그리스의 교육자이자 철학자인 플라톤은 인간의 본성이 아름다움과 선함, 유능함으로 가득 차 있다는 견해를 가지고 있었으며, 인간 초대의 힘은 진리탐구에 있으며, 이것은 인간이 이미 갖고 있는 모든 이성적인 본성을 연마함으로써 시작된다고 하였다. 그리고 이성적 본성을 갖도록 교육시키기 위해서는 교육과정이 체계적으로 계획되어야 함을 지적하였다.

그는 올바른 정치를 위하여 희생할 수 있는 국가수호자를 길러내기 위해 유아기 교육이 필수적이라고 강조하면서 유아기를 인생의 가장 중요한 시기이며, 특히 어리고 부드러운 사물일 경우에는 그 사물의 특성이 형성되는 시기임을 인식하여 가르쳐야 한다고 봄으로써 인간의 발달에 있어, 조기에 신체 및 건강의 습관, 바람직한 성격형성이 이루어져야 함을 주장하였다. 그는 이러한 인간을 길러내기 위해서는 유아들에게 들려주는 신화나, 전설, 공격적인 내용의 비합리적인 경험을 배제하고 체육, 음악, 엄마가 읽어 주는 동화 등을 통해 외부의 압력이 아닌 유아의 자발적 욕구가 표출되도록 해야 한다고 주장하였다. 또한, 유아기에 자연스러운 놀이를 통한 교육을 강조하였는데 이러한 관점은 현대적 의미에서 보면 적성에 따른 교육이라고 할 수 있다. 플라톤의 교육관에서는 우리가 학습자에 대한 그릇된 편견에서 벗어날 때 비로소 올바른 상식으로 사고하고 가르칠 수 있게 된다는 점을 시사하고 있다.

2) 아리스토텔레스(Aristotle, B.C. 384~323)

아리스토텔레스는 기원전 384년 희랍의 북방 트라키아의 작은 도시 스타기라에서 태어났다. 그는 18세에 아테네에 가서 플라톤의 아카데미아에 입학하여 스승 플라톤이 서거할 때까지 20년간 학생으로서, 나중에는 자신의 학원 뤼케이온을 건설하여 교사로서의 생활을 보냈다. 아리스토텔레스는 플라톤과 같이 7세 이전의 경험이 후기의 발달에 영향을 미친다는 점을 중요시하여 유아교육의 중요성을 주장하고 교육의 단계를 가정교육과 국가교육으로 구분하였다. 가정교육은 출생후 7세까지이며 가정에서 부모가 적절한 운동과 유희를 통하여 신체의 건강과 발달을 돕고 교육적인 동화를 들려주도록 하였으며, 7~14세까지는 공공교육을 통해 건장한 사회생활을 위한 습득 및 정서교육에 치중하도록 교육기관을 설립하여 교육을 담당해야 한다고 보았다. 그는 플라톤과 달리 계급과 상관없이 모든 자유시민의 남자 유아들에게 교육의 기회가 주어져야 한다고 주장하였다. 아리스토텔레스의 교육관은 '인간의 자유화'라고 할 수 있으며, 될 수 있으면 교육내용에서는 모든 기능을 다 배우는 것보다 선별하여 정말로 유익한 것만 다루도록 하고 교육방법도 유아의 흥미를 끌수 있는 놀이, 게임 등을 활용할 것을 강조하였다(김옥련, 1985).

2. 중세의 유아교육

중세 초기에는 고대와 비슷하게 유아는 성인의 축소물로 성인에 비해 모든 면에서 부족하다고 취급되어 유아의 개별적인 특성을 인정하지 못한 채 단지 군사력과 경제력 확보의 수단으로 간주되었다. 그러나 점차 기독교 사상의 영향으로 유아도 영혼이 있는 존재며, 이들의 생명을 빼앗는 행위는 죄악이라고 여기게 되었다. 이 시기에는 일반학생들의 교육뿐 아니라 교회 지도자와 성직자를 양성하는 것을 같이 하였으며 교육의 목적은 신에 대한 봉사와 수련을 위한 것이었다. 기독교가 중추를 이루는 사회인만큼 교육내용 또한 주기도문, 신앙고백에 관한 교육, 기독교인들의 삶의 방법, 십계명의 실천방법, 세상의 창조이론 등의 성경이 주가 되었다. 수행능력이 부족하거나 잘못을 했을 경우 체벌이 허용되는 봉건적 권위나 특권에 따라 유아의 흥미나 욕구는 존중받지 못했다. 또한 중세시대에는 활발한 상업교역으로 다양한 시민생활이 가능해지면서 읽기, 쓰기, 셈하기 등의 소양이 요구되었다. 그 결과 귀족의 전유물로 인식되었던 교육이 확산되면서 신흥 시민계층의 유아들은 현실적 교육환경을 갖게 되었다(김경철 외, 2002).

3. 근세의 유아교육

중세의 기독교적 인간관에 반기를 들었던 르네상스와 종교개혁을 거쳐, 16세기 자연과학의 발달은 17세기 이후의 인문주의 사상에 영향을 주었다. 인문주의 교육자들은 여자와 빈민계층을 포함한 모든 유아들이 교육을 받아야 함을 주장하기 시작하였다. 엄격하고 무서운 곳으로 인식되던 중세시대의 학교는 즐거운 곳으로 바뀌었고, 과학의 발달로 전성설의 오류가 제기되면서 유아는 성인의 축소판이 아닌 개인의 인격을 가진 하나의 독립된 존재로 인식되기 시작하였다. 그 결과 유아에게 내재된 자연성을 신뢰하고, 이를 조장하며 개발하는 것이 교육의 의무라고 인식되게 되었다.

1) 코메니우스(John Amos Comenius, 1592~1670)

코메니우스는 1592년 체코 보헤미아 모라바 지방에서 태어났다. 16세에 모라비안에 소속된 문법학교에 입학, 뛰어나 재능을 인정받아 아모스(Amos: 지식의 사랑)이라는 별칭을 얻었다. 코메니우스는 휴머니즘 측면에서 교육에 헌신한 신학자이고, 교육자이며, 철학자이다. 그는 인간교육과 자연과의 관계 즉, 자연과학과 실용주의 사상을 바탕으로 한 교육이론을 전개하였으며, 교육의 목적을 인간과 신이 일체가 되어 행복을 얻는 데 두고 올바른 인간성을 형성하기 위해서는 유아기교육이 중요하다고 하였다. 1958년 저술한 저서 『세계도회(*Orbis sensualium pictus*)』는 당시로서 획기적인 것으로 유아를 위해 세계 최초로 제작된 언어교육용 시청각 교재였고, 그는 이 책에서 인문지리에 관한 내용들을 유아의 인지적 발달 수준을 고려하여 그림과 글을 혼합하여 서술하였으며, 오늘날 현대교육에서 교수매체 가운데 이미지를 활용하는 과학적 교수방법의 효시로 평가받고 있다. 코메니우스는 일생동안 교육사상과 철학에 관한 200여 권의 저서와 논문을 펴냈으며 새로운 교수법 개발에 몰두하였다. 그는 새로운 교수법의 원리를 정립하기 위해 우주 전체와 자연에 대한 면밀한 관찰과 과학적 분석에 힘을 기울였고, 거기서 발견한 질서와 조화의 이치를 교수법에 적용하였다(신화식 외, 2004).

코메니우스의 교육방법 원리는 다음과 같다. 첫째, 교육은 일찍 시작하되 보편적인 것에서 구체적인 것으로, 쉬운 것에서 어려운 것으로 진행한다. 둘째, 서두르지 말고 진도를 강요하지 않도록 한다. 셋째, 가능하면 감각과 인상을 통하여 모든 것을 연관시킨다. 넷째, 일관성, 즉각적인 적용들이 지켜지도록 한다. 다섯째, 본성이 어긋나지 않도록 발달에 적합한 내용과 방법을 사용한다. 여섯째, 모든 것을 감각기관의 매체를 통해서 가르치도록 한다.

코메니우스는 위와 같은 자연적인 순서에 따라 교육과정이 진행될 때 학습이 쉽게 이루어질 것이라고 하였다.

이러한 사항은 그의 체계적 교육학 저서인『대교수학』에서도 잘 나타나 있다. 대교수학에서는 교육을 통한 사회개혁을 도모하여 유아기부터 청년기에 이르는 포괄적인 학제를 연구하여 인간의 발달 단계에 따라 6년씩 4단계로 나누어 교육제도와 교수-학습방법을 제시하였다. 제1기는 1~6세를 위한 어머니 무릎학교, 제2기는 6~12세를 위한 모국어학교, 제3기는 12~18세를 위한 라틴어학교, 제4기는 18~24세를 위한 아카데미를 통해 지도하도록 하였다. 영유아를 위한 교육은 가정에서 어머니에 의해 이루어지기 때문에 어머니의 무릎학교라는 명칭을 가지게 되었다. 어머니의 무릎학교는 가정에서 이루어지는 가정교육의 형태이다.『대교수학』제28장인 어머니 무릎학교에서는 이때에 유아가 배워야 할 내용인 20가지 항목—형이상학, 자연학, 광학, 천문학, 지리학, 연대학, 역사, 산술, 기하학, 통계학, 기계학, 변증법, 문법, 수사학, 시, 음악, 가정경제운영, 정치, 도덕, 종교와 신앙—에 대해 구체적으로 정리하였다. 모국어 학교에서는 내적 감각인 상상력과 기억력 훈련을 중시하고, 라틴어 학교는 지식의 이해와 판단을 통한 과학과 기술의 교육이 중요하므로 각급의 학교들이 서로 유기성을 가지고 순차적으로 진행되어야 할 것이라 보았다. 이는 오늘날의 교육체제인 유아교육기관, 초등학교, 중·고등학교, 대학교와 상응하는 것으로 전반적인 학교의 틀을 세운 것이다.

그는 여러 가지 독창적인 교육사상을 바탕으로 한 교육방법에서 직관주의와 언어의 결합, 전 인류를 대상으로 하는 평등교육, 교사의 전문성과 남녀공학, 단선제 학교교육제도, 오늘날의 대학과 같은 개념인 아카데미 등을 구상함으로써 현대적인 교육제도 확립에 영향을 주었으며, 후대 교육사상가들인 루소, 페스탈로치, 프뢰벨, 헤르바르트에게 큰 영향을 끼쳤다.

2) 로크(John Locke, 1632~1704)

로크는 1632년 영국 브리스틀 근교의 링턴이라는 작은 마을에서 부유한 중상계층 집안의 장남으로 태어났다. 아버지는 지방 변호사로 엄격한 청교도였으며 자녀들의 교육에 깊은 배려를 기울였다. 특히 로크가 성장함에 따라 대등한 인격체로 대접해 주었기 때문에 로크 역시 커다란 존경심과 깊은 애정을 가지고 부친을 존경하였다. 그래서 로크의 교육론 속에는 부친의 자녀교육에 대한 태도가 체험을 바탕으로 많이 인용되어 있음을 볼 수 있다. 즉, 이성의 발달 정도에 따라 자유와 평등을 허락해야 하며, 유아는 부모의 보호를 받을 권리가 있고, 부모는 자식을 양육하고 교육해야 할 의무가 있음을 강조한 것은 그의 정치이론과도 일치되고 있지만 이는 집안의 내력과 가정교육의 소산으로 여겨질 수 있다.

로크의 교육에 대한 가장 기본적인 사상은 '백지설(tablua rasa)'에 잘 나타나 있다. 인간의 정신은 아무것도 그려지지 않은 하얀 백지의 상태에서 태어나, 훈련과 환경, 경험을 통해 비로소 여백을 하나씩 채워가면서 성숙한 인간으로 된다는 주장이다. 그의 주장에 따르면 선악은 인간의 고유한 속성이 아니라 인간 자신이 선택하고 판단하는 물리적·사회적 환경에 따라 달려 있으므로 환경자극을 가장 유연하게 흡수하는 유아기부터 올바른 습관을 형성도록 교육해야 한다.

로크의 저서『교육에 관한 단상』에서는 학교교육보다는 가정교육을 강조하면서 가정에서 자녀에게 가르쳐야 할 덕목, 지혜, 교양, 지식 등 부모 역할의 중요성을 설명하고 가장 좋은 교육은 유아의 주변에 성실하고 슬기로운 사람이 있어 그 사람을 존경하고 감화받음으로써 교육되는 것이 바람직하다고 생각하였다.

로크는 '건강한 신체에 건강한 정신이 깃든다'는 말을 통해 인격 형성의 기초로서 건강교육을 중요시하였으며, 지적 교육보다는 도덕교육을 강조하고 일상생활 습관을 익히도록 교육하였다. 또한, 유아에게 가르치고 싶은 것은 유아의 호기심을 자극하여 동기를 유발시켜야 한다고 하였다. 즉, 유아 스스로 흥미를 가지도록 하여 유아의 자주성을 존중하는 교육을 강조한 것이다. 가능한 한 유아가 즐겁게 학습할 수 있도록 해야 하며, 엄격한 훈육과 체벌을 사용하는 것에 반대하였다.

3) 루소(Jean jacques Rousseau, 1712~1778)

루소는 1712년 스위스 제네바의 그랑 뤼 도시에서 시계공이자 춤 선생님인 아버지의 아들로 태어났다. 루소 아버지의 가문은 파리에서 서적상을 하던 중산층의 신교도 가문이었고, 어머니의 가문도 중산층의 가문이었다. 루소의 어머니는 출산 후 9일 만에 세상을 떠났고 루소는 아버지와 고모에게서 양육되었으며 열 살 때까지 다른 제도적인 교육을 거의 받지 않고 아버지에 의해 가정에서 교육받았다. 루소는 고대 역사 전기집인『플루타르코스 영웅전』에 매료되어 로마와 아테네의 도시국가 공동체를 살아가는 주인공에 푹 빠져 어린 시절을 보내다가 14살이 되어서는 재혼한 아버지에게 버림받았다고 느끼고 방황을 시작하여 16살에 제네바를 도망 나온다. 방랑자가 된 루소는 귀족부인들에게 도움을 받으며 생활하게 되며, 음악교사, 집사, 가정교사 등의 직업을 갖게 된다.

루소는 인간은 자연을 따라 살아야 하며 인간의 교육도 자연의 질서를 따라 이루어져야 한다고 보았다. '에밀'의 서문에서 밝힌 것처럼 인간의 선천적 성품은 모든 것에 선하였으나 인간의 손에 의해서 왜곡되어 나빠진다고 보았다. 즉, 어린 유아의 성품은 선한 것으로 충만하지만 점차 인간이 만든 사회 속에서 자라고 교육받으며 본연의 선한 성품에서 벗어나게 된다고 하였다. 그러므로 유아교육은 처음에 태어난 본성을 잘 보존할 수 있는 교육이 필요하다고 주장하였다. 루소에게서 교육은 진리를 가르치는 것이 아니라 유아의 마음을 사회로부터 지켜 주는 것이다. 또한 루소는 유아에게 지식을 주입하던 그 당시의 잘못된 조기교육을 비판하였다. 유아교육은 외부로부터의 주입식 교육이 아니라 유아의 잠재력이 자연스럽게 발휘되도록 해야 한다. 어린 유아들이 사회의 악으로부터 선한 본성을 보호받기 위해서 루소는 가정을 통하여 한 사람에 의해 교육이 이루어져야 한다고 보았다. 가정에서의 교육을 다르게 말해 양육이라는 명칭으로 볼 수 있다. 유아의 선한 본성을 보호해야 하는 가정교육이 유모를 통해 시작되는 당대의 현실을 비판하고 유모가 아이를 키울 경우 애정 없이 태만하게 돌본다는 점을 지적한다. 아이를 돌보는 어머니가 직접 아이를 양육하는 것이 아이의 성품을 지키는 것이라 하여 자연을 관찰하고 자연이 제시하는 길로 가야 한다고 강조한 것이다.

그는 자연의 고유한 시간표에 따라 각 단계마다 유아가 스스로 환경과의 직접적인 상호작용을 통해 배운다는 점을 강조하였고, 교육과정에서는 인간-자연-사물 간의 관계를 중요시하였다. 자연이란 유아가 사회와 교육으로 인해 왜곡되기 이전의 경향인 내적 발달을 의미한다. 특히 유아기 단계에서 감각적 이성이 지적 이성의 기초가 되므로 교육은 감각놀이를 통해 이루어져야 한다. 루소는 현대 교육방법의 기초가 되는 유아활동의 원칙, 개성화의 원칙을 제시하였고 시민이나 국민이 아닌 일반인을 양성하는 것을 목적으로 하였다. 교수방법에서는 성인의 무자비한 처벌에 반대하였고, 유아 스스로 행동의 결과에 대해 고통을 느끼도록 교육할 것을 주장하였다.

유아의 타고난 개성인 본성과 자발적인 성장의 존중, 발달 단계의 자연스러운 발현, 상호작용과 놀이의 중요성 등에 대한 루소의 유아중심사상과 교육방법은 페스탈로치와 프뢰벨의 교육실천에 많은 영향을 주었으며 현대적 유아관을 형성하게 한 분수령이 되었다.

4) 페스탈로치(Johnn Heinrich Pestalozzi, 1746~1827)

페스탈로치는 1746년 스위스의 취리히에서 신교의 목사인 조부, 의사였던 부친과 모친의 아들로 태어났다. 페스탈로치가 다섯 살을 겨우 넘었을 때 부친이 사망하여 빈곤한 가정에서 모친과 가정부의 헌신적인 도움으로 성장하였다. 페스탈로치는 목사인 조부가 무능하고 가난한 농부들의 교화에 애쓰는 것을 보고 듣고 접하게 된 것이 계기가 되어, 추후 빈민유아와 장애아, 고아를 위한 학교를 설립하게 되었으며, 모친과 가정부를 통해 모성들의 위대한 교육적인 힘을 경험하고 찬양하였다. 페스탈로치는 교육사상을 주장하기보다는 그 사상을 실제 교육현장에서 실천한 교육가로서 가정교육을 강조하고 가정에서 부모와 유아의 애정 넘치는 일상생활이야말로 인간교육의 가장 바람직한 자연의 관계, 교육의 근원이라고 말하고 있다. 부모와 자녀와의 관계에서 감사, 사랑, 신뢰, 도덕성의 기초가 된다. 이러한 페스탈로치의 교육은 가정교육을 중요시하는 의미로 '거실의 교육학'이라고도 한다. 그의 교육목적은 개인이 행복하고 선한 삶을 살도록 하는 데 두고 인간이 가진 능력과 가능성의 자연적인 개발을 통하여 달성하려고 하였다. 그는 유아의 교육을 동식물의 발달과 성장에 비견하여 인간은 성장, 성숙해야 하므로 교사는 유아를 바른 방법으로 바르게 키우고 이러한 활동을 조성하는 사람으로서, 유아의 발달이 자연적, 조화적으로 될 수 있도록 조건을 제공해 유아의 선천적 소질을 도와야 한다고 지적하였다. 페스탈로치는 인간의 조화적 발달의 중시와 동시에 방법의 원리, 자발성의 원리, 직관의 원리, 생활공동체의 원리 등 구체적인 교육방법의 원리를 제시하였다(홍순정 외, 2004).

- 방법의 원리: 교수는 무엇이든 기본요소에서 출발하여 다른 요소와의 통합 과정을 거치는 방법적인 측면을 강조한 원리이다.

- 자발성의 원리: 교육은 유아의 능력을 그 내면에서 발달시키는 데 있다는 생각이다.
- 직관의 원리: 모든 인식은 직관에서부터 출발해야 하며, 모든 직관의 기초로서 수, 형태, 언어를 중시하였다.
- 조화적 발달의 원리: 유아의 능력, 정신력, 심성, 기술 등을 조화 있게 발달시켜야 함을 강조한다.
- 생활공동체의 원리: 생활공동체의 의의를 중시하고 가족집단, 인간관계 등을 강조하고 있다.

천성적 교사로서 모성을 중요시한 점, 어머니에 의해 실시되는 국가적 지원 체계의 필요성을 강조한 점 등 페스탈로치의 교육사상과 실천은 오늘날 유아교육과정에 많은 영향을 끼쳤다.

5) 프뢰벨(Frobel, 1782~1852)

유치원의 창시자이며 유아교육의 아버지로 알려진 프뢰벨은 1782년 독일 튜링겐의 작은 마을 오버바이스바흐에서 출생하였다. 정통주의 루터교회 목사의 아들로 태어나 생후 9개월 만에 어머니를 잃고 고독한 어린 시절을 보냈으며, 4세에 새엄마가 생겼지만, 친자식이 태어나자 소외당하게 되었다. 10세가 되던 해, 친어머니의 오빠였던 성직자 외삼촌이 그의 집을 방문하여, 안타깝게 여겨 프뢰벨을 4년간 돌보았다. 이 시기에 프뢰벨은 외삼촌의 영향을 받아 종교적인 관찰, 일요일마다 하는 설교, 입교식에서는 물론 가정과 자신에 대한 아버지의 충고 등에서 삶의 규범을 삼을 만한 가치를 스스로 얻어 정신과 영혼의 양식으로 삼았으며 이에 따라 그리스도교적인 세계관이 스스로 정립되었다. 1797년 학교를 졸업 후 측량사가 되어 삼림 감독관에게 조경과 식림 등을 배우던 2년 동안 자연과의 긴밀한 생활을 최대로 이용하고 자신의 영역을 넓히는 공부를 하였고 이 시기는 그의 정신생활을 불러일으키는 데 좋은 기회가 되었다. 1799년 그는 예나 대학에 입학하게 되어 자연과학과 수학을 공부했으며, 프랑크푸르트로 이사하여 건축가가 되려고 하였으나, 그곳에서 만난 모범학교의 교장인 그루너(G.A Gruner)를 만나 이때부터 프뢰벨의 영혼 속에서 잠자고 있던 교육적인 천재성이 서서히 깨어나기 시작했다. 이후 페스탈로치와의 만남은 프뢰벨에게 더욱 운명적인 계기가 되었으며 페스탈로치의 국민교육사상에 반하게 되며, 직관적이고 자연주의적인 학습방법을 깨닫게 되었다. 그의 교육철학은 코메니우스의 모친학교 사상, 루소의 자연성, 페스탈로치의 인간성에 영향을 받았다고 해도 과언이 아니다. 프뢰벨에게 있어 신과 인간과 자연은 불가분의 관계에 있다. 인간과 자연은 신성 안에서 통일된 것으로 간주한다. '나'라는 존재는 부분이며 동시에 전체인 존재이며 만물은 모두 '부분적인 전체'이다. 나 자신 또한 인류의 부분적 전체이며 생명 전체를 내부에 가지고 있는 완전한 인간이다. 우주에는 완전히 고립된 개체는 존재하지 않고 하나의 보편적 통일에 기초하고 있다.

프뢰벨은 1837년 블랑켄부르크에 '유아·청소년을 위한 노작 욕구 보호 학교'를 설립하였다. 사립학교 설립의 시작이 된 것이다(박덕규, 1993). 1840년 프뢰벨은 블랑켄부르크 숲속을 산책하고 있던 중 여러 가지 식물이 한데 어울려 있는 아름다운 모습을 보고 '유아·청소년을 위한 노작 욕구 보호 학교'를 유아의 정원이라는 의미를 가진 'kindergarten(유치원)'으로 개칭하여 유아를 위한 교육기관의 명칭으로 사용하였다. 이곳에서는 교육의 목적을 자아개발(또는 자아실현)에 두고 유아의 본성에 따르는 놀이와 식물 재배와 같은 활동들을 통해 유아 내부의 것을 유도하고 전개해 나가도록 이끌었다.

프뢰벨 교육과정의 가장 큰 혁신은 놀이라고 볼 수 있다. 그는 유아의 놀이가 단순한 시간 소비라고 생각해 온 전통적인 통념을 벗어나 놀이에 특별한 의미를 부여하였다. 유아의 생활은 곧 놀이생활이며 놀이는 교육목적 달성에 중요한 역할을 한다. 놀이는 단순히 신체나 손발의 감각을 키우고 강하게 하는 것뿐만 아니라 정신도야와 내적 감성의 각성을 촉진시키므로, 놀이는 내면적이고 정신적인 의의를 갖는다. 유아가 스스로 내면의 신성을 표현하고자 하는 내적 에너지는 놀이와 작업의 기초가 된다. 유아가 하는 어떠한 놀이든지 유아의 삶의 일부분이 된다고 한 것은 놀이 가운데 인간의 가장 순수한 소질과 그의 가장 오묘한 정신이 발휘되어 나타나기 때문이라고 생각했다.

유아에게 주어진 놀잇감은 놀이의 대상물인 동시에 보다 깊은 정신적 의미가 내포되어 있다. 그가 1837년 유치원을 설립한 후 유아의 자발적 학습을 가능하게 하고 창의력을 기르게 하기 위하여 고안한 교육적인 장난감인 은물과 작업이 바로 인간 내면의 신성을 실현할 목적으로 제작한 놀잇감이라고 볼 수 있다. 유아에게 놀이가 자기활동의 표현이라면, 은물은 그 표현이 실현되는 매개체가 된다. 은물은 신으로부터 받은 선물이라는 의미를 가지고 있으며, 프뢰벨이 유아의 체계적인 놀이활동을 중요시했다는 것을 보여 주는 것이다. 그는 교육이 계속적인 단계를 따라 진행되도록 하기 위해 유아의 연령별로 점점 복잡해지는 놀이와 작업을 유치원의 핵심내용으로 삼았다. 특히, 사물의 합일성과 유아 본성의 합일성을 상징으로 하는 공으로부터 출발하여 평면·선, 점으로 끝나는 열 가지의 은물과 작업을 교육에 활용한 것은 유아의 활동이 비약되지 않고 신적인 것을 계속적으로 발전시켜 나가는 것이라고 생각하는 것을 실현한 것이다.

은물은 유아의 왕성한 창조활동을 찾아내기 위한 체계적 교구로서 단순한 것과 복잡한 것, 부분과 전체, 잡다함과 통일의 원리를 내포한 것이다. 1은물은 여섯 가지의 색깔(빨강, 파랑, 노랑, 초록, 주황, 보라)의 털실을 입힌 공, 2은물은 나무로 만든 공·원기둥·정육면체, 3~6은물은 크기와 모양이 다양(작은 정육면체, 큰 삼각기둥, 작은 삼각기둥, 직육면체, 받침)한 나무토막, 7은물은 평면도형, 8은물은 막대, 9은물은 고리, 10은물은 알갱이로 되어 있어 가지고 노는 동안 미의 형식, 지식의 형식, 삶의 형식을 깨닫게 된다. 은물 이외에 고안한 11

종의 작업은 여러 가지 재료를 가지고 손으로 만들어 보는 활동으로 교과서나 인쇄물을 주입식으로 가르쳤던 프뢰벨 이전의 유아지도를 생각해 볼 때 획기적인 일이다(곽노의, 2000).

제1작업은 점, 제2~3작업은 선, 제4~8작업은 면, 제9~11작업은 형체를 나타내고 있으며, 유아들이 자유롭게 변형하며 자신의 내면세계를 표현할 수 있다.

프뢰벨이 제시한 유아의 자기활동원리를 강조한 놀이와 작업은 오늘날 유아교육에 중요한 교육원리와 방법으로 제시되고 있다.

| 그림 2-1 | 프뢰벨 유치원과 실제활동 모습

출처: https://99percentinvisible.org/episode/froebels-gifts/

은물과 작업 이외에 노래와 게임활동을 통해 삶의 기쁨을 느끼고 인간 교육의 기초가 이루어진다고 본 프뢰벨은 특히 가정에서 어머니가 유아와 함께 부를 수 있는 노래집 『어머니의 노래와 사랑의 노래(*Mutter und Koselieder*, 1844)』를 발간했다. 이 책에 실린 가사에는 유아를 생명과 세계에 대한 이해로 이끌며, 노랫말에 따라 손과 손가락을 움직임으로써 유아는 신체와 감각발달이 동시에 이뤄지도록 하였다.

그의 철학적 이상주의와 소근육 위주의 활동이 비판을 받고 있지만 프뢰벨의 유아교육에 대한 사상과 교육과정은 그의 추종자들에 의해 전 세계적으로 널리 펼쳐져 오늘날까지 많은 영향을 미치고 있다.

4. 현대의 유아교육

19세기 말 미국사회가 산업화와 엄청난 이민자들로 인해 많은 사회변화와 혼란 속에서 사회 진보를 계속할 수 있는 개혁의 필요성이 부각되었는데, 이때 19세기 말 유럽에서 건너온 신교육운동으로부터 전통교육의 한계를 극복하고자 하는 새로운 학교가 등장했고 교육을 통한 사회변화와 발전에 믿음이 확산되기 시작했다.

1) 듀이(John Dewey, 1859~1952)

철학자이며 심리학자이자 교육운동가인 듀이는 1859년 미국 버몬트주의 벌링턴이라는 도시에서 식료품점을 운영하는 뿌리 깊은 청교도정신을 가진 집안에서 태어났다. 아버지는 제대로 된 학교교육을 받지는 못했지만, 영국 고전문학을 즐겨 읽었으며, 장사 수완보다 문학적인 소양이 더 뛰어난 사람이었다. 그의 어머니는 다른 장사꾼의 아이들과 다르게 존 듀이와 그의 형제들이 어려서부터 책을 가까이하도록 교육했으며, 청교도 개척자적인 가풍을 이어서 스스로 용돈을 벌고 집안일을 도움으로써 독립심과 책임감을 가지도록 지도하였다. 그가 태어나서 자란 버몬트주는 바위산과 호수가 많은 아름다운 지역이었다. 존 듀이는 형제 및 사촌들과 동네 제분소, 석회를 굽는 가마나 여물저장고 등을 돌아다니거나 아름다운 자연에서 뛰어다니며 놀곤 하였다. 이러한 자연친화적인 환경과 청교도적인 건전하고 자립적인 생활환경은 이후 존 듀이의 교육관을 형성하는 데 큰 영향을 미쳤다.

19세기 중후반 미국은 남북전쟁 이후의 국가적 통합 시기였다. 다수의 이민자가 들어오면서 인구가 폭발적으로 증가했고, 새로운 산업들이 발전하면서 목가적인 미국에서 산업적이고 상업적인 미국으로 변화하고 있었다. 민주주의라는 정치 제도가 뿌리를 내리고 진화론, 과학적 실험, 프래그머티즘 등이 등장하며 사회적·정치적으로 개혁적인 분위기가 확산되고 있었다. 이러한 사회변화에 맞게 다양한 책들이 빠르게 보급되었고 존 듀이는 시내 도서관 등을 다니며 많은 책을 읽었다. 듀이는 학교성적이 우수하기는 했지만, 읽기, 쓰기, 수학 중심의 단조로운 수업에 크게 흥미를 느끼지는 못하였다. 그는 나중에 어린 시절을 성찰하며 학교보다 교실 이외의 장소에서 배운 것이 더 많았다고 회고했다. 그리고 이러한 어린 시절의 학교 외의 교육경험들은 경험중심, 유아중심, 실용중심의 진보주의적 교육관을 형성하는 데 큰 바탕이 되었다.

듀이는 1896년부터 1904년까지 시카고 대학의 교수로 재직하면서 과거의 암기식, 교사중심식 그리고 엄격한 훈련주의에 입각한 전통주의 교육을 개혁하고자 하였고, 자신의 교육이론을 실험하고 새로운 교육원리를 발견하기 위해 1896년 4세부터 14세까지의 유아를 위한 시카고 대학 부속 초등학교인 '실험학교'를 설립하였다(이선애 외, 2016). 듀이의 실험학교는 결코 색다른 계획하에 이 학교를 운영하려는 것이 아니라, 다만 학습 지도법에 있어서 좀 더 자연스러운 것을 발견해 가는 여러 조건을 갖추려고 하였을 뿐이었다. 따라서 교사들에게 새로운 방법을 이곳에서 실천하도록 명한 것은 아니고 다만 학교와 지역사회 사이의 장벽을 타파해 가는 방법을 발견할 것과 암기의 어구 해석에 허덕이고 있는 유아들에게 부담을 더 주지 않으면서 학습내용으로는 보다 풍부하고 보다 변화가 많은 것을 채택하는 방법을 발견하는 일을 요구하였다. 그리고 교사는 더욱 흥미 있고 생생한 활동을 통해서 읽기, 쓰기, 셈하기를 가르쳐야 한다고 보았다. 읽기, 쓰기, 셈하기는 유아가 다른 것을 학습하는 데 기초가 된다는 필요성을 유아 스스로가 통감했을 때 노력하게 되고 학습효과도 오른다고 생각하였다.

듀이 학교에서의 실험은 교육계에 크게 공헌하였을 뿐만 아니라 듀이도 자신의 철학이론을 교육실험을 통해 입증할 수 있는 기회를 가질 수 있게 되었다. 실험학교의 실험결과로 교육이론과 교육실천은 더욱 긴밀하게 연결되었다. 듀이는 사회개혁가로서 교육사상뿐만 아니라 철학이나 이론으로도 널리 알려졌다. 듀이는 시카고 대학에 듀이 자신의 실험 학교를 부설하여 전통적인 학교교육을 개혁함으로써 그의 교육이론을 실제에 실천하였다. 1894년에 시카고대학의 교수로 있던 듀이는 심리적 요소와 사회적 요소를 통합하여 교육 문제를 해결하려고 노력했다.

1898년 4~5세 유아를 위한 시설을 갖추고 실험학교 내 유아학급(sub-primary)을 만들었다. 듀이는 프뢰벨의 교육 원리(통일성의 원리, 자발성의 원리, 노작의 원리, 놀이의 원리, 인본주의 원리 등)를 자신이 세운 실험학교에 적용해 보려고 했고, 이런 일련의 과정을 통해서 듀이는 유아의 활동을 중시하고, 유아의 자발적인 활동을 학습의 기초로 삼아야 하며, 교실을 유아가 적극적으로 활동할 수 있는 공감으로 바꾸어야 하며, 유아의 전인적 발달을 중요하게 생각해야 한다고 생각하게 되었다. 듀이가 세운 실험학교의 유치부에서는 성장의 심리적 연속성을 중요하게 생각했다. 경험은 유아의 관심을 바탕으로 하지만 보다 고차적인 사상이나 행위로 발전되어야만 교육적인 것이 된다. 이런 교육적 경험을 하기 위해서는 유아의 활동과 놀이를 깊이 이해해야 한다. 특히 듀이는 유아의 내면에 있는 창조적 능력을 표현하는 것이 중요하다고 보았다. 듀이는 실험학교를 운영하는 과정에서 다음과 같은 점에 유의했다. 첫째, 학교의 일차적 과제는 아이들에게 공동생활을 하게 함으로써 상호의존 의식을 육성하고 실천하도록 하는 데 있다. 둘째, 아이들의 본능적·동적인 태도와 활동이 교육활동의 근원이고, 그러한 자발적인 활동이 교육방법의 초석이 되어야 한다. 셋째, 아이들의 발달 단계를 고려하여 첫째와 둘째를 통합함으로써 성숙한 사회의 전형적인 일을 알맞게 재현하도록 해야 한다. 듀이는 유아 자신이 상상하거나 선호하는 대로 마음껏 활동하는 것과 교사가 지시하는 대로 따라 행동하는 것 사이의 균형을 모색했다. 듀이는 유아를 더 높은 수준의 의식을 형성하고 고차적인 활동을 하도록 돕는 데 관심을 가졌다. 동시에 그는 유아를 환경과의 상호작용을 통해서 경험을 끊임없이 재구성해 나가는 능동적인 존재로 간주했다. 또한 듀이는 유치원을 가정과 가까운 생활을 재현하는 사회생활의 장으로 인식했다. 그래서 듀이는 교육의 사회적 요소를 매우 중요하게 생각했다. 듀이는 유아의 사회성이 발달할 수 있는 적합한 활동을 고안해야 한다고 보았다. 실험학교 유치부의 원아들은 가정이나 가족과 관련이 있는 놀이를 하였고, 사용할 수 있는 실용성 있는 물건을 만들었다.

듀이는 유아가 스스로 배울 내용의 가치를 판단해야 하며, 학습 내용도 스스로 만들어져야 한다고 보았다. 학교에서 배우는 내용은 유아들로부터 소외된 것이 아니라, 그들의 생각과 느낌과 행동을 깊게 형성하는 것이어야 하며, 그들 자신의 흥미, 취향, 선택, 특성에 관한 모든 것을 알기 전에 내용을 미리 생각해서 일괄 부과해서는 안 된다고 보았다. 그렇다고 교사는 단지 관찰만 하고 유아들이 본성에 따라 자신의 방향을 결정하기만 하는 것은 아니다. 교사는 억압과 허용, 자유와 권위, 그리고 자기표현과 규율 복종 간에 균형을 유지할 수 있는 방안을 찾아야 한다. 이렇게 할 때 유아는 최선을 발견할 수 있게 될 것이다. 적어도 듀이는 최근까지도 전통으로 남아 있는 권위주의적 교육에서 특히 강조되지 않는 이러한 이상적 균형을 강조했다고 볼 수 있다.

2) 몬테소리(Maria Montessori, 1870~1952)

이탈리아 최초의 의학박사이자 위대한 교육철학자인 몬테소리는 1870년 이탈리아의 안코나 지방에서 군인출신의 엄격한 아버지, 진보적인 어머니 사이에 태어났다. 몬테소리는 이탈리아의 저명한 과학자이자 자유주의자였던 외삼촌의 영향을 받아 자연과학에 대한 호의와 약한 자들에 대한 동정의 양면을 살릴 수 있는 의학을 공부하고자 하였으나 보수적인 아버지의 심한 반대에 부딪쳤다. 그러나 어머니의 이해와 도움으로 소망을 이루게 되어 로마 대학의 의학부에 최초의 그리고 유일한 여성으로서 입학하여 이탈리아 최초 의학박사 학위를 받았다. 몬테소리는 정신지체아의 치료와 교육에 관한 연구를 하던 중 당시 정신지체아를 정신분열증 환자와 같이 취급하여 정신병원에 격리 수용하고 전기 충격적 요법을 실시하는 것은 부당하다고 생각하게 되었다. 이러한 사건은 그녀에게 큰 영향을 주었고 추후 운동기능과 감각적 지각 훈련을 바탕으로 하는 유아교육 방법을 개발하는 계기를 마련해 주었다. 몬테소리는 정신지체아 교육의 문제를 본격적으로 규명하기 위해 로마 대학의 철학과에 입학하여 분트의 심리학, 루소와 프뢰벨의 교육학을 공부하여 1904년에 졸업한 후, 문화인류학 강의와 개업의사로 활동을 하였다.

그 당시 이탈리아에서는 19세기 후반부터 몰아닥친 공업화, 도시화 현상이 로마시를 혼란에 빠지게 하였으며, 농촌으로부터 도시로 밀려드는 인구는 급증하여 주택 건축 붐이 일어났지만 그를 뒷받침할 경제 사정이 악화되자 주택은 미완성인 상태로 업자들은 도산을 하였고, 미완성의 빈집에서는 빈민들이 밀집하여 한 방에 여러 가구가 동거하는 상태였다(이상금·이경애, 1990). 온갖 범죄와 비행이 발생하는 빈민굴 문제를 해결하기 위해 당시 혁신정부가 추진한 사업이 주택개량이었다. 그 공동주택의 한구석에 교육기설을 설치하고 그 지도를 당시 로마대학의 교수였던 몬테소리에게 의뢰하였고, 1907년 이 교육시설을 몬테소리는 '유아집'이라고 명명하였다. 몬테소리는 유아의 능동적 정신을 인정하고, 이를 교육의 출발점으로 삼았다. 유아는 작고 연약하지만 출생 순간부터 이미 정신적인 삶을 영위할 수 있는 무한한 가능성을 가진 존재이다. 유아는 독립된 인격과 창의적 정신을 가진 존재로서 이러한 자발성에 대한 견해는 영적인 힘, 자율성, 순종 등과 더불어 몬테소리 사상의 토대로 자리 잡게 되었다(이선애 외, 2016).

몬테소리는 유아집을 운영하며 장애아들을 위해 고안한 감각교구를 빈곤과 무질서의 지역에 방치되어 있던 유아들에게 적용하여 획기적인 성과를 이루어냈다. 그녀의 교육원리는 특별한 환경을 준비해 놓고 그 환경 안에서 유아가 스스로 탐색하는 것이다. '준비된 환경'이란 유아의 필요에 따라 흥미로운 교구와 자극이 제공되는 곳으로, 유아를 위한 준비된 환경은 자유를 상징하며 동시에 교육적 수단이기도 하다.

몬테소리가 유아집에서 유아들을 관찰하며 발견한 사실은 다음과 같다(신화식, 2007).

- 유아는 놀라운 집중력을 가지고 있다.
- 유아는 반복을 좋아한다.
- 유아는 질서를 좋아한다.
- 유아는 선택의 자유를 좋아한다.
- 유아는 놀이하는 것보다 작업하는 것을 좋아한다.
- 유아는 상과 벌을 원하지 않는다.
- 유아는 침묵을 좋아한다.
- 유아는 단 것을 거절할 줄도 안다.
- 유아는 인간의 존엄성에 대한 감각을 지니고 있다.
- 유아에게는 쓰기의 폭발 시기가 있다.
- 유아는 스스로 읽기를 한다.
- 유아는 자발적인 자기훈련을 한다.

유아는 작업에 진정한 흥미를 가지고 집중·반복과정을 통해 자신의 내적훈련과 자신감을 발달시키고 목적 지향적인 작업을 선택하는데 몬테소리는 이러한 현상을 '정상화 현상'이라고 하였다. 그러므로 유아가 전인적인 성장을 하도록 도와주고 자신의 주변환경에 적응할 수 있도록 하며 인간적인 관계 속에서 사회적 욕구를 받아들이게 해 주어야 한다.

몬테소리는 유아가 특정행동에 대한 감수성이 예민해져서 특정기술을 좀 더 쉽게 배울 수 있는 민감기가 있다고 하였는데, 즉, 지적흡수력이 왕성한 시기라고 볼 수 있다. 그러므로 민감기에 맞는 적절한 교구를 갖춘 교육환경을 만들어 줄 때 교육효과는 더욱 극대화되고 성취감을 갖고 주도적인 활동을 할 수 있다.

교사는 그 특성에 대한 민감기가 존재하는 동안 유아를 잘 관찰하고 발달 특성을 파악하고 그 시기에 폭발적인 효과를 낼 수 있도록 도와주는 것이 매우 중요하다.

몬테소리는 자신의 교육방법을 다섯 가지 영역, 즉 일상생활, 감각교육, 수학교육, 언어교육, 문화교육 등으로 분류하였다(이선애 외, 2016).

- 일상생활 영역: 일상생활에서 일어나는 일을 작업화하여 유아들의 독립심을 기르고 바른 인성을 수용하는 데 도움을 주는 것이 목적이다. 이 훈련으로 유아는 자신의 주변환경을 더욱 친숙하게 받아들이고 일상생활을 질서감 있게 유지할 수 있다. 일상생활 영역은 물건운반·따르기·청소하기·차대접하기·빨래하기·다림질 등 환경에 대한 배려, 손 씻기·구두 신고 벗기·구두 닦기·코풀기·거울보기·몸단장 등 자신에 대한 배려, 문 여닫기·위험한 물건 주고받기·미안함과 실례·양보에 대한 고마움 등 사회에 대한 배려, 선 위 걷기와 같은 운동과 조정으로 구성되어 있다.
- 감각영역: 단일감각(시각, 촉각, 후각, 청각, 미각)과 복합감각(중력, 온도, 입체감각을 훈련할 수 있도록 고안되어 있다. 감각교육의 내용은 유아가 지닌 감각을 이용하도록 중요한 물리적 특징에 따라 분류되어 있으며, 교구는 감각발달에 도움을 주도록 고안되어 있다. 감각교구들은 수학과 언어 같은 타 영역 발달의 기초를 제공한다. 감각교구에는 물건의 크기·색·모양을 식별하도록 하는 시각교구인 네 종류의 꼭지 원기둥과 색 원기둥, 분홍 탑, 갈색 계단, 빨간 막대, 이항식, 삼항식, 세 종류의 색판, 기하도형 서랍과 여섯 종류의 구성 삼각형 등이 있다. 촉각교구로는 천 맞추기, 기하입체, 온각병, 온각판, 무게판 등이 있다. 청각교구로는 소리 상자와 음감벨이 있으며, 미각교구에는 맛보기병, 후각교구로는 후각병이 있다.

- 수학영역: 유아에게 실제 생활을 관찰하여 그에 대한 상징과 연관관계에 대한 원리를 이해하고 실제 생활에 연결하여 보다 나은 삶을 추구할 수 있게 해 준다. 이것으로 인해 유아들은 주변 세계를 이해하는 능력이 증진되고 조직적인 탐구력이 개발된다. 수학교육은 감각교육이 이루어진 후에 가능하고, 구체적인 개념에서 추상적 개념으로의 전환을 쉽게 하기 위해서 구체적인 교구를 통해 수업을 진행하는 것이 특징이다. 콩과 구슬 등은 하나하나 더하기의 인상을 줄 뿐 전체적으로 조망할 수 없으므로 제일 작은 조각이 나머지 조각을 측정하는 단위가 될 수 있는 정육면체와 프리즘, 막대기를 사용하였다. 구체적인 교육내용은 수 막대, 숫자카드, 방추형봉, 기억놀이, 십진법과 자리의 기념 소개, 구슬과 카드의 소개와 사칙 계산, 우표놀이, 세강판, 사칙 암산판, 구슬틀 류 등이다.
- 언어영역: 언어영역의 궁극적인 목표는 유아가 자기표현의 수단으로서 그리고 의사소통의 수단으로서 언어를 사용하게 하는 것이다. 언어영역 안에는 근육 조절을 발달시키고 쓰기 능력을 위한 준비를 제공하는 연습들이 포함되어 있다. 몬테소리는 특히 자유로운 대화를 통하여 언어 발달을 이루게 해야 한다. 언어는 듣는 감각을 통해 학습되므로 교사는 유아에게 말을 할 때 분명하고 완전하게 발음해 주어야 한다. 교육내용은 사물 명칭 익히기, 소리 변별하기, 수수께끼, 이야기 만들기, 읽어 주기, 끝말 이어가기, 손유희, 상상해서 말하기, 그림과 명칭 짝짓기, 동작게임, 바르게 말하기, 짧은 글짓기, 연필 쥐는 법, 철판도형, 선 긋기, 모래종이 글자, 움직이는 알파벳 등이 있다.
- 문화교육: 유아들은 자라면서 자기 이외에 사물에 서서히 관심을 나타낸다. 그러면서 자연스럽게 자신이 속한 세상에 대해 호기심과 탐구심을 가지게 된다. 따라서 문화영역의 활동은 유아가 다양한 분야(지리, 역사, 동물, 식물, 미술, 음악 등)의 경험을 통해 여러 문화를 이해하고 받아들이는데 그 목적이 있다. 이런 활동으로서 유아는 문화의 다양성과 그 가치를 자

연스럽게 인식하고 세계 안에서 어우러져 살아갈 수 있는 기초적인 능력을 기르게 된다. 내용은 땅과 물, 지구본, 수형과 지형, 대륙지도, 방향 소개, 시간관념, 가족, 생일, 태양계 소개, 생태연구 등이 있다.

이상에서 논의한 바처럼 몬테소리의 교육방법은 뛰어난 업적으로 평가되고 있으나 이에 못지않게 몇 가지 문제점을 포함하고 있는 것으로 평가되기도 한다.

첫째는 몬테소리는 놀이 기능을 단순히 성인의 생활을 준비하는 기능으로 간주하여 놀이의 기능 중, '현실 세계를 동화시키는 기능'을 간과하고 상상이나 환상놀이 등의 기능을 무시했다고 비판되고 있다.

몬테소리는 놀이는 공상이나 환상이 현실 세계를 다룰 능력이 없기 때문에 현실과 동떨어진 상태에서 이루어지는 정신 작용이라고 간주했다. 몬테소리는 공상적 이야기를 통해서 유아의 환상세계를 풍부하게 해 준다는 생각에 대해서 비판적이었다. 유아가, 제한되어 있는 상태에서 벗어나 환상의 세계에서 노닐기를 좋아한다는 사실을 몬테소리는 인정하기는 했지만 동화, 우화나 옛날이야기 등을 들려주어도 유아는 그에 부여된 인상을 단순히 수동적인 태도로 받아들이기만 할 뿐이라고 생각했다. 또한 몬테소리는 예술가들이 상상을 통해서 창조적 작업을 이룬다는 것은 인정했으나 예술가들은 현실과 밀착된 상태여서 창조성을 발휘하는 것이므로 유아들은 현실과 동떨어진 상태에서 환상에 머무는 것과는 다르다고 주장했다.

두 번째 비판은 몬테소리 교구가 유아의 인지 발달에 도움이 되도록 구조화되어 있다는 것은 충분히 인정한다. 그러나 유아는 한 번 학습한 사실을 다시 되돌아가서 자유로이 탐색해 보고 다른 방식으로 더 발전시켜 나갈 필요가 있는데도 몬테소리 교구는 그러한 유아의 시도를 수용할 수 없도록 구조적으로 제한되어 있다고 보는 시각이다.

세 번째 비판은 읽기 영역에 관한 것이다. 몬테소리 교구를 통해서 유아들이 쉽게 언어를 학습할 수 있다는 사실은 인정되지만, 가장 핵심이 되는 비판은 몬테소리가 유아의 인지 발달만을 강조했다는 것이다. 몬테소리 교구는 주로 물리적인 것으로 유아는 물리적 교구와 작업할 뿐 다른 유아나 교사와 상호작용하는 경우는 드물다. 유아가 교사와 상호작용하면 교사의 존재에 이끌려 그를 기쁘게 하기 위해서 학습하게 된다는 것이 몬테소리의 견해이다. 그러나 몬테소리가 우려하는 경우가 없다고 주장할 수는 없겠지만 그러한 이유 때문에 대인적 상호작용을 격려하지 않는 것은 잘못된 생각이라고 비판되어진다.

이상에서 열거한 여러 가지 비판이 있음에도 불구하고 몬테소리 공헌에 비추어 볼 때 이러한 비판은 약소한 것에 불과하다. 크레인은 한마디로 몬테소리의 업적에 대해서 이렇게 평가하고 있다.

"몬테소리는 그 누구보다도 분명히 루소, 게젤, 피아제 등이 주장한 발달 철학이 실제로 어떻게 효과적으로 적용 가능한지를 보여 주었다. 그녀는 어떻게 유아의 자발적인 경향을 따르고 또 유아 스스로 배울 수 있도록 해 주는 도구들을 공급하는 것이 가능한가도 보여 주었다. 몬테소리는 역사상 가장 훌륭한 교육자의 한 사람으로 간주되어야 할 것이다."

Ⅱ. 심리적 기초

유아는 어떤 활동이나 사고과정을 통해 주변의 사상들을 학습한다고 할 때 유아가 어떤 단계와 과정을 거쳐 어떻게 학습하는가에 대한 심리적인 이해는 유아교육과정을 구성하는 데 필요한 정보이다(이기숙 외, 2014). 유아의 발달을 과학적으로 연구한 발달심리학자와 교육사상가들의 주장은 현장적용을 통해 그 내용이 다양해지고 이론의 깊이도 더하게 되었다. 교육은 발달 지향적 성격을 지니므로 유아에 대한 이해를 위한 발달이론에 대한 논의가 필요하다. 특히 발달심리학적 지식적 추적은 유아의 흥미, 학습과 지식의 근원 등에 대한 경험적 증거를 제시하면서 유아기 교육의 중요성을 강조하였다. 이번 절에서는 발달심리학의 대표적인 성숙주의 이론, 행동주의 이론, 인지발달 이론, 정신분석 이론 등을 살펴보면서 유아교육과정의 발전에 어떠한 영향을 주고받았는지 살펴보도록 한다.

1. 성숙주의 이론

성숙주의적 입장의 핵심은 인간의 발달에 영향을 미치는 환경적 요소의 영향을 최소한 인정하는 것이다. 그들은 인간발달의 보편성에 관심을 두고, 발달의 가장 중요한 힘은 바로 유아 내부로부터 나온다고 주장한다. 물론 환경적 요소들이 유아들의 내적 성장 가능성을 지지하거나 또는 억제하는 것처럼 보일 수도 있으나, 성장의 기본적인 방향은 인간의 내부에서 나온다는 것이다. 게젤(Gesell)은 유아의 성장 또는 발달은 두 가지 주요한 힘에 의해 영향을 받는다고 주장했다. 첫째로, 유아는 그를 둘러싼 환경의 산물이라는 점이다. 그러나 더 근본적으로는 유아의 발달이 내부로부터의 명령, 즉 유전자의 활동에 의해 결정된다고 게젤은 믿었다. 그는 이 과정을 성숙(maturation)이라 명칭했으며, 성숙에 의한 발달의 가장 특징적인 양상은 발달이 항상 고정된 순서로 전개된다는 것이다.

태내발달과 출생 후 발달 모두에서 머리에서 발쪽으로의 발달 경향이 있다(Gesell, 1946). 아기들은 성장함에 따라 앉고 서고 걷고 달리게 되는데, 이 능력들 역시 특정한 순서로 이루어지며, 이런 능력들은 신경계의 성장과 함께 발달하고, 이 신경계의 성장은 유전자에 의해 통제된다. 물론 유아들은 발달하는 속도에서는 차이가 있기 때문에 모두가 같은 연령에 서고 걷는 것은 아니지만 모두가 같은 순서로 발달한다. 더욱이 게젤의 견해에 의하면, 성장속도에 있어서의 개인차 역시 주로 내적 유전기제에 의해 통제된다. 게젤은 특히 성숙상의 스케줄보다 앞서 유아를 가르치려고 노력하는 것에 반대했다. 즉 유아는 신경계가 충분히 성숙되어 준비가 완료된 후에야 앉고 걷고 말하게 된다. 어떤 적정 순간에 오게 되면, 유아들은 자신들의 내적 충동에 의해서 과제를 쉽게 숙달하기 시작할 것이다. 그때까지는 교육이 별 가치가 없을 것이며, 오히려 돌보는 이와 유아 사이에 긴장만 조성할 것이다.

게젤은 부모에게는 유아에 대한 직관적인 민감성 외에도 발달의 경향과 순서에 관한 이론적 지식이 필요하다고 강조했다. 특히 발달이 안정과 불안정 시기를 순환한다는 것을 깨달을 필요가 있으며, 이런 지식은 부모로 하여금 인내와 이해를 갖도록 할 것이라고 주장하였다. 예를 들어 3세의 유아들이 고집을 부리는 것은 자연스런 성장과정임을 아는 부모는 빨리 이 행동을 없애야 한다고 급박하게 느낄 필요가 없으며, 대신 유아를 보다 융통성 있게 다룰 수 있을 것이며, 유아 스스로가 의도적으로 독립성을 얻으려 하는 것을 보고 즐거워할 것이라고 보았다.

내적 발달의 힘에 관한 루소의 생각은 게젤에 의해 다방면에 걸친 학문과 연구의 원리가 되어 성숙의 기제가 어떻게 복잡한 발달순서와 자기조절 과정에서 나타나는지도 보여 주었다.

유아의 행동 발달에 대한 게젤의 주장을 정리하면 다음과 같다(방인옥 외, 2003).

첫째, 신체 발달이 계획된 방식으로 이루어질 뿐만 아니라, 행동도 계획된 방식으로 발달함으로써 상당 부분 예측이 가능하다.

둘째, 행동은 신체의 구조와 어느 정도 함수 관계를 가진다. 이 말은 대부분의 유아는 신체가 그렇게 형성되어 있기 때문에 그러한 행동을 한다는 뜻이다. 따라서 같은 환경에서 자라더라도 신체의 구조가 다른 유아는 다르게 행동한다.

셋째, 환경은 유아의 행동 발달에 있어 중요한 요인이지만 그 작용은 상당히 개별적이다. 이 말은 유아 또는 어느 한 연령에 가장 적합한 환경이 다른 유아와 연령에 모두 좋은 것은 아닐 수도 있다는 의미이다.

게젤은 발달이 내적 계획에 따른다고 가정할 만한 충분한 이유가 있다고 지적하였다. 그러나 현재 대부분의 심리학자들은 게젤의 성숙이론이 지나치게 극단적이라고 여기고 있다. 대개의 심리학자들은 성숙의 역할은 인정하지만, 훈육이나 학습이 게젤이 주장하는 것보다는 훨씬 더 중요하다고 믿고 있다. 그들은 환경이 단순히 내적 패턴화를 유지하는 것보다 더 큰 역할을 하며, 환경도 역시 행동을 구조화한다고 믿는다. 게젤이 가장 빈번히 비판받는 이유는 그가 연령규준을 제시한 방식 때문이다. 그가 각 유아의 연령별 발달에 따라 제시한 표준행동목록은 유아의 신체적·사회적·지적·언어적 행동을 세밀하게 관찰하여 표준이 되는 행동을 연령에 따라 제시한 것이었으나 이러한 규준은 개인차를 고려하기보다는 유전을 강조한 고정된 지능의 개념 속에서 유아의 고정된 발달을 강조하게 된다는 점에서 비판을 받게 되었다.

2. 행동주의 이론

행동주의는 현대심리학 이론 중 가장 실용적으로 기능적인 입장을 나타낸다. 행동주의 이론가들은 유아들은 태어날 때 백지의 상태로 태어난다는 로크의 의론을 지지하면서 인간의 행동은 살아가면서 겪게 되는 경험에 의해 달라진다고 보았다.

행동주의 학습이론은 다른 말로 연결주의(connectionism), 또는 자극-반응(S-R)이론으로 불리운다. 자극(stimulus)의 사전적 정의는 생물에 작용하여 특정한 반응을 일으키는 요인이 되는 외부 조건의 변화를 말한다. 반응(response)의 사전적 정의는 외부의 자극에 대해 생체·기관·조직 또는 세포가 나타내는 상태의 변화 또는 활동을 말한다.

행동주의는 측정 가능한 행동에 관심을 두고, 행동의 형성 과정을 과학적으로 분석하기 시작했다. 대표적인 이론으로 파블로프(Pavlov)의 고전적 조건화(古典的條件化, classical conditioning) 이론과 스키너(Skinner)의 조작적 조건화(操作的條件化, operant conditioning) 이론을 들 수 있다. 두 이론은 자극과 반응의 관계에 있어 서로 다른 접근법을 보인다. 고전적 조건화 이론은 '반응은 자극에 의해 단순히 유발되는 것'이라고 보았고, 조작적 조건화 이론은 반응은 유기체의 의해 해석되어져 방출된다고 보았다. 고전적 조건화 이론은 주어진 자극에 의해 반응이 결정된다. 파블로프의 실험에서 개는 고깃덩어리를 보게 되면 유기체의 의지와 관계없이 생득적으로 침을 흘리게 된다. 이때 고깃덩어리를 주기 전에 계속 종을 치는 조건을 반복하게 되면 개는 종만 치더라도 침을 흘리게 된다. 이는 예전에는 침을 흘리게 하지 않았던 중성 자극(Neutral Stimulus, NS)인 종소리가 무조건 자극(Unconditioned Stimulus, UCS)인 먹이와 결합하여 침을 흘리는 무조건 반응(Unconditioned Response, UCR) 행동을 유발할 수 있게 된 것이다.

왓슨과 레이너(Watson & Raynor, 1920)는 9개월 된 앨버트(Albert)라는 아이를 대상으로 한 흰 쥐에 대한 공포반응 실험을 통해 중성 자극에 의해 어떻게 정서가 조건화되는지 설명하였다. 실험과정에서 앨버트가 흰 쥐에게 접근할 때마다 망치로 큰 소리를 내어 예전에는 흰 쥐(NS)에 대한 공포 반응이 없었지만, 실험 이후에는 흰 쥐만 보더라도 울게 되는 공포 반응을 조건화하였다. 또한 생활에서 사용되는 광고 기법도 제품(NS)을 사람들이 좋아하는 대상이나 장면(UCS)과 짝지음으로써 그 제품을 선호하게 만드는 것으로 고전적 조건화 이론을 활용한 방법이다.

스키너는 파블로프와 달리 유기체가 먼저 반응을 하게 한 다음에 강화를 주는 방식에 의해 행동을 유발시켰다. 스키너는 자신이 고안한 스키너 상자(Skinner box)를 통해 이론을 정교화하였다. 상자 안의 쥐가 지렛대를 누르면 배식 장치에서 먹이가 나오도록 하였다. 즉 쥐가 먹이라는 자극, 강화물을 얻기 위해 지렛대를 누르는 반응을 통해서 이후 기대할 수 있는 자극을 조정할 수 있도록 하였다. 이는 기존의 행동 형성에 있어 환경에 순응할 수 밖에 없었던 고전적 조건화 이론의 수동적인 입장과는 다른 접근법이다. 스스로 지렛대를 누르는 반응을 통해 기대할 수 있는 자극, 먹이를 획득한다는 점은 행동 형성에 있어 유기체의 능동성을 반영한다. 이러한 새로운 접근법은 행동주의 이론이 보다 완성된 학습이론으로 발전하는 데 기여하였다.

행동주의 특징을 정리하면 다음과 같다(방인옥 외, 2003).

첫째, 인간발달이란 주로 학습의 기능이라고 생각한다. 발달이란 환경 내에서의 경험의 결과로 이루어지고, 학습이란 경험이나 연습의 결과로 나타나는 행동의 변화 과정을 말한다.

둘째, 인간의 행동은 환경으로부터 주어지는 자극과 유아 행동으로부터 나오는 결과라고 이해하고 이에 따르는 규칙을 이용하면 통제될 수 있다고 본다.

셋째, 발달과 관련된 변화는 양적인 것이며 연속적인 것이기 때문에 아무리 복잡한 행동이라도 단순화시키고 분리 가능한 것이라고 본다.

넷째, 인간을 탐구함에 있어 과학의 개념을 엄격하게 따른다.

다섯째, 결정론적이고 분명한 연구방법을 요구하고 있기 때문에 형식적이고 구조화되고 교훈적인 훈련 방법으로 인간의 행동을 통제한다.

행동주의는 실험실에서 동물을 대상으로 한 연구 결과를 인간에 그대로 적용했다는 점에서 인본주의적 관점에 위배된다고 볼 수 있다. 또한 학습이 이루어지는 내적 과정인, 정보처리나 문제해결 과정 등을 설명할 수 없는 점은 학습이론으로서 한계를 드러내고 있는 것으로 보인다. 하지만 행동주의 학습이론은 인간의 복잡한 학습과정에 대해 자극과 반응의 연합을 통해 학습 과정을 구체적으로 제시함으로써 과학적 접근을 가능하게 하며, 학습자를 둘러싼 학습 환경의 중요성을 강조하는 새로운 시각을 제시했다는 점에서 여전히 논의할 가치가 있는 유용한 학습이론이다.

3. 인지발달 이론

인간이 타고난 가장 큰 능력 중 하나는 지식을 획득하는 것이다. 그러나 지식의 획득은 동시에 일어나는 것도, 태어나면서 모두 동시에 획득되는 것도 아니다. 알아 가는 과정은 발달의 단계를 거치면서 이루어진다. 각 단계는 다음 단계를 촉진시키며, 두 단계가 겹쳐지면서 다음단계로 옮겨지게 된다. 피아제(Piaget)에 의하면 학습과 이해에 대한 아동들의 수용 능력은 대체로 그들의 특수한 발달 단계에 의하여 결정된다고 한다. 여기에서 인지란 알게 하고 정보를 창출하게 하는 등의 모든 정신적 과정, 즉 지각, 사고, 기억, 학습, 문제해결 등을 포함한 말이다. 따라서 인지발달 단계 이론은 인간의 사고발달을 설명하는 포괄적이고 체계적인 이론으로 받아들여지고 있다.

피아제의 인지발달 이론에서는 도식, 적응, 동화, 조절, 평형의 개념이 중요한 의미를 갖는다.

- 도식(Shema): 도식은 사물이나 사건에 대한 전체적인 윤곽을 말한다. 빨기나 잡기와 같은 최초의 도식들은 본질적으로 반사적인 것이지만, 이러한 도식은 환경의 요구에 따라 변화한다. 유아는 많은 도식들을 지니고 태어나며, 적응의 과정을 통해서 새로운 도식을 개발하고 기존의 것들을 변화시킨다.
- 적응(adaptation): 적응은 환경과의 직접적인 상호작용을 통해 도식이 변화하는 과정이다. 적응은 개인의 욕구를 충족시키기 위해 이루어지는 개인 또는 환경의 수정을 포함하는 매우 복잡한 과정이며, 동화와 조절이라는 두 가지 수단을 통해 진행된다.
- 동화(assimilation): 동화는 새로운 환경 자극에 반응함으로써 기존의 도식을 사용해서 새로운 자극을 이해하는 것을 말한다.
- 조절(accommodation): 조절은 기존의 도식을 가지고 새로운 사물을 이해

할 수 없을 때 기존의 도식을 변경하는 것을 말한다. 이러한 조절을 통해 도식의 형태에 질적인 변화가 일어난다. 즉, 어린이가 가지고 있는 잘못된 개념이 다른 사람에 의해 수정되는 경험을 통해서 새로운 도식을 형성하게 되는 것이다.

- 평형화(equilibration): 평형은 동화와 조절의 균형을 의미한다. 평형은 기존의 개념을 바꿔야 하는 불평형의 상태를 경험할 때 일어나며, 이는 지적 성장을 촉진시키는 동기요인이 된다.

피아제는 인지발달 단계를 감각운동기(sensory-motor period), 전조작기(pre-operational period), 구체적 조작기(concrete operations period), 형식적 조작기(formal operations period)로 나누었는데 그 발달 특징은 다음과 같다.

1) 감각운동기(출생~2세까지)

감각운동기라는 의미는 언어 전 시기로서 영아가 생물학적으로 부여된 단순 반사기능을 가지고 물건을 빨거나 잡는 형태의 운동을 통해서 자신의 주변 세계를 탐색한다는 것에서 비롯된 것이다. 즉 이 시기의 영아는 새로운 정보를 탐색하고 얻기 위해서 자신의 감각을 사용하고 새로운 경험을 찾기 위해서 운동 능력을 사용하고자 애쓰는 시기라는 뜻이다. 이와 같은 활동을 통해서 영아는 간단한 지각 능력과 운동 능력이 발달하게 된다(신명희 외, 1998).

(1) 반사운동기(출생~1개월)

이 시기의 영아의 주된 활동은 빨기와 울기, 반사활동 등으로 이루어진다. 여러 가지 물체를 입에 닿는 대로 빨아서 자신의 빨기 도식을 연습하고 물체에 대한 정보를 여러 감각을 통해서 동화시키고자 노력한다.

(2) 일차 순환반응기(1~4개월)

이 시기의 영아는 기본적이고 유전적인 도식의 정교화를 시작한다. 빨기, 잡기와 같은 감각운동을 반복하며 우연한 행동을 통해서 재미있는 결과를 초래하게 되면 계속해서 그 행동을 반복하게 된다. 이로 인해서 습관을 형성하고 의도적인 듣기와 보기도 시작된다.

(3) 이차 순환반응기(4~8개월)

이 시기의 영아는 종을 흔들면 소리가 나는 것과 같은 인과관계의 법칙을 발견하기 시작한다. 또한 물체를 따라 눈을 움직이기 시작하는데 물체가 시야에서 사라지면 더 이상 찾지 않는다.

(4) 이차 순환반응의 협응기(8~12개월)

이 시기의 영아의 가장 중요한 특징은 대상영속성 개념을 획득하게 된다는 것이다. 즉 물체에 대한 존재감의 개념을 가지는 것이다.

(5) 삼차 순환반응기(12~18개월)

이 시기의 영아는 새로운 물체에 대한 관심이 생기고 조작 활동이 점차 활발하게 된다. 기존의 장난감 등을 다른 방법으로 가지고 놀기 시작하며, 남의 흉내도 내기 시작한다.

(6) 정신적 표상(18~24개월)

이 시기는 사고가 시작되는 시기이며 현존하지 않는 사람이나 대상에 대한 정신적 이미지를 형성하기 시작하는 시기이다. 따라서 영아는 자신을 다른 사람과 분리시켜 개인으로서의 자신을 조금씩 알게 된다(정옥분, 2003).

2) 전조작기(2~7세)

이 시기는 정신적 표상에 의한 사고가 가능하기는 하나, 아직 개념적 조작능력이 제대로 발달되지 못했기 때문에 전조작기라고 한다. 특히 이 시기 아동들은 눈에 보이지 않는 사물이나 행동을 표상하기 시작하며 직관적인 판단과 자아중심적이고 물활론적인 사고를 하는 것이 특징이다.

(1) 전개념적 사고기(2~4세)

이 시기의 아동은 주어진 대상에 대한 정확한 개념을 가지고 있지 못하므로 대상의 변화에 따라 하나의 대상을 동일한 것으로 인식하지 못하기도 한다. 이처럼 환경 내의 대상을 상징화하고 이를 내면화시키는 과정에서 성숙한 개념을 발달시키지 못하므로 이 시기를 전개념적 사고기라고 부른다. 이 시기 아동들은 상징적 사고, 자기중심적 사고, 물활론적 사고, 인공론적 사고, 전환적 추론을 하는 특징을 가지고 있다(정옥분, 2003). 또한 비언어적인 상징 행동이 많이 나타나기 때문에 베개를 업고 다니거나 막대를 총처럼 메고 다니기도 하고, 세상의 모든 사물이나 자연현상이 사람의 필요에 의해서 자신의 목적에 맞도록 쓰려고 만들어진 것이라고 믿으며, 전혀 관계없는 두 현상을 밀접한 인과관계가 있는 것으로 생각하기도 한다. 특히 이 시기는 언어가 현저히 발달하는 시기로 언어를 통해 아동의 시야가 넓어진다.

(2) 직관적 사고기(4~7세)

이 시기의 아동은 보존 개념을 이해하지 못하는 아동과 보존개념으로 한 걸음 나아가기는 하지만 보존개념을 완전히 획득하지 못하는 아동으로 나뉘며, 대부분 관념이나 개념은 잘 처리하지 못한다. 또한 이 시기의 아동은 자기중심적 사고를 한다는 특징이 있는데, 이는 이기적이거나 독단적이라는 의미와는 다르며, 자신의 조망과 타인의 조망을 구별할 줄 모르는 경우라고 할 수 있다. 전조작기 아동의 또 하나의 특징은 생물과 무생물을 어른과 같이 구별하지 않는다는 것이다. 생명이 없는 자동차에도 생명과 감정을 부여하여 모두 살아 있는 것으로 여기고, 태양이 빛을 발하기 때문에 살아 있고 산은 죽어 있다고 본다. 6~8세 아동은 탁자와 꽃은 죽은 것이고 자전거, 돌멩이, 구름은 때때로 움직이므로 살아있는 것으로 간주하며, 이것은 8세가 지나야 정확하게 구분할 수 있다. 전조작기의 아동이 피아제가 생각했던 것만큼 자기중심적이지 않다는 주장도 있다. 피아제의 견해와 달리 많은 전조작기 아동이 보존개념을 학습할 수 있으며, 이러한 자연법칙에 대해 이해할 수 있는가의 여부는 아동이 가역성 및 탈중심화 개념을 적용할 수 있는가보다는 동일성을 인식할 수 있는가에 달려 있는 것으로 보인다.

3) 구체적 조작기(7~12세)

이 시기는 초등학교 시기로서 전조작기보다 성숙한 인지구조가 형성되므로 구체적인 행동을 정신적으로 표상할 수 있는 도식을 가지게 되며, 이것은 새로운 추론 능력을 발달시켜 나가게 된다. 구체적 조작기의 가장 큰 특징은 보존성의 개념을 획득하게 되고, 탈중심화로 분류 기술이 발달하며, 대상의 서열을 매길 수 있는 안정적인 능력을 가지게 된다는 것이다. 구체적 조작기의 지적 성취도에 대한 고찰을 통해 대부분 6~7세에 공식적 교육을 시작하는 이유를 알 수 있다. 피아제는 이 시기가 아동이 지각적 환경으로부터 벗어나고 산수 이해의 기초가 되는 인지적 조작을 습득하는 때라고 주장한다(서봉연·이순형, 1994). 또한 이 시기 아동은 언어와 그 특징들에 대해 생각하고, 동물이나 사람, 물체, 사건 등을 범주화하며, 대문자와 소문자, 철자와 단어, 단어와 문장 간의 관계를 이해할 수 있다.

(1) 탈중심화(decentration)

전조작기의 자기중심성은 사회적 경험이 증가함에 따라 감소된다. 구체적 조작기에 들어오면서 가족들은 물론 또래친구들과의 관계에서 언어의 사용이 활발해지고 서로 간의 생각을 비교할 수 있으므로 자신의 생각 외에 여러 가지 생각이 가능하다는 것을 알게 된다. 이와 같이 구체적 조작 단계에서는 다른 요소들을 무시한 채 한 요소에만 주의를 집중하는 경향에서 벗어나는 탈중심화가 일어나게 된다. 따라서 이 시기 아동은 자극의 여러 특성에 주의를 기울여 여기서 얻은 새로운 지식들을 협응시킬 수 있으므로 지각적 오류를 감소할 수 있다(최경숙, 2000).

(2) 논리적 조작

구체적 조작기의 아동은 궁극적으로 완전하고 매우 논리적인 사고의 체계를 발달시킨다. 따라서 보존개념, 유목화, 서열화와 같은 조작을 다룰 수 있는 능력을 갖는다. 그러나 이러한 사고의 체계는 여전히 물리적인 현실과 연결되어 있어서 그 논리는 구체적 상황에 기반을 두고 조직되고, 분류되며, 조작될 수 있다. 이 단계에 있는 아동은 행동으로 옮기기 전에 몇 가지를 상상할 수 있으며 시행착오를 거쳐 문제를 해결하지 않아도 되지만, 한 번에 많은 요인의 협응을 포함하는 가설적·추상적 문제들에 대해 추론하는 것은 어렵다(이항재·최민수, 2004). 구체적 조작기에 접어들면서, 7세경에는 대부분의 아동이 보존 개념을 획득하는데, 이때는 기본적으로 세 가지 논거에 의해 보존 개념을 획득해 나간다(서봉연·이순형, 1994). 첫째, 아동은 "액체를 더하거나 덜지 않았으므로 액체의 양은 같다"라고 대답할 수 있는데, 이것을 동일성 논거라고 한다. 둘째, "이 컵은 길이가 길지만, 다른 컵은 넓다. 따라서 액체의 양은 같다"고 말할 수 있다. 이는 하나의 변화가 다른 변화로 인하여 서로 상쇄된다는 보상성 논거이다. 셋째, "이것을 먼저 있던 컵에 그대로 다시 부을 수 있기 때문에 두 컵의 양은 같다"고 생각할 수 있는데 이것을 가역성 논거라고 한다. 이처럼 구체적 조작기는 본사물이나 현상의 서로 다른 측면을 관련짓기 시작하고, 보존의 개념을 형성하게 된다. 그러나 논리적인 사고방식이 매우 단순한 수준에서 사용되며, 구체적 대상을 통해서만 이러한 사고가 가능하다. 이 단계에서 또 하나의 중요한 논리적 조작은 '유목화'이다. 유목화는 환경 속에서 대상들의 한 가지 특성에 초점을 맞추는 아동의 능력과 특성에 따라 대상들을 군집화하는 능력에 의해 결정된다. 즉 구체적 조작기의 아동은 12개의 색과 모양이 다양한 물체들이 주어지면 모양이 같은 것과 색이 같은 것을 찾아내어 분류할 수 있다. 유목화는 가역성과도 관련되어 있는데, 과정을 정신적으로 가역할 수 있는 능력은 구체적 조작기의 아동으로 하여금 한 집단의 물체들을 분류하는 데 한 가지 이상의 방법이 있다는 것을 알게 한다. '서열화'는 큰 것부터 작은 것으로 또는 그 반대로 순서적인 배열을 하는 과정이다. 연속되는 관계에 대한 이해는 아동으로 하여금 A<B<C와 같은 논리적인 연속 시리즈를 구성하도록 허용한다. 즉, 'A는 B보다 작고 C보다도 작다'라는 일련의 서열을 구성했을 때, 구체적 조작기의 아동은 B가 A보다 크지만 C보다는 작다는 개념을 이해할 수 있다.

(3) 인과관계

구체적 조작 단계의 초기에는 전조작기에 보였던 전환적 추론에 의한 인과관계가 계속되며, 9~10세경이 되어야 어떤 사물이 발생한 물리적·기계적 인과성을 찾고 사물을 합리적 인과관계 속에서 분석하고 재구성하려고 한다(이항재·최민수, 2004).

(4) 조망 수용(perspective taking)

구체적 조작 단계에는 사고의 자기중심성에서 벗어나 타인의 입장, 감정, 인지 등을 추론하고 이해할 수 있는 조망수용 능력을 습득하게 된다. 어린이들은 타인의 위치에서 보는 공간적 시각을 추론할 수 있으며, 특정 상황에서 타인의 감정을 추론하는 것이 가능해진다. 따라서 어떤 이야기의 줄거리와 상황을 설명해 주었을 때 어린이들은 그 이야기의 주인공이 느끼는 감정을 이해할 수 있게 된다(정옥분, 2003).

4) 형식적 조작기(12세 이후)

구체적 조작기의 아동들이 시간적·공간적으로 바로 현재 진행되고 있는 사실에 대한 논리적 사고를 하는 반면에, 이 시기에는 구체적 사건에 입각한 사고에서 벗어나 논리적인 사고가 가능해진다. 형식적 조작기에 있는 아동은 추상적인 개념과 상징의 관련을 대상으로 하는 지적 조작이 가능해지고 하나의 문제에 직면했을 때 모든 가능한 해결책을 논리적으로 생각해 봄으로써 문제해결에 이르게 되는 조합적 사고가 가능하다. 그리고 문제해결에 있어서 가설-연역적인 방법을 사용하며 미래에 자신이 나아갈 사회에 대해 생각하기 시작한다.

형식적 조작은 직접 경험할 수 있는 사상을 비롯하여 완전히 가설적이고 추상적인 사상과 개념을 논리적으로 다룰 수 있고 형식논리에 의해 사고할 수 있는 정신적 능력을 의미한다(권대훈, 2003). 플라벨(Flavell)은 형식적 조작기 사고의 특징으로 다음 세 가지를 들고 있다.

첫째, 가설 연역적인 추리를 할 수 있다. 다양한 현상에 대해서 여러 가지 가설을 만들 수 있고, 적절한 문제해결을 하기 위해서 각각의 가설을 검증하는 자료를 수집할 수 있다. 이러한 가설적인 사고는 단지 과학적 사고에 국한되는 것이 아니고, 사회, 정치, 철학 등 전 영역에 걸쳐서 이상주의적인 특성으로 확장된다. 구체적 조작기의 아동도 연역적으로 사고할 수 있으나, 그들의 사고는 친숙한 상황에 제한되어 있다.

둘째, 명제를 통해서 사고할 수 있다. 이 시기의 아동들은 구체적인 사상을 다룰 수 있는 명제를 구성할 수 있고, 명제들 간의 논리적인 추론을 할 수 있다. 따라서 형식적 조작기의 아동들은 사실과는 반대되는 명제를 형성하고, 가상적인 상황에서의 게임을 즐길 수 있으며, 보다 추상적이고 융통성 있는 사고를 다룰 수 있다.

셋째, 조합적인 추리를 할 수 있다. 문제 상황을 규정할 때 형식적 조작기의 아동들은 문제의 개별적인 요인들을 분리할 수 있고 문제해결에 필요한 요인들을 찾아 구성할 수 있다.

피아제의 인지발달 이론은 교육의 다양한 영역에 큰 영향을 주었다. 이 관점을 지향하는 교육프로그램들은 유아 스스로의 발견과 경험을 통한 학습을 강조하고 있다.

4. 정신분석 이론

정신분석 이론은 인간의 발달과 성격 형성이 생물학적 본능과 욕구에 의해 이루어진다고 보는 이론이다. 프로이트(Freud)에 의해 창안된 정신분석 이론에 따르면 발달은 무의식적인 것이며, 우리의 행동은 단지 표면상에 나타나는 특성일 뿐이다. 인간은 이성적이고 논리적이며 지적인 존재가 아니라, 비이성적이고 때로는 자신이 알지 못하는 숨겨진 무의식적인 동기에 의해 영향을 받는 존재라고 밝혔다(김경철 외, 2002).

1) 프로이트의 인간의 성격구조

프로이트는 인간의 성격구조를 의식구조와 같이 3단계로 설명하였다. 선천적·본능적 충동의 덩어리로 일차적 원시과정인 원본능(id), 원본능의 욕구를 충족·통제하기 위해 발달된 인간의식의 일부로 현실적 이차과정인 자아(ego), 사회·문화적 규범이 내면화된 것으로서 외부의 영향을 많이 받는 양심과 이상인 초자아(superego)를 주장하였다. 이러한 인간의 의식구조와 성격구조가, 인간이 성장하면서 각각 다른 영향을 주기 때문에 개개인의 성격이 다르다고 보았고, 인간발달의 5단계에 있어서 이론의 뒷받침을 하게 되었다.

(1) 원본능(id)

라틴어의 'it'에서 유래된 말로 대개 이드라고 부른다. 원본능은 성격의 깊은, 접근할 수 없는 부분을 대표한다. 본능적으로 쾌락을 추구하고 불쾌함을 회피하는 부분이다. 태어날 때부터 존재하는 가장 기본적인 생물적 충동—예를 들면 음식, 물, 배설 등의 욕구, 성적인 욕구 및 공격적인 욕구 등—을 말한다. 이들 욕구는 맹목적이고 끈덕지며 강력하고 단 하나만의 원리에 의해 움직인다. 즉 쾌락의 원리(pleasure principle)에 따라 욕구를 만족시키는 것이다. 쾌락의 원리란 사람은 내적 자극이나 외적 자극 때문에 흥분 에너지가 쌓여 긴장하면 이드의 명령에 따라 그것들을 곧장 외부로 방출하여 결과가 어떻게 되든지 간에 일단 즉각적으로 긴장을 해소하려고 시도하는 것이다. 그래서 이드의 작용을 원시적이고 유치하다고 말하기도 한다. 이렇게 즉각적으로 긴장을 해소해 쾌락을 추구하는 원리를 프로이트는 쾌락원리라고 불렀다. 원본능은 난로에 손이 닿으면 즉각 손을 떼듯이 반사적인 운동을 통해서 나타나기도 하고, 그런 반사적인 운동으로 욕구충족이 되지 않을 경우엔 환상이나 백일몽과 같은 원시적 사고를 통해서 나타나기도 한다.

원본능은 결코 성숙하지 않은 인격의 망나니 같은 면으로, 대부분은 인식되지 않으며 무의식의 영역이다. 우리는 꿈의 분석을 통해서 그리고 신경증적인 다양한 형태들을 통해서 원초자아에 관해 알게 된다. 프로이트는 이드가 생물학적 과정과 가장 밀접하게 관련되어 있는 성격의 요소이며, 성격의 가장 깊숙한 핵심이라고 보았다. 이드를 그야말로 진정한 심리적 실체라고 보았던 것이다. 그것은 이드가 원초적인 주체이고 개인이 외부 세계를 경험하기 이전부터 존재하는 내부 세계이기 때문이다. 이드는 유전되며 정신 에너지의 원천인 본능이 자리하는 곳이기도 하다. 또한 성격 구조의 기초로서 전체 성격 구조에 에너지를 제공하기도 한다. 이드는 외부 세계보다는 신체나 신체의 작용과 더 밀접한 관련을 맺고 있다.

(2) 자아(ego)

자아는 현실이라는 외부세계와 접촉하여 성격을 지배하고 통제한다. 이러한 자아는 원초아만 가지고 있던 어린이가 외부현실의 벽에 부딪히면서 갖게 된다. 어린이는 즉각적으로 욕구들을 충족시키고자 하지만 그것이 현실적으로 불가능하다는 것을 경험한다. 배가 고프지만 즉각 우유병이 입에 물려지지 않으며, 배설은 변기에 해야 하며, 성기를 만지작거리거나 다른 사람을 때리면 벌을 받기도 한다. 따라서 어린이는 커가면서 원초아의 욕구들을 만족시키되 사회현실의 요구들을 고려하여 현실 세계에 알맞은 행동을 통해서, 때로는 욕구충족을 참으면서 혹은 억제하며, 욕구들을 어떤 방식으로 충족시킬 것인가를 결정하고 집행한다. 즉 고등정신과정을 동원하여 현실적이고 논리적인 방식으로 사고하고 계획하여 집행한다. 우리 의식의 대부분은 자아가 차지하고 있다.

(3) 초자아(superego)

성격의 판사와 같은 부분이다. 어떤 행위가 나쁜가 하는 선악을 구분하는 개인의 양심인 것이다. 초자아란 부모와 다른 사람들이 어린이에게 가르쳐 준 사회의 가치와 도덕의 내면화된 표상이므로, 그 사회의 전통적인 가치나 이상을 나타낸다. 처음에 부모는 어린이에게 보상과 처벌을 통해서 직접적으로 행동을 통제한다. 그러나 시간이 지남에 따라 어린이는 부모의 표준을 자신의 초자아에 통합시킴으로써 스스로의 행동을 통제하게 된다. 그들의 초자아가 어린이에게 말해 주기 때문에 더 이상 어린이에게 남의 물건을 훔치는 일이 나쁘다고 말할 필요가 없게 되는 것이다. 초자아는 심리적인 보상과 처벌과 관계가 깊다. 초자아의 기준에 따라 행동하게 되면 심리적인 보상으로는 자부심과 자기애를 얻을 수 있는 반면, 이에 반했을 경우에는 죄책감과 열등감을 갖게 된다. 어린이의 경우에는 기준을 위반하려고 할 때 부모의 사랑을 잃게 되는 불안을 야기시킨다. 만일 부모의 기준들이 너무 엄격하면, 그의 자녀는 죄의식에 사로잡히고 모든 공격적이거나 성적인 충동들을 억제할 수 있다.

원초아는 쾌락을 추구하고, 자아는 현실을 검증하고, 초자아는 완전을 추구한다. 초자아는 원초아의 충동을 억제하도록 하며, 자아가 현실적인 목표 대신 도덕적인 목표를 추구하도록 한다.

2) 프로이트의 인간의 성격 발달 단계

프로이트는 인간의 성격은 명확하게 구분할 수 있는 5단계를 거쳐서 발달한다고 주장하였다. 각 단계마다 의식과 성격이 각기 다른 자각 수준으로 그 기능을 담당하면서 인간이 발달한다고 보았다. 또한 인간발달의 시기에 영향을 주는 것으로 리비도를 들 수 있다. 리비도는 일반적으로 성적 에너지를 뜻하는 것이라 볼 수 있지만 프로이트는 리비도를 성 본능, 성 충동의 뜻으로서 보통 말하는 성욕 다시 말해서 성기와 성기의 접합을 바라는 욕망과는 다른 넓은 개념의 성욕을 말한다. 프로이트는 리비도가 사춘기에 갑자기 나타나는 것이 아니라 인간발달의 전반적인 단계에서 서서히 발달한다고 보았다.

(1) 구강기(oral stage): 낙천성 대 소유욕 혹은 병적 의존성 (0~1세)

유아의 욕구, 지각, 표현 등이 주로 입, 혀, 입술 등 구강에 집중되어 있다. 그러므로 먹는 행동을 통해 만족과 쾌감을 얻는다. 이 시기에 만족을 못 하면 항문기로 넘어가지 못하고 고착되어 빠는 것에 집착하게 된다. 구강기 성격(oral character)은 지나치게 의존적이고, 남이 주기만을 바란다. 시기와 질투가 간혹 연관되어 있다.

(2) 항문기(anal stage): 창의성·생산성 대 인색성·잔인성 (1~3세)

전반적 근육 운동의 발달과 더불어 특히 항문의 괄약근의 통제로 배변의 조절이 중요한 시기이다. 대개 1세에서 3세의 나이에 해당한다. 이 시기 동안 아동의 성적 관심은 항문 부위에 모아지며 대소변을 통해 쾌락을 느낀다. 이때는 아동이 배설물에 관심과 흥미를 갖게 되는 시기이다. 이 시기에 배변훈련을 받게 되는데, 조급하거나 억압적으로 훈련을 받게 되면 성인이 되어서도 항문기 고착현상이 나타난다. 지나치게 깨끗한 것을 추구하는 결벽증과 무엇이나 아끼고 보유하려는 인색함이 나타난다.

(3) 남근기(phallic stage): 오이디푸스 콤플렉스와 엘렉트라 콤플렉스(3~6세)

성에 대한 흥미, 성기의 자극과 흥분 등이 주된 관심사가 된다. 남아는 오이디푸스 콤플렉스(Oedipus complex), 여아는 엘렉트라 콤플렉스(Electra complex)가 나타난다. 남아는 거세불안이 유발될 수 있고, 여아는 남근을 선망하게 된다. 그러나 아동들은 자기 부모와 동일시함으로 적절한 역할을 습득하여 양심이나 자아 이상을 발달시켜 나간다.

(4) 잠복기(latency stage): 사회성 발달 (6~12세)

오이디푸스 콤플렉스 해소 이후 사춘기까지의 시기를 말한다. 초자아의 형성과 자아의 성숙으로 본능적 충동은 상당히 통제 가능한 상태가 된다. 이 시기는 동성 간의 교류와 리비도 에너지와 공격적 에너지(libidinal & aggressive energy)의 공부나 놀이로의 승화(sublimation)가 일어나는 시기이다. 다른 단계에 비해 평온한 시기로 성적 욕구가 억압되어 성적 충동 등이 잠재되어 있는 시기이다. 반면 지적 탐색이 활발하게 이루어진다.

(5) 생식기(genital stage): 부모로부터의 독립성(12세 이후)

사춘기의 시작에서부터 성인이 되기 직전까지. 생리적인 변화와 더불어 성 기능의 성숙, 호르몬 변화로 성 본능이 강화되므로 잠복되어 있던 성 에너지가 무의식에서 의식의 세계로 나오게 된다. 이에 의해서 그동안 형성된 성격구조의 퇴행과 과거의 발달 단계에서 생긴 갈등이 다시 재개되면서 해결의 기회를 가지게 된다. 이런 해결 결과는 성숙한 성인의 모습으로 된다. 이 시기에는 부모로부터 독립하고 성숙된 이성 간의 대상관계를 성취한다. 자신의 성격에 대한 정체감과 사회의 기대, 문화적 가치를 가지고 새로운 적응과 통합을 이루게 된다.

프로이트 이론은 후에 인간발달이 사회·문화적 요소에 영향을 미친다고 확대하여 주장하는 후기 프로이트 학파(신정신분석 학파)로 이어지는데, 대표적인 이론가는 에릭슨(Erikson)이다.

3) 에릭슨의 심리사회적 발달이론

에릭슨의 심리사회적 발달이론은 프로이트의 심리성적 발달 단계에 비해 사회·문화적 요소를 강조했으며, 청소년기 이후의 발달 역시 제안했다는 점에서 매우 풍부한 고전적 발달이론으로 알려졌다. 그는 개인의 능력과 사회·문화권의 요구 간의 접점이 어떻게 달라지는가에 따라 총 여덟 단계로 발달이 진행된다고 보았다. 1단계(영아기)는 신뢰 대 불신 단계로 유아가 세상에 대한 신뢰 관계를 수립하는 시기이다. 2단계(유아기)는 자율성 대 수치 단계로 자신의 의지와 통제력을 발달시킨다. 3단계(초기 아동기)는 주도성 대 죄의식 단계로 주도적으로 자신의 삶에 관여함으로써 목표감과 가치를 추구한다. 4단계(후기 아동기)는 인지적·사회적 기술을 연마하여 역량감을 키우는 근면성 대 열등감 단계이다. 5단계(청소년기)는 다양한 실험을 통해 자신의 위치를 파악하는 자아 정체감 대 역할 혼미의 단계이다. 성인 초기의 6단계는 친밀한 대인 관계를 형성하는 친밀감 대 고립감 단계이며, 중년기의 7단계는 다음 세대를 위해 생산을 하고 희생을 하는 생산성 대 자기 침체의 단계이다. 마지막으로 노년기인 8단계는 자신의 인생을 평가하고 삶이 의미 있었음을 인식하는 자아 통합 대 절망의 단계라고 보았다.

지금까지 살펴본 정신분석 이론은 인생 초기 경험의 중요성, 특히 5세 이전의 부모와 자녀관계가 인간발달에 미치는 영향을 강조함으로써 부모의 역할과 자녀 양육 행동에 대한 관심을 불러일으켰다. 이 이론에 따르면 유아들의 기본적 충동이 해소되지 않으면 인성에 있어 영구적인 결함을 초래할 수 있으며, 이러한 인성의 왜곡된 상태는 퇴행, 투사, 고착, 전이 등의 증상으로 나타난다. 따라서 정신분석 이론에서는 유아들의 사회·정서발달의 중요성을 강조하였으며, 유아의 건전한 성격형성과 인성발달을 매우 중요시하였다.

Ⅲ. 사회적 기초

유아교육과정은 철학적 기초와 심리적 기초에 의한 구성에서 더 나아가 사회·문화적 기초에 근거하여 논의되어야 한다. 역사적으로 유아교육은 사회·정치적 이데올로기와 사회변화와 밀접한 관계를 가지고 발전되어 왔다. 한 사회와 문화의 전달 측면에서 유아교육은 필연적이며 교육은 국가에 공헌할 수 있는 이상적인 국민을 길러내기 위한 수단으로서 계속적인 관심의 대상이 되어 왔다. 따라서 교육과정을 논의함에 있어 사회·문화적 기초에 대한 이해가 미흡하면 유아교육과정은 사회·문화의 맥락과 동떨어져 주체성과 현실성이 없는 유아교육과정이 될 우려가 있다. 미래사회의 구성원인 유아를 대상으로 하는 유아교육과정은 현대사회의 모습에 대한 통찰과 다가올 미래사회의 변화에 대한 예견이 동시에 이루어져 현대사회에 잘 적응하고 미래사회에 적절히 대처할 수 있는 능력을 길러 주어야 한다.

1. 아동의 권리

아동권리에 관한 역사는 아동의 존재와 문제를 심각하게 인식한 순간에서 출발하였다고 볼 수 있다. 아동을 보는 관점도 성립하고 변화되어 왔다. 스파르타와 같은 고대 시대에는 아이들의 생사가 성인에 의해 결정되거나 부족장에게 있었다. 그로 인해 아이의 능력이나 발달상의 성장은 고려되지 않고 성인의 입장에서 아이를 바라보고 키울 것인지 버릴 것인지를 결정하기도 하였다. 시대가 흐르면서 생사가 성인에 의해 결정되지는 않지만 쉽사리 부모로서의 권리를 포기하거나 혹은 버리는 경우가 있기도 하였다. 또한 아동을 대를 잇기 위한 수단이나 노동의 도구로 인식하였다.

중세에는 '인간의 모습이 정자나 난자 속에 이미 들어 있으며 단지 크기가 작은 상태로 태어날 뿐이다.'라고 하며 아동을 성인의 축소판(miniatureadult)이라고 하였다. 이러한 인식은 아동과 성인은 능력이나 역할 등에서 다르지 않고 신체적 크기에서만 차이가 있다고 보는 것이다. 아동의 신체적 크기가 성인에 비해 작은 것과 마찬가지로 아동은 지식과 경험 면에서 '용량'이 작을 뿐이다. 만약 아동에게 성인과 같은 지식과 경험이 부여된다면 성인만큼의 역할과 행동을 기대할 수 있을 것이라고 보는 것이다. 아동을 성인의 축소판으로 보는 관점은 성인의 입장에서 아동을 하나의 부속물이나 성인과 같은 입장으로 바라본다.

중세 이후 루소, 코메니우스, 프뢰벨과 같은 교육사상가의 영향으로 아동을 성인과 구분되는 독자적인 인격체로 인식하기 시작했다. 아동을 인격체로 인식했다는 것은 아동을 성인과 다른 의미로 인식하기 시작했다는 것을 의미한다.

근대에 들어서면서 선구적인 교육사상가의 영향과 20세기 초 이루어진 아동발달에 관한 과학적 연구에 힘입어 아동에 대한 인식은 새로운 양상을 띠게 되었다. 스웨덴의 아동운동가 엘렌 케이(Ellen Key)가 '20세기는 아동의 세기이다'라고 말한 것처럼 20세기에 들어와서 아동의 가치가 적극적으로 해석되고 국가적으로 아동은 권리를 가진 존재이며 개인으로서 가치가 있음을 인정하였다. 즉 아동이 한 개인으로서의 능력이나 가치를 발산하고 실현할 수 있는 기회와 자극을 받을 수 있는 권리를 가지고 있음을 인정하는 것이다. 또한 아동중심 사상에 힘입어 아동을 특별한 보호와 온정의 대상으로 관심을 가지고 권리인식이 확산되어 보호와 육성 차원에서 논의되었으나 의견표현권, 자기결정권, 참여권 등의 자유권은 별로 중요하게 거론되지 못하였다.

오늘날 아동은 신체·인지·정서·사회적 측면에서 양적·질적으로 변화하고 발달해 가는 존재로서 의식주를 포함한 생존과 전인적 발달을 위해서 부모를 포함한 성인의 보호가 필요하고, 독립된 인격을 지닌 권리 주체로서 각 개인의 개별적 특성을 지닌 존재로 인식되고 있다. 전술한 바와 같이 아동에 대한 개념은 시대와 사회에 따라 변화해 왔음을 알 수 있다. 아동에 대한 인식이 발달되어 왔지만 인식의 전환이 필요한 부분이 있다. 아동은 보호의 대상에서 평등한 고려의 대상으로 인식되어야 한다. 또한 아동의 권리를 온전하게 보장하기 위해서 아동권리는 소극적인 의미뿐만 아니라 보다 적극적인 의미에서 고려되어야 한다. 권리를 향유하는 아동의 의미는 권리 수혜자에서 권리 주체로 인식될 수 있다. 아동은 결코 불완전한 존재도 아니며 동시에 재화의 수혜나 보호의 대상도 아닌 권리의 주체로 인식되어야 한다.

인간은 태어나면서 출생과 함께 자신의 존재를 소유하는 인권이 있으며, 성인에게 주어지는 자연스러운 권리인 인권이 아동에게도 그대로 적용되어야 한다. 아동에 대한 국제적 인식의 변화는 아동권리에 대한 다양한 논의가 진행되는 계기가 되었다. 아동의 생존, 보호, 발달을 포함한 아동의 최선의 이익이 우선적으로 고려되고 아동의 적극적인 권리가 가장 두드러지게 나타난 것이 1989년에 유엔총회에서 만장일치로 채택된 '아동의 권리에 관한 국제협약(Convention on the Rights of the Child)'이다. '아동의 권리에 관한 국제협약'에서는 아동권리를 모든 어린이들이 마땅히 누려야 할 권리라고 정의하였다. 아동을 단순히 보호의 대상으로서가 아니라 보다 적극적으로 인권의 향유 주체, 권리행사의 주체로 보고 있으며, 미성숙하다는 이유로 인권을 제한받아왔던 아동에 대해서도 연령과 발달 단계에 상응하게 적극적으로 인권을 보장하려는 노력을 보이고 있다. 따라서 이전에는 아동의 권리로 포함되지 않았던 시민적 자유권을 포함하여, 사회보장을 받을 권리, 상당한 생활수준을 누릴 권리 등 아동의 사회적 권리를 폭넓게 규정하고 있으며, 현대사회문제에 대한 언급으로 만민으로 있는 아동에 대하여 적절한 보호, 마약의 해나 성적 착취로부터의 보호를 규정하고 있다. 이 협약은 1990년 9월 2일을 기해 세계 20개국 이상의 비준을 받아 국제법의 효력을 갖게 되었으며 인류사상 가장 많은 국가가 비준한 국제협약이 되었다.

아동권리의 유형은 생존권, 보호권, 발달권, 참여권으로 구분해 볼 수 있다. 생존권이란 아동이 생명을 유지하고 최상의 건강과 의료혜택을 받을 권리, 적절한 생활수준을 누릴 권리 등을 포함한다. 보호권이란 차별에 대한 보호, 착취에 대한 보호, 보호자가 없는 아동을 보호할 권리, 여러 형태의 학대와 방임, 차별, 착취, 폭력, 고문, 부당한 형사처벌, 과도한 노동, 약물과 성폭력, 전쟁 상황, 거리의 아동 등 아동에게 유해한 것으로부터 보호를 받고, 위기상황에서 각별한 보호를 받을 권리 등을 포함한다. 발달권이란 아동이 잠재력을 최대한 발휘하는 데 필요한 권리로 정규적인 교육을 받을 권리, 취미를 즐길 권리, 문화생활을 누리고 정보를 접할 권리 등을 포함한다. 참여권이란 아동이 사회의 시민으로서 적극적으로 참여할 수 있는 권리로 자신의 의견을 자유롭게 표현하고, 생활에 영향을 주는 문제에 대해 부당한 여러 상황에 대해서 발언권을 갖고 행복을 추구할 권리를 갖는다(이혜원, 2006). 이와 같은 아동의 권리는 선언적 차원을 넘어서서 유아교육과정을 통하여 실천적 차원으로 발전시켜 나가야 할 것이다.

2. 가족구조와 생활의 변화

사회가 산업화·도시화·정보화되면서 사회와 인간생활의 구조와 형태도 많이 변화되었다. 더욱이 이러한 변화들은 갈수록 매우 급격히 이루어지고 있다.

전통적 가족은 가족성원들에 대해 재생산과 사회화기능, 경제기능과 유대기능 등 다양한 사회적 기능을 수행하였다. 그러나 근대화과정을 거치면서 가족생활주기, 부부관계 및 부모자녀관계 그리고 가족가치관이 변화되면서 가족규모는 축소되고, 생활양식도 산업 적응적 모델로 바뀌어 오늘날에는 가족이 독자적으로 담당했던 전통적 기능들이 사회로 많이 이전되었다. 그런 결과 한편으로는 가족의 부담이 감소되는 측면도 있으나, 다른 한편으로는 그만큼 가족성원 간의 연대감과 결합력이 약화되는 경향도 나타나고 있다.

가족의 변화동인으로는 여성들의 교육기회 확산과 취업모의 증가, 피임약과 피임기술의 보급증대, 산아제한정책의 성과, 그리고 성에 대한 사회적 태도의 변화를 대표적으로 언급할 수 있다. 여성들의 취업 확산, 그 가운데서도 특히 취학 전의 어린 자녀를 둔 주부들의 취업률 증가는 기존의 전통적 가족 내의 분업구조가 흔들리게 되는 데에 가장 중요한 요인으로 작용하였다. 우리의 전통사회 가족제도에서는 보통 3세대가 한 가정을 이루고 함께 모여 살면서 전체적인 삶을 꾸려나갔고, 친척과 이웃들이 서로 도우며 사회적 관계를 이루어 나갔다. 따라서 자녀양육의 일차적인 책임은 어머니나 아버지였으나 조부모를 비롯한 가족구성원 모두가 자녀들의 교육과 사회화에 참여하였다. 아이들은 형제와 자매, 이웃 아이들과 어울려 자연환경을 마음껏 누비고 다니며 또래 관계를 배우고 계절의 변화에 따른 자연의 변화를 자연스럽게 익혀 왔다. 그러나 핵가족제도의 변화양상들은 후기산업사회로 접어들면서 더욱 심화되면서, 이러한 상황에서 취업모를 위한 영유아의 보호와 교육은 국가나 사회 전체가 공동 책임을 져야 할 문제로 제기되고 있으며, 유아교육과정 또한 오늘날 핵가족화로 인해 야기되는 교육의 문제점을 보완해 주는 차원에서 구성·운영되어야 하는 것으로 인식되고 있다.

3. 환경교육의 강조

1960년대에 들어와서 교육자들이 인간발달에 조기경험이 중요하다는 것을 바로 인식하면서 유아교육에 대한 관심은 크게 부각되었다. 훈트(Hunt), 블룸(Bloom) 등은 환경적 변화가 유아초기발달의 급속한 변화시기에 큰 영향을 미친다는 것을 지적하고 환경적 조작의 가장 큰 효과를 얻기 위해서는 그것이 취학 전 시기에 일어나야 한다 하여 유아교육의 중요성을 강조하였다. 최근 오늘날의 환경문제는 단순히 산업화, 도시화, 국제화되기 이전에 인류가 겪어왔던 지역적 한계를 뛰어넘는 전 지구적, 전 인류적 의기이다. 핵으로부터의 위협, 인구의 팽창과 과도한 생산-소비패턴, 그리고 이에 따른 자원과 식량 위기, 무분별한 경제성장, 인구증가로 인한 생태계의 급속한 파괴 등 현재 인류가 당면하고 있는 환경문제는 복합적인 성격을 띄고 있다. 어린 연령의 유아를 대상으로 하는 유아교육에서 유아에게 환경에 대한 올바른 가치관과 태도를 형성시켜 주는 것은 앞으로 환경 친화적 가치관을 가진 성인으로 성장하는 과정에 중요한 역할을 할 것이다. 따라서 이러한 중요한 유아시기에 환경친화적 가치관과 태도 및 실천방안을 확립하기 위한 소중한 경험과 과정을 지도하기 위한 우수한 교사를 확보하는 것은 무엇보다도 중요하다고 볼 수 있다.

4. 전통문화교육

전통문화는 역사적 현실과 더불어 우리의 삶 속에 축적되어 온 것으로 전통문화는 특성상 개인적 정체성과 집단 정체성의 바탕이 되며, 생활방식의 지속성을 제공하며, 우리 안에 흐르고 있는 전통적 가치관을 일깨워 주는 역할을 한다. 따라서 이러한 전통문화를 계승하려면 교육의 역할이 중요하다. 문화는 그 사회에서 태어나고 생활하는 가운데 학습된 결과로 계속 발생하고 대대로 전해지며 가꾸어지는 것이며, 구성원들의 합의에 의해 형성되는 공동체적 산물이기에 사회구성원들의 행동의 지침에 절대적인 영향을 미치며, 현재성을 지니고 있고, 삶의 역사를 통해 전승되면서 형성되었기에 전통에 근간을 두고 있음을 알 수 있다. 유아를 대상으로 전통문화를 교육한다는 것은 과거의 사상과 문화 중 그 의미와 정신을 신중하게 살펴보고 현대에도 가치가 있다고 판단되는 부분을 수용하는 것을 의미한다. 이러한 전통문화 교육을 통해 유아들은 선조들의 전통유산과 정신을 배울 수 있고, 민족 고유의 문화를 아끼고 사랑하는 정신과 세계화에 대비한 올바른 가치관을 형성하여 민족문화의 발전적 계승에 이바지하는 정신을 창조해 갈 수 있다. 전통문화는 현재의 삶과 연계되어 있으므로 우리가 전통적인 삶의 방법을 체험하는 것은 옛사람들의 삶을 이해할 수 있도록 하며, 현재 이전의 모습을 단순한 공감이 아닌 마음으로부터의 강한 메시지를 느끼게 하는 것이다. 이러한 경험은 결국 과거, 현재, 미래생활의 조화로운 가치관을 형성하며 미래에 유익한 것을 재창조해 내는 교육적 효과를 가져올 수 있게 한다.

5. 창의성 교육

유아의 연령 0세(9~12개월)에는 오감을 통하여 창의성의 기본 요인인 민감성을 키우기 위한 기반을 구축할 수 있는 시기로서, 뚜렷하게 창의적인 행동을 보이지는 않지만, 창의성을 키워 나가는 준비를 하는 단계라고 보았다.

1~2세에 해당되는 13개월 정도부터는 창의적인 행동이 나타나고, 13~18개월에는 주위환경에 호기심이 왕성하여 모방놀이-흉내 내기, 놀잇감을 통하여 유아가 문제해결 능력을 보이게 된다고 보았고, 19~24개월에는 가상놀이를 통해서 여러 가지 행동을 연속적으로 결합하게 된다고 하였으며, 또한 언어의 상징체계가 발달되기 시작하여 시행착오보다는 통찰력에 의해 문제를 해결하게 된다고 보았다. 2~3세에는 역할 놀이를 통해서 보고 들었던 것을 흉내 내고, 장난감이나 생활도구 등으로 주변 사물이나 대상을 재표현하게 되면서 창의적인 행동을 나타내게 된다고 하였으며, 4~5세가 되면 창의적인 사고가 발전되어 창의적인 행동이 뚜렷하게 나타나기 시작한다고 하였다. 따라서 창의성은 누구에게나 있으며 길러질 수 있는 것으로, 유아들에게도 있으며, 특히 유아기는 창의성이 싹 트고 가장 자유분방하게 발현되는 시기이며, 모든 유아는 창의적으로 문제를 해결할 수 있는 호기심 많은 한 개인으로서 삶을 시작한다. 즉, 모든 유아가 동등한 창의성을 소유하고 있지는 않지만, 유아들은 출생부터 어떠한 인지적 행동과 창의성에 대한 잠재적인 능력을 타고나는 것이라고 할 수 있다.

토런스(Torrance, 1969)는 창의성은 학습된 정신적인 과정이라고 보았으며, 길포드(Guilford, 1959)는 창의적인 특성들은 훈련과정에 의해 키워질 수 있다고 보았다. 즉 보편적인 인간의 잠재능력인 창의성은 동기를 부여하는 환경을 조성하고 창의적인 태도와 과정을 격려하는 일련의 교육적 과정을 통해 촉진될 수 있는 것이다. 특히 유아는 시기적으로 발달에 적합한 교육적 자극을 필요로 하고 발달 특성상 창의적 성향을 기르고 창의성 발달의 기초를 이루며 창의성 교육에 매우 중요한 시기라 할 수 있다. 이 시기에서부터 창의성 교육의 토대가 충분히 이루어지게 하는 일이 매우 중요하며 이러한 인식에 따라 21세기를 살아갈 유아들의 삶은 지금보다 더 복잡하고 다양한 문제에 봉착하게 되고 이러한 문제들을 스스로 해결하기 위해서는 고차원적인 문제해결력과 사고력을 지닌 창의성을 필요로 한다. 따라서 창의성 교육은 미래의 행복한 삶을 영위할 유아들에게는 반드시 필요하므로 지금부터라도 교육현장에서 체계적이고 계획적인 창의성 교육이 이루어져야 한다.

chapter 3

영유아교육과정의 접근법과 유형

I. 영유아교육과정의 접근법

영유아교육과정은 그 기준에 따라 다양한 시각으로 접근될 수 있는데 일반적으로 성숙주의, 행동주의, 구성주의의 세 가지 접근법에 의해 분류하는 경우가 많다(권미량, 2020). 성숙주의에 기초한 교육과정은 인간의 자연스러운 발달을 목표로 사회·정서적인 특성을 강조하는 것이 특징이고, 행동주의는 외적인 강화와 모방, 모델링을 사용하여 직접적 자극을 제공하는 것을 강조하며, 구성주의 또는 상호작용주의에 기초한 교육과정은 영유아가 타고난 능동적인 역량으로 스스로 주변과 적극적으로 상호작용하며 지식을 구성해 나간다는 원리를 중시하는 것이 특징이다(이기숙 외, 2020).

1. 성숙주의적 영유아교육과정

유아의 발달이나 학습에 관한 성숙주의자들의 입장은 인간의 발달이 주로 선천적으로 타고난 유전적 요인에 의해 결정된다고 보고, 인간의 발달에 미치는 환경적 요소의 영향을 최소로 인정한다(이기숙 외, 2020).

성숙주의자들은 유아의 발달과 학습을 이끄는 가장 중요한 힘은 유아 내부로부터 나오는 것이며 환경적 요소의 영향을 최소한 인정하여 인간의 성장이나 발달을 종종 식물에 비유하여 설명해 왔다(홍순정·이기숙, 2013). 성숙주의에서는 발달을 성숙적 준비도 수준과 조화를 이루어 형성되는 것으로 파악하며, 발달속도와 행동에서 나타나는 개인차는 유전형질로서의 차이로 설명하고 대표적인 학자로는 홀(Hall)과 게젤(Gesell)이 있다(길효정, 2017).

대표적인 성숙주의 심리학자인 게젤과 그의 동료들은 오랜 기간 동안 유아의 발달과정에 대한 연구 및 부모와의 면담을 통해 인간발달의 규칙성과 보편성에 주목하고, 다양한 연령단계별로 유아의 특징과 능력에 대한 표준이 되는 목록을 만들었다(김승희, 2018).

학습준비도는 유아가 어떤 것을 배우기 위해서는 그 학습에 필요한 발달이 이루어져야 한다는 학습시기에 대한 개념이다. 학습준비도에 따르면, 학습을 위한 신체적·정신적 발달이 이루어지지 않은 경우에는 어떤 교육이나 훈련도 성과가 없다고 볼 수 있다(박찬옥 외, 2020). 성숙주의자들은 보편적인 아동발달의 패턴을 제시하였고, 이 패턴을 기준으로 부모와 성인들이 유아를 위한 적절한 교육내용을 판단할 수 있도록 하여 성인들이 유아의 발달에 지나치게 기대를 함으로써 그들의 성숙 수준을 넘어서는 성취를 기대하거나 강요하지 말아야 한다고 주장하였다(홍순정·이기숙, 2013).

성숙주의자들은 성인에 의한 지나친 개입은 오히려 부정적 영향을 낳는다고 보기 때문에 미리 계획된 체계적 교육과정이라기보다는 유아 스스로 흥미와 수준에 맞게 행하며 이루어 가는 과정을 중시하였다(권미량, 2020).

유아에게 많은 선택의 기회를 제공하고 불필요한 교사의 개입을 줄이며, 유아 스스로 활동할 수 있도록 교사는 흥미와 발달 단계에 적합한 자료를 충분히 제공한다. 또한, 집단구성은 발달 수준이 동일하거나 학습준비도가 유사한 동질집단이 되어야 하고, 유아가 발달 수준에 적합하지 않은 과제를 수행하도록 강요받지 않도록 하였다(이기숙 외, 2020). 따라서 유아가 전반적으로 자신과 비슷한 또래들과 함께 배치되기 위해서 발달적 준비도 검사를 할 수도 있다고 보았다. 이는 연령만으로 집단구성을 위한 기준으로 삼는 것은 발달속도의 개인차를 무시할 수 있고, 그 결과 부적절한 집단 구성을 할 수도 있기 때문이다(홍순정·이기숙, 2013).

성숙주의적 유아교육과정의 성격을 띠는 유아교육 프로그램은 개방교육 프로그램(open education), 서머힐 학교 프로그램(summer hill school program) 등이 있다(권미량, 2020).

2. 행동주의적 영유아교육과정

행동주의에 기초한 교육과정은 외부요인을 중시하며, 지적인 강화와 모방, 모델링을 사용하여 직접적 자극을 제공하는 것을 강조한다. 구성주의에 기초한 교육과정은 영유아가 능동적인 역량으로 스스로 주변과 적극적으로 상호작용하며 지식을 구성해 보는 것이 특징이다(이기숙 외, 2015).

행동주의 이론에서 인간의 발달은 환경요인에 의한다는 경험주의 철학에 기반을 두고 외부 환경의 자극과 인간의 반응이 연합하면서 이루어지는 학습경험이 인간발달의 근원이라고 주장한다. 따라서, 교육은 유아의 행동을 관찰하고 적절한 자극을 제공하면서 지향하고 있는 발달의 지점까지 도달하도록 행동을 변화시키는 것이라고 보았다(박찬옥 외, 2020).

대표적으로는 로크(Locke), 손다이크(Thorndike), 홀(Hall)의 이론과 스키너(Skinner)의 자극-반응 강화 이론이 있다. 이 입장은 유아의 발달에 대한 외적 요인의 중요성을 강조하고, 외적 경험을 적절히 그리고 단계적으로 배열함으로써 유아의 발달을 바람직한 방향으로 변화시킬 수 있다는 것이다(홍순정·이기숙, 2013).

행동주의적 유아교육과정은 환경이나 조건형성에 의해 학습되도록 하는 과정을 교육과정으로 보기 때문에 외적 환경들을 조직하고 변화하여서 유아의 행동을 촉진하거나 소거시킬 수 있다고 본다(권미량, 2020). 교육에 앞서, 스키너와 그의 동료들은 동물과 인간의 행동 연구에서 어떤 종류의 보상과 강화가 인간의 행동에 효과적인지, 경험적으로 획득된 원리에 따라서 이러한 강화나 보상을 어떻게 체계적으로 조직하고 순서화할 것인지를 보여 주었다(홍순정·이기숙, 2013). 스키너의 조작적 조건형성이론의 주요 개념은 강화, 벌, 소거로 설명할 수 있는데 그 내용은 〈표 3-1〉 과 같다.

| 표 3-1 | 조작적 조건형성 이론의 주요 개념과 내용

개념	내용	예시
강화	어떤 행동이 다시 발생하도록 행동의 빈도를 증가시키는 과정이다.	유아의 이 닦기 행동이 증가한다.
정적 강화	유아가 원하는 자극을 제시함으로써 행동의 빈도를 높이는 것이다.	이를 닦으면 잠자기 전에 그림책을 한 권 더 읽어 준다.
부적 강화	유아가 원하지 않는 자극을 제거함으로써 행동의 빈도를 높이는 것이다.	이를 닦으면 복잡하고 시간이 오래 걸리는 레고상자 정리를 대신해 준다.
벌	어떤 행동이 발생하지 않도록 행동의 발생 빈도를 감소시키는 과정이다.	유아의 새치기 행동이 감소한다.
정적 벌	유아의 원하지 않는 자극을 제시함으로써 행동의 빈도를 낮추는 것이다.	새치기한 유아를 줄의 맨 마지막으로 보낸다.
부적 벌	유아가 원하는 자극을 제거함으로써 행동의 빈도를 낮추는 것이다.	새치기한 하루 동안 줄의 맨 앞에 설 수 있는 기회를 주지 않는다.
소거	어떤 행동이 더 이상 강화되지 않을 때 자연스럽게 사라지는 것이다.	유아의 불필요한 이르기 행동이 소멸한다. 유아가 이르기 행동을 하면 들어만 주고 특별한 반응을 하지 않는다.

출처: 박찬옥 외 (2020). 유아교육과정. 정민사. p. 54.

행동주의 관점의 유아교육 프로그램이 갖는 특징은 매우 구체적인 목표를 갖고, 학습의 주제가 매우 단순하고 위계화, 순서화되어 있으며, 교사의 역할은 적극적으로 행동을 지시하고 수정하고 강화하는 것이다(이기숙 외, 2020). 교육내용도 교사가 결정하는 성인의 특권이며 책임져야 할 문제로 보는데 국가 수준에서 개발된 우리나라의 유치원 교육과정을 분석해 보면 초·중등교육과정의 영향을 받아 일부 교육목표와 내용이 타일러의 관점에서 진술되고 선정되었음을 쉽게 발견할 수 있다(양옥승 외, 2016).

20세기 초부터 유아교육 현장이나 프로그램에서 행동주의적 입장을 널리 활용하고 있는데 특히 혜택받지 못한 유아들의 교육적 지체의 차이를 줄이고 학교생활을 성공적으로 수행할 수 있도록 하는 프로그램에 적용되었다(홍순정·이기숙, 2013).

행동주의 접근을 통해 구성된 유아교육 프로그램으로는 디스타 프로그램(DISTAR program)이 있는데 이는 미국 오리건 대학(University of Oregon)의 교수인 버라이터, 엥겔만, 베커, 오스빈 등에 의해 개발된 행동주의 학습이론에 기초한 유아교육 프로그램으로, 초기 개발자들의 이름을 따서 버라이터-엥겔만 프로그램(Bereiter-Engelmann Prgaram), 베커-엥겔만 프로그램(Becker-Engelmann program)이라고 불린다(권미량, 2020).

3. 상호작용주의적 유아교육과정

구성주의(constructivism) 또는 상호작용주의라고도 하며, 1960년대 이후 지금까지도 교육에 많은 영향을 주고 있다. 듀이(Dewey), 피아제(Piaget), 비고츠키(Vygotsk) 등의 구성주의이론에 기초한다(홍순정 · 이기숙, 2013).

구성주의의 기본 입장에서 유아는 주어진 환경에 수동적으로 반응하는 것이 아니라 스스로의 자발적이고 선택적인 상호작용의 과정을 통해 자신의 지식을 스스로 구성한다는 구성주의 관점을 갖는다. 유아의 발달과 행동, 그리고 학습은 실제적으로 외부의 영향과 성숙적 과정 모두에 의해 영향을 받는다고 생각한다(이기숙 외, 2020).

비고츠키의 이론을 따르는 교사는 교육적 환경을 조성하며 유아의 근접 발달 영역을 알고 비계설정 등 적절한 도움을 제공하여 외부에서 주어진 고도의 정신적 과정이 유아에게 내면화되도록 상호작용하는 것을 중요하게 생각한다(양옥승 외, 2016).

상호작용주의적 유아교육과정에서 중요한 것은 각 발달 단계에서의 경험의 적절성이 필수적이라고 볼 수 있다. 즉 발달의 능동적 구성자인 유아의 발달 특성에 맞는 적절한 환경이 주어졌을 때 적극적 상호작용이 일어나 발달을 구성해 간다는 것이다(권미량, 2020). 이 입장의 프로그램이 갖는 특징으로 유아는 구체적인 자료와 직접적으로 활동할 수 있는 다양한 경험이 필요하다는 것과 독자적으로 과제를 계획하고 수행할 수 있도록 충분한 시간과 자유 선택활동이 제공되어야 한다는 것이다(이기숙 외, 2020).

구성주의 교육과정에서 교사의 자질은 프로그램에 직접적인 영향을 미치기 때문에 교사는 매우 중요한 요소이다. 드브리스는 구성주의적 교사는 교수-학습에 대한 전통적 통념을 벗어나도록 교사의 생각을 변화하고 유아의 생각을 이해해야 한다고 하였다(홍순정 · 이기숙, 2013).

상호작용주의적 유아교육과정의 대표적 프로그램은 카미-드브리스 프로그램(Kami-DeVries program), 하이스코프 프로그램(High-Scope program) 등이 있다(권미량, 2020).

성숙주의 접근법, 행동주의 접근법, 상호작용주의 접근법에 근거한 유아교육과정을 비교, 종합하면 다음의 〈표 3-2〉와 같다.

| 표 3-2 | 세 가지 유아교육과정 접근법의 비교

구분	성숙주의 접근법	행동주의 접근법	상호작용주의 접근법
교육 철학적 사조	낭만주의	문화전승주의	진보주의
심리적 기초	게젤, 프로이트, 에릭슨 등의 이론에 근거함	왓슨, 스키너, 반두라 등의 이론에 기초를 둠	피아제, 비고츠키의 이론에 기초함
발달의 기본 가정	• 유아를 적응적 존재로 봄 • 예정적, 유전적으로 자연적 시간표에 의해 계획된 과정으로 성장 및 성숙되어 가는 질적 변화를 중시함	• 유아를 수동적 존재로 봄 • 환경적 자극과 조작을 통해 인간행동이 형성됨으로써 양적으로 변화되는 결과를 발달이라고 봄	• 유아를 능동적 존재로 봄 • 환경과 유아의 상호작용을 통해 발달적 단계에 의해 진전을 이루면서 질적 변화와 양적 구성을 동시에 이루어 나간다고 봄

구분	성숙주의 접근법	행동주의 접근법	상호작용주의 접근법
학습에 대한 견해	• 내외적 동기유발 • 사회적 경험에 기초를 둠 • 자연적 전개과정 • 개인적 전개과정	• 환경으로부터의 동기유발 • 언어에 기초를 둠 • 특별한 훈련에 기초 • 결과 중심의 접근	• 내면으로부터의 동기유발 • 감각교육에 기초를 둠 • 다양한 경험에 기초 • 과정 중심의 접근
교육 목표	전인격적 유아의 전인적 성장	지식이나 기술 습득을 통한 유아의 바람직한 행동 변화	학습에 대한 동기유발과 태도 및 성향의 형성
교육 내용 및 활동	유아의 관심에 근거한 광범위한 주제들이 소개되고, 흥미 영역 및 견학 등의 다양한 놀이중심의 활동으로 구성됨	특정 문화전달적 성격을 지닌 구조화된 지식이나 학문적 요소를 유아에게 동일한 방식으로 조작적으로 형성시키고자 하기 때문에 연습지 형식이 많음	단원이나 주제에서의 학문적 내용은 수단으로서 유아들이 활동을 통해 발견적 학습을 할 수 있도록 내용을 선정하고 조직함
일과 운영	• 혼합연령집단이 일반적임 • 넓은 환경에서 흥미 영역으로 구성됨 • 활동은 유아들이 선택하고, 일과는 유아들의 요구와 관심에 따라 융통성 있게 구성됨 • 교사는 유아주도적인 환경 속에서 유아를 지지하고 언어적 외적 동기(칭찬 등)를 부여함	• 단일연령집단이 일반적임 • 좁은 공간을 칸막이로 구분하여 산만함을 최소화함 • 활동은 교사에 의해 정의되고, 일과는 맞추어진 시간표에 의해 집단으로 실시됨 • 교사는 직접적 교수법에 의해 행동수정의 원칙들을 사용함	• 다양한 집단구성이 지배적임 • 넓은 환경으로 구성하고, 성숙주의 접근보다는 제한적인 흥미 영역으로 구성됨 • 미리 계획된 활동이 주어지지만 유아들이 적극적으로 참여하여 스스로 활동을 구조화하도록 상호작용을 함 • 교사는 활동을 준비하되, 상황에 따라 적극적일 수도 수동적일 수도 있음
평가	• 유아의 전인적 성장을 관찰하며 주로 자연관찰을 통해 평가함 • 표준 행동발달의 순서에 따라 발달이 이루어지고, 자유와 허용이 주어지는가에 대한 프로그램 평가가 이루어짐	• 형식적 평가에 의해 체계적으로 진단됨 • 학습자의 성취 유무에 따라 프로그램 평가가 이루어짐	• 사고능력이 변하는 것이 아니라 더 진보된 발달 단계로 진보하는 것이라고 봄 • 발달 단계로 진보되는가에 대한 프로그램 평가가 이루어짐

출처: 권미량(2020). 영유아교육과정. 양서원. p. 36.

Ⅱ. 영유아교육과정의 유형 분류

영유아교육 프로그램은 1960년대 이후 여러 가지 철학적·사회적·심리학적 배경을 바탕으로 개발되었는데, 다양한 유아교육 프로그램은 학자들에 따라 몇 가지 유형으로 구분되었다(박영신 외, 2017). 이에 본 절에서는 다채로운 유아교육과정을 이데올로기의 관점을 포함하여 총제척으로 분류한 유형을 살펴보겠다.

1. 총체적 분류기준에 의한 유형

총체적인 분류유형에 있어서는 성숙론적·환경론적·상호작용론적 이데올로기에 근거하여 낭만주의 모형, 문화전달주의 모형, 진보주의 모형으로 분류한 콜버그와 메이어(Kohlberg & Mayer)의 유형 분류가 있다(문미옥, 2015).

1) 콜버그와 메이어의 분류(Kohlberg & Mayer, 1972)

콜버그와 메이어는 유아교육의 인식론적 관점, 가치론적 관점, 심리학적 관점 등을 중심으로 유아교육과정과 방법을 결정짓는 여러 요인들을 종합하여 유아교육과정을 분류하고 있다(문미옥, 2013). 콜버그와 메이어는 교육과정 유형을 낭만주의, 문화전달주의, 진보주의의 세 가지 이데올로기로 분류하였다(이기숙, 2020).

(1) 낭만주의 모형(romanticism)

유아의 내적 본성의 전개가 중요한 학습경험과 활동이라고 보는 성숙주의 이론의 관점에서 프로그램이 운영되며 루소, 프뢰벨, 프로이트, 게젤 등의 이론이 기초가 된다(홍순정·이기숙, 2013).

낭만주의자들은 유아는 모든 가능성을 다 내재하고 있는 식물의 씨앗이 햇빛, 물, 공기가 있으면 특별한 방해 요인이 없는 경우, 타고난 모든 것을 완성(unfolding)해 나가듯이 유아도 특별한 방해 요인 없이 개인의 자유가 보장된다면 행복한 자아실현이 가능하다고 본다(문미옥, 2015).

교육목표에 있어서 단기적 목표를 강조하기보다는 장기적 목표를 강조하며, 교육과정 영역별로 세분화된 목표를 세우기보다는 통합적인 접근법을 지향한다(홍순정·이기숙, 2013).

전통적인 아동중심 또는 흥미중심 프로그램들이 여기에 속하며 교사는 교실 내에 긍정적인 사회·정서적 놀이 환경을 설치하고 주로 극놀이와 창작활동을 장려한다(이기숙 외, 2020). 또한, 교사는 유아의 사회·정서적 발달에 초점을 두어, 유아의 적극성을 이끌어내야 한다(이연섭 외, 2005).

(2) 문화전달주의 모형(cultural transmission)

문화전달주의는 기계가 가해지는 자극에 의해 반응을 보이듯이 인간도 주변 환경, 즉 자극(input)에 반응(output)함으로써 학습한다고 보는 행동주의 이론에 근거한 교육과정의 유형이다(문미옥, 2013). 이 모형은 인지 및 문화적 지식 등의 습득을 위해 교사가 직접 가르치는 것이 가장 좋다고 보는 입장이다(이연섭 외, 2005).

이 모형은 낭만주의와는 달리 영유아의 발달에 있어 내재적·주관적인 요소는 배제하고 객관적인 방법으로 관찰되고 측정될 수 있는 지식을 주로 강조하므로 교육내용이 구조화·순서화되고 교수 전략도 조직적으로 수행된다(이기숙 외, 2020).

문화전달주의는 인류가 축적해 놓은 문화와 지식을 학습의 외적 요소로 놓고 많은 지식을 획득하는 것을 목적으로 삼는다(문미옥, 2013). 교육의 목표를 정의하고 교육적 경험을 평가하는 데 있어서 두 가지 전략으로 특징지을 수 있다. 첫째, 장기적 목표로서 궁극적으로 사회체제에서의 권력과 지위를 얻기에 필요한 사회적 기능과 태도를 말한다. 두 번째는 장기적 목표를 달성하기 위한 단기적 목표로서 학교생활에서의 지식과 적응 행동을 포함하는 학업성취기능을 강조한다(홍순정 · 이기숙, 2013).

이러한 교육방법은 지나치게 교과중심이라고 비판받는 요소가 있지만 인류 역사상 가장 많은 비중으로 교육현장을 지배해 왔다. 특히, 사고과정과 놀이중심 학습을 강조하는 현대의 유아교육자들에게 비판을 많이 받고 있는 암기, 암송, 반복의 학습방법이 지식의 유형에 따라 때로는 탐구방법보다 더 적절할 수 있음도 간과하지 말아야 한다(문미옥, 2015).

(3) 진보주의 모형(progressivism)

앞서 말한 두 모형들은 인간발달의 외적 요인 또는 내적 요인 중 한 면만을 강조하고 있으므로 비판의 소지가 늘 있었다. 그러므로 제3의 대안으로서 진보주의 모형의 교육과정이 대두되었다고 볼 수 있다(문미옥, 2015).

이 모형은 듀이의 진보적인 교육관과 피아제의 인지발달에 이론에 기초한 교육과정의 유형으로, 유아와 환경 간에 일어나는 의미 있는 상호작용을 통해 유아의 인지구조가 발달한다고 보는 구성주의적 접근법에 근거를 두고 있다(이연섭 외, 2005).

진보주의 모형은 인간의 내적 요인과 외적 요인을 모두 중요하게 여기며 이들이 어떻게 상호작용함으로써 학습이 일어나는지에 대해서 관심을 갖는다. 그러나 유의해야 할 점은 상호작용의 주체는 영유아 즉, 학습자라는 점이어서 영유아를 능동적인 존재로 인정한다는 점에 있어서는 낭만주의 모형과 동일한 관점을 가지고 있다(문미옥, 2015).

지식의 획득은 외부적 강요에 의해 이루어지는 것이 아니라, 개인의 직접적인 상호작용이나 대화를 통한 내적인 활동을 통해 이루어지므로 교사가 목표를 설정하고 계획하지만, 유아 자신에 의해 성취도가 이루어진다고 본다(이기숙 외, 2020).

지식은 생물학적 성숙이나 환경으로부터의 직접적인 학습에 의해서라기보다는 상호작용이나 대화를 통한 내적·심리적인 중심으로부터 나온다는 것이어서 종종 '상호작용주의'라고 불리는데 이것은 개인과 환경 간의 심리적 상호작용을 의미한다(홍순정·이기숙, 2013).

이 모형은 낭만주의 모형보다 환경의 영향력 중에서 교사의 역할을 강조하고 있다. 진보주의 모형에서는 학습자가 주체적으로 학습을 할 수 있도록 하되, 학습자가 가진 수준과 이에 적절한 자극 간에 상호작용이 활발하게 일어날 수밖에 없는 상황을 교사가 조성해야 한다고 보고 있다(문미옥, 2015).

콜버그와 메이어는 현대의 영유아교육과정을 구성하기 위해서는 낭만주의와 문화전달주의만으로는 이상적인 모형을 제공할 수 없으므로, 진보주의 유형이 유아교육과정의 원천이 되어야 한다고 주장하였다(이기숙 외, 2020). 콜버그와 메이어의 유형에 대한 내용을 제시하면 〈표 3-3〉과 같다.

| 표 3-3 | 콜버그와 메이어의 유형

	낭만주의	문화전달주의	진보주의
교육목적	전인(全人)적 아동으로서의 성장	학교나 사회에서의 성공을 위한 특별한 지식이나 기술을 강조	능동적 지식의 구성 및 학습태도와 성향의 형성
지향점	현재 지향적	미래 지향적	현재·미래를 함께 지향
심리학 이론	성숙주의이론	행동주의 이론	인지발달 이론

	낭만주의	문화전달주의	진보주의
지식론 인식론	합리론, 주관주의 인식론	경험론, 객관주의 인식론	상대론, 발생론적 인식론
아동관	능동적인 존재: 정서 측면에서 성인과 질적으로 다름	수동적인 존재: 학습에 있어 성인과 질적으로 동일	능동적인 존재: 성인과 사고과정이 질적으로 다름
교수방법	아동중심	교사중심	아동과 교사의 상호작용 중심
	유아의 인격, 자유, 자발성 등에 초점	유아의 수동성, 반응성에 초점	유아의 독특성, 능동성, 자발성에 초점
학습관	내적 동기유발	외부 환경으로부터의 동기유발	내·외적인 요소로부터의 동기유발
	과정중심	결과중심	과정중심
	유아의 내재적 능력의 자연적 계발지향	유아의 행동, 외재적 동기, 예측 가능성 등을 지향	유아의 인적·물리적 환경과의 능동적인 상호작용 지향
프로그램 예시	summer hill school program Bank Street program	DISTAR program	Kami-DeVries program Project Approach Reggio Emilia Approach

출처: 문미옥(2015). 영유아교육과정. 창지사. p. 57.

2. 수업의 구조성을 분류기준으로 한 유형

수업의 구조성을 분류기준으로 하여 유형화한 경우로는 ① 수업의 주도성을 기준으로 분류한 와이카트(Weikart)의 모형과 ② 교육목표, 수업방법 및 과정을 기준으로 분류한 비셀(Bisell)의 모형과 ③ 교사·교구·유아의 관계구조를 축으로 분류한 메이어(Mayer)의 모형이 있으며 구체적 내용을 살펴보면 다음과 같다.

1) 와이카트(Weikart)의 분류

와이카트는 교사와 유아가 학습에 참여하는 방식과 교사와 유아의 관계를 기초로 교육과정 유형을 분류하였다. 즉, 학습에서 누가 주도권을 갖고 누가 수동적으로 반응하느냐에 따라 분류하였다. 유아가 주도권을 갖는 경우-아동중심 교육과정, 교사와 유아가 함께 주도권을 갖는 경우-개방체제 교육과정, 그리고 교사와 유아 모두 학습에 주도권을 갖지 않는 경우-보호적 보살핌의 네 가지 형태가 있다(이기숙 외, 2020). 이와 같은 형태의 분류는 다음의 [그림 3-1]과 같다.

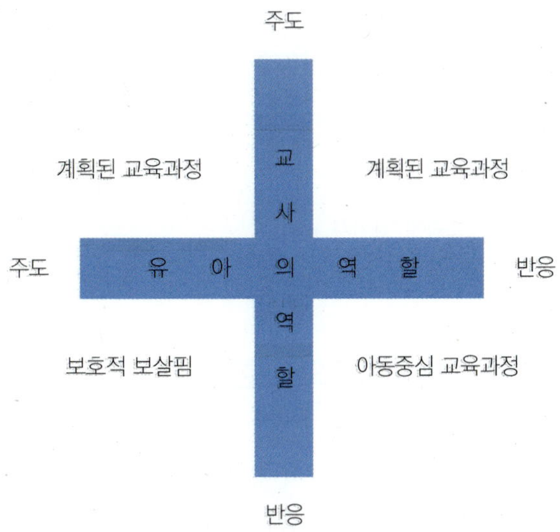

| 그림 3-1 | 와이카트의 분류

출처: 이기숙 외(2020). 영유아교육과정. 공동체. p. 185.

(1) 계획된 교육과정(programmed curriculum)

교사가 교육과정을 주도적으로 운영하고 영유아는 미리 짜여진 교사의 계획에 따라 수동적으로 반응하는 형태의 교육과정 유형이다(이기숙 외, 2020). 이 유형은 학습이론, 행동수정원리, 언어발달이론 등에 기초하며, 경제적·문화적으로 낙후된 지역 유아의 결손을 보완해 줌으로써 후기 학교생활을 돕기 위한 목적으로 개발되었다(이선애 외, 2016).

교육목표는 읽기능력, 언어기술, 수학적 기술을 습득시키는 것이며, 교육내용이 세분화되어 있고, 구조적인 방식으로 학습이 이루어지며 유아의 행동을 변화시키기 위해 주로 행동수정기법이 사용된다(박영신 외, 2017).

영유아의 창의적 사고능력이나 사회·정서적 특성을 강조하는 오늘날 교육현장의 분위기를 감안해 보면, 교사의 지시에 수동적으로 반응하는 이 교육과정 유형은 유아의 자기주도적 학습 능력이나 또래 간 상호작용을 감소시키는 측면을 가지고 있다고 볼 수 있다(이기숙 외, 2020).

이 교육과정의 장점은 교사의 특별한 능력이나 창의력을 필요로 하지 않으므로 유아교육에 관해 특별한 지식이 없는 교사라 할지라도 교육과정을 효과적으로 수행할 수 있다는 점이다. 또한, 이미 구조화된 교육과정의 일정에 따라 교사를 통제할 수 있고, 유아들이 무엇을 어떻게 학습하는지를 분명하게 알 수 있기 때문에 학교 행정가나 학부모들의 호응을 받을 수 있다(홍순정·이기숙, 2013).

이 범주에 속하는 교육과정의 예로 버라이터(Bereiter), 엥겔만(Engelmann), 베커(Becker)에 의해 구성된 디스타 프로그램(DISTAR program)이 있다(권미량, 2020).

(2) 개방체제 교육과정(open-framework curriculum)

개방체제 교육과정은 교사와 유아 모두 주도권을 가지므로 교사와 유아, 유아와 유아, 유아와 교구와의 상호작용 모두 중요하다(박영신 외, 2017). 이 교육과정은 주로 피아제의 인지발달 이론에 근거를 두고 있어 구성주의 접근법에 기초한다고 할 수 있다(홍순정 · 이기숙, 2013).

이 교육과정은 유아의 사고, 인지과정뿐만 아니라 유아의 직접 활동과 경험을 통한 학습을 중요시한다(이연섭 외, 2005). 학습은 유아의 직접 경험에 의한 개념형성이라고 보고, 특별한 지식이나 기술 습득보다는 논리적 사고력이나 원인과 결과를 연결할 수 있는 능력 발달을 교육목적으로 한다(홍순정 · 이기숙, 2013).

개방체제 교육과정은 교육현장에서 교사가 유아의 발달과 흥미, 다양한 사회 · 문화적 맥락을 고려하여 창의적으로 활동을 계획 · 운영할 수 있다는 장점이 있다(박영신 외, 2017). 따라서, 교사는 영유아에게 적합한 교육계획을 세우고, 환경을 준비하며, 다양한 활동을 통해 유아에게 선택권을 주며, 필요할 때에 적절히 개입하여 주도성을 보인다(이기숙 외, 2020). 그러나, 교육경험이 없거나 열의가 부족한 교사에게는 쉽게 접근하기가 어려운 교육과정이기도 하다(이기숙 외, 2020).

이 범주에 속하는 교육과정에는 주로 피아제 이론에 근거한 카미-드브리스 프로그램(Kami-DeVries program), 하이스코프 프로그램(High Scope program)과 라파텔 프로그램(Lavatelli program)을 들 수 있다(권미량, 2020).

(3) 아동중심 교육과정(child-centered curriculum)

아동중심 교육과정에서는 유아가 학습활동의 주도권을 가지며, 교사는 유아의 요구에 반응한다(박영신 외, 2017). 이러한 프로그램은 주로 인간의 정서발달에 관한 연구 및 이론에 그 기초를 두고 교육의 전체 목적을 사회 · 정서적 성숙을 통한 전인 아동의 육성에 두고 있어 성숙주의에 기초한다고 할 수 있다(이기숙 외, 2020).

교육내용은 유아에게 흥미 있는 것으로 그들 주변에 있는 것을 소재로 하며 놀이의 가치를 높게 평가하고 상상놀이나 모방놀이를 통해 사회적 적응과 정서적 성장, 독립심을 형성시키고자 한다(이선애 외, 2016). 이 교육과정은 놀이의 가치를 높이 평가하여, 상상놀이나 모방놀이를 통해 유아들에게 사회 적응과 정서적 성장, 독립심을 형성시키고자 한다. 또한, 교실 내에 여러 가지 흥미 영역을 마련하여 유아가 흥미 영역 속에서 자유롭게 환경을 탐구하고 창조할 수 있게 한다(홍순정 · 이기숙, 2013).

이 유형의 장점은 학습이 개개 영유아의 요구를 충분히 반영할 수 있다는 점이지만, 영유아에게 모든 주도권이 주어져 자칫 방임으로 흐를 위험이 있고 유아의 흥미나 욕구에 상응하는 내용들이 교육적으로 바람직하지 않을 경우 교사가 갈등을 느낄 수 있다는 단점도 있다(이기숙 외, 2020).

이 유형에 속하는 프로그램의 예로는 뱅크 스트리트 프로그램(Bank street program)을 들 수 있다(권미량, 2020).

(4) 보호적 돌봄(custodial care)

보호적 배려는 교사와 유아가 모두 반응만 하는 유형으로 이 유형에서의 활동은 신체적인 위협, 질병으로부터 유아를 보호해 주는 정도의 역할을 하므로 사회 · 경제적인 여건이 어려운 유아에게 도움을 줄 수는 있으나 일반 유아에게는 중요한 의미를 주지 못한다(박영신 외, 2017). 현실적으로 오늘날 보호적 돌봄만 수행하는 교육과정은 존재할 수 없다고 보고 있으며, 현실적으로도 보호적 돌봄만 있는 교육과정은 존재하기 힘들다(권미량, 2020).

3. 비셀(Bisell)의 분류

비셀(1974)은 유아교육과정의 모형을 교육목표, 수업방법 및 과정 등에 따라 허용적 심화모형, 구조적 인지모형, 구조적 정보모형, 구조적 환경모형으로 분류하고 있으며 그 주요내용은 다음과 같다.

1) 허용적 심화모형(permissive-enrichment model)

허용적 심화모형은 유아의 요구나 흥미에 따라 경험과 환경을 제공해 주는 교육과정이다(권미량, 2020). 교육과정의 목표는 인지발달, 언어발달, 감각운동능력 발달, 사회·정서적 성숙, 만족감의 습득 등이며, 교육과정의 구조화 정도는 낮은 편이다(박영신 외, 2017).

이 유형에서는 교사의 역할을 강조한다. 교사는 유아의 요구 및 흥미에 적절히 반응하며, 다양한 경험을 제공할 수 있도록 해 준다. 특히 이 모형은 적응중심의 교육에 많이 비중을 두고 있다(이연섭 외, 2005).

2) 구조적 인지모형(structured-cognitive model)

구조적 인지모형은 교사가 미리 학습 경험을 위계적으로 세분화하여 정해진 시간에 교사에 의한 직접적 교수 방법을 통해 학습되는 교육과정이다(권미량, 2020). 이 모형의 주된 목적은 언어발달에 강조를 둔 학습과정의 발달이며, 그 외에 지각능력, 주의집중력, 개념적 사고, 언어적 기술의 발달, 긍정적인 자아개념의 발달을 포함한다(박영신 외, 2017).

이 모형은 행동적인 목표가 구체적으로 세분화되어 있으며, 유아들의 전인적인 성장, 발달보다는 학습과정과 직접 연결된 태도나 성숙된 활동을 강조한다

(이연섭 외, 2005). 교사는 매일의 활동을 계획하고, 유아의 학습을 지도하며, 유아의 활동을 관찰할 수 있는 교수전략이 있어야 한다(박영신 외, 2017). 이 모형은 적성 및 태도의 발달과 언어 발달에 중점을 두고 있다(이연섭 외, 2005).

3) 구조적 정보모형(structured-informational model)

구조적 정보모형은 낙후된 지역이나 문화적으로 결핍된 가정의 유아들에게 학문적 성취와 관련된 지식이나 기술을 가르쳐 주는 것을 목적으로 하는 유아교육과정이다(이연섭 외, 2005). 가난한 지역의 유아에게는 그들의 미래 학교생활을 성공적으로 수행해 나가는 능력이 중요하다고 보기 때문에 놀이중심인 전통적 유아교육기관의 교육을 비판하고 학교생활에 필요한 학문적 기술 습득을 중요시한다(김경철 외, 2017).

구조적 정보모형에서는 유아에게 학문적 준비에 관련된 성취 경험을 제공해 줌으로써 긍정적 자아개념을 형성할 수 있다고 보기 때문에 말하기, 셈하기, 읽기를 위한 개념과 규칙을 학습시키는 반면 음악이나 미술, 극놀이 활동 등은 프로그램에 포함시키지 않고 강조하지도 않는다(박영신 외, 2017). 교육목적을 달성하기 위해 교사는 주로 지시적 방법과 반복적 방법을 사용하며 교사가 유아의 모든 활동을 지시한다(김경철 외, 2017). 교육과정의 구조화 정도는 매우 높으며 이러한 유형에 속하는 유아교육 프로그램으로는 버라이터-엥겔만 프로그램(Bereiter-Engelmann Prgaram)을 들 수 있다(박영신 외, 2017).

4) 구조적 환경모형(structured-environmental model)

구조적 환경모형에서 교사는 유아를 위해 적절한 환경을 제공하고, 유아는 스스로 자신의 흥미나 발달 수준에 따라 배우고 수정할 수 있도록 하는 모형이다(권미량, 2020). 교육을 유아의 환경적 결손에 대한 대용책으로 보는데 교육과정의 구체적 목적은 각 교과의 특별한 내용을 학습하는 것보다 학습하는 방법을 배우는 것에 두므로 학습의 결과보다 과정을 중요시한다(박영신 외, 2017).

준비된 환경모형이라 부르기도 하는데 이 유아교육과정에서 교사는 적절한 환경과 교구를 준비해 주고, 항상 유아들을 관찰하면서 필요시에 도움을 주고 학습촉진을 위해 교구와 유아 사이의 매개자 역할을 하기도 한다(이연섭 외, 2005).

교육과정의 구체적 목표는 감각운동 기능, 개념, 분류기술, 주의집중의 연장에 두고 있으며 언어기술을 중시하는 프로그램도 있다. 교수전략은 유아가 자기 교수적 교구를 사용함으로써 자신의 활동을 교정해 나갈 수 있게 한다(박영신 외, 2017).

4. 메이어(Mayer)의 분류

메이어는 '헤드스타트(Head Start) 운동' 이후 개발된 여러 가지 실험적 프로그램의 목적과 이론적 배경 및 교수방법 등을 설명하기 위해 학습현장에서의 교사·유아·교구와의 관계를 통해 교육과정 유형을 분류하였다(박영신 외, 2017). 그는 교육과정을 단순히 교육과정의 구조성이나 교사-유아의 상호작용과 같은 한 가지 차원에서 교육과정을 정확하게 분석하기 어렵다고 지적하였다. 예를 들면 몬테소리 프로그램의 경우 교사와 유아의 상호작용은 적으나 유아와 교구 간에 상호작용은 많기 때문이다(홍순정·이기숙, 2020).

이와 같은 견해에 따라 메이어는 유아교육의 기초요소를 교사, 유아, 교구로 보고 유아와 교구, 유아와 유아의 상호작용 정도에 따라 언어-교수모형, 언어-인지모형, 아동-발달모형, 감각-인지모형으로 나누었다(박영신 외, 2017).

1) 언어-교수모형(verbal-didactic model)

언어-교수적 모형에 속하는 프로그램은 교사 규정적 교육과정 모형으로, 인지적 발달은 정의적 발달을 촉진시킨다고 하는 심리학적 입장에 기초한다(박영신 외, 2017). 이 모형은 사회·경제적으로 낙후된 지역의 불우한 유아의 발달적 특징 및 요구에 대한 연구로 개발되었기 때문에 행동주의적 접근법에 기초하고 있으며 와이카트의 분류 중 계획된 교육과정과 같다고 할 수 있다(홍순정·이기숙, 2013).

저소득층 자녀들이 부모와 원활한 언어적 상호작용을 할 수 있도록 보다 능률적인 언어적 교수기능을 신장시키는 것을 목적으로 하는 유아교육과정 모형으로 언어, 읽기, 셈하기에 관련된 지식을 직접 가르친다(이연섭 외, 2005). 교사는 언어적 지식, 학습의 계열성을 강조하여 순서에 따라 교육과정을 진행한다(권미량, 2020).

교육내용을 전달함에 있어서 효율성과 효과성을 극대화함으로써 교사중심적인 교수행위를 사용한다. 예를 들어, 반복적 교수, 암기식 학습, 보상과 강화 등을 사용하는 디스타 프로그램(DISTAR program)이 여기에 속한다(문미옥, 2013).

2) 언어-인지모형(verbal-cognitive model)

언어·인지모형에 속하는 프로그램들은 피아제 이론을 기초로 하고 있지만 미국의 행동주의 이론에 맞도록 만들어진 초창기 피아제 프로그램이 가지는 특성들에 기반한 교육과정으로(권미량, 2020), 와이카트의 분류유형인 개방체제 교육과정 유형과 유사한 형태이다.

저소득층 자녀의 인지능력을 촉진시키는 데 목적을 두고 있는 이 모형은 교사-유아, 유아-유아, 유아-교구 간의 상호작용을 모두 강조하는 형태의 유아교육과정이다(이연섭 외, 2005). 따라서 교사는 아동-발달 모형보다 유아의 학습에 직접적인 영향을 주며, 일상 활동에서도 교사가 주도권을 가진다(박영신 외, 2017). 교사가 준비하는 학습 환경은 유아의 발달 단계에 적합하도록 단순한 환경에서부터 복잡한 환경으로 변화를 주며, 제시하는 교구도 구체적인 사물에서 점차 추상적인 형태로 바꾸어 준다(이연섭 외, 2005).

교구와의 상호작용의 경우 아동-발달 모형과 동일한 종류의 교구를 사용하더라도 보다 활발한 상호작용을 한다. 카미-드브리스 프로그램, 프로젝트 접근법, 레지오 에밀리아 접근법 등이 여기에 속한다(문미옥, 2013).

3) 아동-발달모형(child-development model)

유아의 발달 단계 및 발달적 요구에 따라 구성된 성숙주의 접근법에 근거하여 프로이트, 에릭스, 게젤 등의 발달이론과 성격이론을 바탕으로 개발되었으며 와이카트의 분류 중 아동중심 교육과정과 유사하다(홍순정·이기숙, 2013). 아동발달 모형은 창의적 발달이 인지적 발달을 촉진시킨다는 심리학적 신념에 기초하며, 주로 중류층의 유아를 위해 개발되었다(박영신 외, 2017).

교사가 영향력을 행사하기보다는 유아의 자율성을 보장하기 때문에 유아-유아 간, 유아-교구 간의 상호작용이 활발하게 이루어지는 형태이며 주로 유아의 상호작용을 통한 사회성 개발을 목표로 삼고 있다(이연섭 외, 2005).

교육내용은 유아의 발달 단계와 발달적 요구에 맞게 계획되며, 교사에 의한 학습보다는 유아의 직접 활동을 강조한다(박영신 외, 2017). 교육과정은 흥미중심 활동으로 구성되어 있으며, 유아는 자신의 의견에 따라 활동을 자유롭게 선택하고 변경할 수 있다.

이 모형에 속하는 교육과정들은 사회·정서발달을 강조하고 유아와 유아의 상호작용을 중요하게 생각하며 뱅크 스트리트 프로그램이 여기에 속한다(문미옥, 2013). 또한, 유아의 생활 속에서 유아와 밀접한 관련이 있고 구체적인 것들로 구성되며 흥미 영역을 중심으로 중산층 유아를 위해 개발된 것으로 풍부화 전략(enrichment strategy)이라고도 부른다(홍순정 · 이기숙, 2013).

4) 감각-인지모형(sensory-cognitive model)

감각-인지적 모형은 몬테소리 교육 이념 및 방법에 입각하여 개발된 프로그램으로 유아의 감각훈련과 실생활 습관 훈련을 강조하고 유아의 발달은 단계성이 있으며, 환경과의 상호작용을 통해 이루어진다고 보는 입장이다(홍순정 · 이기숙, 2013).

이 모형에서 유아는 지각적 · 개념적 발달에 유용한 재료들을 마음대로 선택할 수 있고, 자신의 역량대로 학습할 수 있다. 대부분의 자료(교구)들은 자기-교수적(self-instructing)인 것이다(박영신 외, 2017).

유아의 감각과 실생활 습관의 훈련을 중시하면서 유아의 구체적 대상 및 사람과의 직접적 체험 및 접촉을 중시하는 모형이다(권미량, 2020). 따라서 이 모형은 유아-교사 간, 유아-유아 간의 상호작용보다는 유아와 교구 간의 상호작용을 가장 중요시한다. 이를 위해 교사는 안정적인 학습활동이 이루어질 수 있도록 환경을 구성해 주고, 유아가 도움을 필요로 할 때 도와줄 수 있도록 유아를 주의 깊게 관찰해야 한다(이연섭 외, 2005).

홍순정과 이기숙(2013)은 네 가지 유형의 교육과정을 상호작용 중심으로 다음과 같이 비교하였다.

(1) 교사와 유아의 상호작용

교사와 유아의 상호작용을 가장 중요시하는 모형은 언어-교수모형이다. 이 모형은 언어규칙의 학습이 인간의 사고를 촉진한다고 보며 언어적 해답을 학습

결과로 생각한다. 그 다음이 언어-인지모형이다. 언어-인지모형은 교사의 언어를 중요시하지만 언어적 반응이 곧 학습의 결과라고 보지는 않는다.

아동-발달 모형에서는 교사와 유아의 상호작용보다는 자연적인 대화를 중심으로 한다. 교사와 유아의 상호작용을 가장 강조하지 않는 것이 감각-인지모형으로 교사보다는 교구와의 상호작용을 강조한다.

(2) 유아의 교구의 상호작용

유아와 교구 간의 상호작용을 가장 중요시하는 것은 감각-인지모형이다. 감각-인지모형은 교사의 개입 없이 유아가 스스로 교구와 상호작용함으로써 학습할 수 있게 한다. 그 다음으로 아동-발달모형으로 행동을 통한 학습을 중시하며 유아와 교구 간의 상호작용을 강조한다. 언어-인지모형에서는 교사가 유아와 교구 사이를 중재한다. 언어-교수 모형에서는 유아의 구체적 조작 경험 없이 교사의 언어적 설명을 통해 학습하므로 유아와 교구 간의 상호작용은 중요시하지 않는다.

(3) 유아와 유아의 상호작용

유아와 유아의 상호작용은 아동-발달모형이 가장 활발하다. 언어-인지모형도 아동-발달 모형에서와 같이 유아와 유아의 상호작용을 중시하지만, 교사의 개입이 많으므로 상호 간의 직접적인 작용은 적은 편이다. 감각-인지모형은 개별 활동이 중시되고 사회극 놀이를 하지 않으므로 유아 간의 상호작용도 거의 없다. 마찬가지로 언어-교수 모형에서도 유아 상호 간의 관계가 별로 없다.

(4) 유아집단형성

언어-교수 모형에서는 유아를 소집단으로 나누어 학습시키고 감각-인지모형에서는 개별적 활동을 주로 한다. 반면 언어-인지모형과 아동-발달모형에서는 소집단과 개별적 지도방법을 함께 사용한다. 또한 언어-인지모형에서는 교사와 소집단 유아의 상호관계를 강조하고, 아동-발달모형에서는 교사와 개별 유아의 상호작용을 강조한다.

다음 〈표 3-4〉는 앞서 언급한 메이어의 유아교육과정 모형의 특성과 강조점을 정리한 것이다.

| 표 3-4 | 메이어의 유아교육과정 모형 특성

분류	강조되는 상호작용			이론적 기초	강조점
	교사-유아 상호작용	유아-유아 상호작용	유아-교구 상호작용		
아동발달 모형				성숙이론 정신분석 이론	사회-정서발달
언어인지 모형				피아제의 인지발달 이론	사회성과 인지의 조화로운 발달
언어교수 모형				행동주의 이론	반복적 교수강화
감각인지 모형				몬테소리 이론	감각훈련 실생활습관 훈련

출처: 문미옥(2015). 영유아교육과정. 창지사. p. 64.

chapter 4

영유아교육과정의 구성

I. 영유아교육과정의 기본 방향

1. 기본 원리

교육은 본질에 따라 교육의 모든 단계가 체계적으로 연계되어 교육의 효과를 거둔다. 질 높은 유아교육과정을 구성하기 위해서는 계속성, 계열성, 통합성, 다양성, 융통성 등을 고려하여 이루어져야 한다.

1) 계속성

계속성의 원리는 중요한 교육과정 요소를 수직적으로 강조하여 동일한 학습 경험이 계속적으로 반복되는 것을 의미한다. 어떤 교육목표가 학습자의 행동 속에 실현되기 위해서는 그 목표가 지시하는 과정이나 행동양식이 어느 기간 동안은 계속되어야 한다.

학습은 한 번에 이루어지는 경우도 있지만 일반적으로는 적절한 시간 간격을 두고 여러 번 반복함으로써 그것이 몸에 배어 저절로 익혀지도록 하는 것이 중요하다. 자세를 바르게 하는 것이나 인사를 잘하는 것, 악기를 연주하는 것, 하나의 가락을 익히는 것, 새로운 몸동작을 익히는 것 그리고 새로운 지식을 구성하는 것도 여러 번의 반복을 통하지 않고는 익숙해질 수 없으며 편안한 경지에 이르기 어렵다. 그러므로 유아교육내용은 반복학습이 가능하도록 조직되어야 한다.

2) 계열성

계열성의 원리는 점진성의 원리라고도 한다. 타일러(Tyler, 1950)는 계열성은 계속성과 연관을 가지지만 거기에서 더 발전한 것이라고 정의하고 있다. 즉, 계속성은 하나의 교육과정 요소가 동일한 수준에서 반복되는 것을 의미하는 데 반하여 계열성은 '선행 경험 혹은 내용을 기초로 하여 다음 경험 혹은 내용이 전개되어' 점차적으로 '깊이와 넓이를 더해 가는 것'을 의미한다. 이는 브루너(Brunner, 1960)의 나선형 개념과 같은 의미로 볼 수 있다.

피아제의 인지발달 단계 이론에 따르면 유아의 발달은 감각운동기로부터 전조작기, 구체적 조작기를 거쳐 형식적 조작기에 이르며, 브루너의 정보처리 발달과정 이론에 따르면 동작적 표상 단계, 영상적 표상 단계, 상징적 표상 단계, 그리고 논리적 사고 단계를 거친다. 그러므로 교육내용은 각 발달 단계에 적합하게 구체적인 내용에서 추상적인 내용으로 점진적으로 조직되어야 한다. 따라서 3월부터 다음 해 2월까지 1년 동안의 교육내용은 점차 확장, 심화되도록 조직하여야 한다.

교육내용은 단순한 것에서 복잡한 것으로 점차 구성되어야 한다. 단순과 복잡의 구분은 항목이나 변인 또는 사건 수를 기준으로 한다. 예를 들면 분류하기의 수학적 활동이 처음에는 모양에 따라 분류하기로 시작하여 점차 모양과 색에 따라 분류하기로 고려하는 변인 수를 늘릴 수 있다. 그러므로 유아교육내용은 단순한 내용으로부터 유아의 발달과 함께 점차 복잡한 내용으로 조직해야 한다. 또한 아는 것을 기초로 점차 더 넓고 더 깊은 내용으로 구성되어야 한다.

3) 통합성

통합성의 원리는 다양한 학습 경험들을 시간적·공간적으로, 그리고 교육내용 영역에 있어서 상호 관련시키고 의미 있게 모아서 전체로서의 학습이 이루어지고 나아가 학습자에게 가치로운 변화가 이루어지도록 하는 것을 말한다(김재복, 1983). 계속성과 계열성이 내용의 조직에 대한 것이라면 통합성은 횡적(橫的) 조직을 위한 원리이다. 여러 학습경험 간에 상호보완적 관계를 유지하고 여러 경험을 조화롭게 배열하는 것을 의미한다. 즉, 여러 학습 장소에서 얻어지는 학습경험들이 서로 상관없이 단절되는 것이 아니라 개개의 경험들이 상호 연결되고 통합될 때 보다 효과적이라는 것이다. 하지만 단순히 각 교육내용을 나란히 병렬적인 통합을 하는 것뿐 아니라 상관형, 광역형, 융합형 등의 다양한 통합방법을 활용해야 한다.

4) 다양성

다양성의 원리는 일상생활에서 경험하게 되는 모든 대상, 즉 사물이나 현상들이 갖는 개별적인 독특성을 인정하고 그들 간의 구별되고 차이 나는 점들을 존중하는 것을 말한다. 자연 현상과 사회 현상 등 학습자가 경험하게 되는 세계는 단일한 요소로 단순하게 조직되어 있기보다는, 다양한 요소들이 복잡하게 얽혀 구성되어 있다. 그래서 하나의 공(ball)을 보더라도 '둥글다'라고만 해서는 공을 정확히 정의했다고 할 수 없으며, 공의 다면적 특성—예를 들어 둥글다, 굴러간다, 정지할 수 있다, 튕긴다, 크다(작다), 무겁다(가볍다), 단단하다(부드럽다)—을 설명함으로써 공을 이해하게 된다.

이와 같이 대상의 다양한 특성을 통해 그 대상의 독특한 실체(reality)에 대한 지식을 형성할 수 있는 것은 학습자가 그 대상을 다양한 각도에서 탐색하고 실험하며 분석하고 종합할 수 있을 때 가능하다. 이는 학습자 또한 다양한 능력을 소유하고 있음을 가리킨다. 말하자면 일반적으로 IQ가 높은 사람은 물리적 대상이나 수학적·논리적 지식으로 풀어야 할 대상에 대하여는 이해하기가 수월할 수 있으나, 그렇다고 사회적 대상, 즉 다른 사람의 내면세계, 심층 언어, 감정 등도 제대로 이해할 수 있다고 하기는 어렵다. 이때는 IQ보다는 그 사람의 다른 능력, 즉 정서 인지 능력 또는 대인 관계 능력 등이 유리하게 발휘될 것이다.

5) 융통성

융통성의 원리는 유아가 호기심과 관심을 가지고 활동을 경험할 때 고정적인 사고방식이나 관점을 변환시켜 다양한 해결책을 찾아낼 수 있는 기회를 제공하는 것이다. 예를 들어 특정한 것을 생각하면서 완전히 다른 것을 떠올리기, 서로 관계가 없는 사물들 간의 관련성 찾기, 사물의 속성별로 생각하기 그리고 발상 자체를 전환시켜 사고하기 등이 융통성을 기를 수 있는 기회들이라고 할 수 있다.

실제로 유아 주변의 사회·문화적 환경은 날마다 변화가 일어나고 있으며, 예측할 수 없는 사태에 언제나 대비하고 있어야 한다. 주제의 대부분은 이와 같이 불확실성과 변화가 내포되어 있는 일상의 문제들을 자원으로 하여 선정된다. 따라서 전형적인 교과서 위주의 초등학교 이상의 학교 급에서 그 교과서를 개정하기 전까지는 몇 년 동안 같은 단원을 다루어야 하는 것과는 달리, 유아교육기관에서는 매년 선정되는 주제가 다르다. 뿐만 아니라 같은 유아교육기관 내에서도 학급마다 유아들의 관심 방향, 문젯거리에 따라 생활 주제가 다를 수 있다. 융통성에는 변화(change)와 전환(transform)의 의미가 내포되어 있다. 변화는 새로움(novelty)을 좇아서 달라지는 곳이며, 전환은 또 다른 변화, 전환, 새로움, 방향으로 바꿔보는 것이다. 이러한 변화와 전환이 요구되는 대표적인 국면이 창의적 문제해결이라고 할 수 있다.

결론적으로 비슷한 내용은 같이 묶고, 앞에서 가르친 것과 연결될 내용을 그 다음에 이어서 가르치고, 쉬운 것에서 어려운 순으로 내용을 선택하는 것 등은 특별한 구성원리가 아니라 일반적이고 당연한 것들이다. 하지만 놀이중심의 교육이 이루어지는 유아교육현장에서 이를 소화해야 하는 것은 쉽지 않다. 주제

중심의 통합교육과정에는 계속성, 계열성, 통합성, 다양성, 융통성, 균형성의 원리를 매 주제에 맞게 조직하기는 쉽지 않기 때문에 유아교사는 전문적인 능력을 발휘해야 한다.

2. 통합적 운영

통합에 대한 관심은 통일성(unity) 또는 전체성(wholeness)에 대한 인식에서 비롯되었다(교육과정개정연구위원회, 1996). 교육에서 통합의 개념 역시 학문이나 경험 또는 학습 등 모든 것의 전체성에 관심을 두고 접근하려는 입장이다. 즉, 부분들을 전체에 관련시켜 결합시키는 과정이다. 이는 궁극적으로 학습자에게 일어나는 학습의 통합과, 나아가서는 학습자의 인격적 통합, 즉 전인적 발달을 목적으로 한다. 이러한 맥락에서 교육과정 통합을 정의하면 시간적·공간적으로 그리고 내용영역에서 각각 다른 학습 경험들이 상호 관련지어지고 의미 있게 모아져서 하나의 전체로서의 학습을 완성시키고, 나아가 인격성숙으로 이어지게 하는 과정 또는 결과(김재복, 1998)로 개념화할 수 있다.

통합적 접근은 유아의 학문적인 성취를 저해하지 않으면서도 다른 영역의 발달을 강화시키는 데 적절하였기 때문에 영유아교육과정 운영에 적합한 것으로 받아들여졌다. 유아교육에서의 통합은 유아들에게 더 의미 있는 교육과정을 만드는 데 있으며, 통합을 유아들의 학습에 하나 혹은 그 이상의 교과나 학문을 연결하여 그들이 탐색하고, 해석하고, 열중하는 경험을 하도록 주제 혹은 개념을 조직화하는 것이다(Bredekamp & Rosegrant, 1995). 유아교육과정의 통합은 지적·정서적·도덕적인 통합과 함께 교과 학문의 주요개념과 교육내용들 간의 유기적 연결이 포함된다(김숙자·고정리, 2005). 유아교육에서 통합교육은 전인적 발달을 꾀하기 위한 발달 영역 간 통합, 교과 영역을 분리하여 가르치지 않고 유아에게 흥미 있고 관심 있는 하나의 생활주제를 선정하여 여러 교과 영역을 넘나들면서 유아가 능동적으로 상호작용하고 협력하면서 폭넓은 경험과 문제해결력을 기르기 위한 교과목 및 내용의 통합, 환경 구성 및 여러 흥미 영역을 연결하는 공간의 통합이 포함된다(강미희, 2004). 결국 통합교육과정은 유아의 생활, 경험, 흥미뿐 아니라 다양한 학문을 지속적으로 연계시켜 나가는 것이며, 이러한 과정을 통하여 유아는 학습에 적극적이고 능동적으로 참여하게 되며 궁극적으로 전인적 발달을 이루게 될 것이다.

유아에게 통합교육과정을 적용하는 것이 다음의 측면에서 학습을 촉진시킨다(Bredekamp & Rosegrant, 1995).

첫째, 통합교육과정은 유아들의 경험을 보다 밀도 있게 만들어 유아들 스스로의 의미 구성에 기여한다. 의미 있는 통합교육에 참여할 때 학교와 가정에서의 경험이 연계성을 가질 수 있는 것이다.

둘째, 통합교육과정은 각 교과 영역 간의 연관성과 각 영역의 지식을 실생활과 관련짓는 능력을 향상시킬 수 있다. 교육과정 영역이 각각 분리되어 있으면 유아들은 개별 교과 영역이 보다 광범위한 지식의 차원으로 어떻게 연결되는지 알 수 없다.

셋째, 대부분의 교과 영역은 다른 영역들과 분리되어 학습되거나 응용될 수 없다. 예를 들어, 과학을 하려면 수학이 밀접하게 관련된다. 문학의 학습에는 역사 지식이 필요하다.

넷째, 통합교육과정은 교과가 바뀌는 전환의 횟수와 생소함을 최소화할 수 있다. 교과의 전환은 유아에게 어려운 상황이다. 전환은 시간 공백을 낳게 되며, 새로운 교과에 적응하는 데 어려움을 유발할 수 있다.

다섯째, 통합교육과정은 유아들이 학습해야 할 많은 정보를 의미 있는 개념으로 조직화할 수 있도록 돕는다.

여섯째, 유아들이 개별 교과 영역이 특정한 문제해결에 어떻게 도움을 주는지 알게 되면 특정 영역의 전문가가 된다는 것이 무엇을 의미하는지 보다 쉽게 알게 된다.

통합교육과정이 지니는 인간중심적인 가치에도 불구하고 이를 실현할 때 나타날 수 있는 문제점에 대한 우려도 있다. 통합교육과정이 구성·운영되는 과정에서 교육내용을 교육활동으로 전환하여 유아가 경험하도록 하는 데 관심이 집중되어 지식, 즉 교육내용보다는 방법에 치중하는 현상이 발생할 수 있다는 것이다(김희연·정선아, 2006). 이러한 우려는 듀이의 진보주의 이론에서 말하는 경험과 지식의 재구성에 대한 통찰이 유아교육과정에서 중시되어야 하며, 새롭게 해석되고 적용되어야 함을 시사한다. 그러나 지식에 대한 강조가 자칫 유아교사가 교과전문가가 되어야 한다거나 유아에게 맞지 않는 교과 지식에 대한 지나친 강조로 이어질 경우, 유아교육과정의 통합성과 초·중등교육과 차별되는 유아교육의 특성을 저해할 수 있음도 유념해야 한다.

제이콥스(Jacobs, 1989)는 통합교육과정을 구성한다는 의도 아래, 어떤 교육적 의도 없이 많은 내용이 서로 긴밀하게 연결되지 않은 채 그저 얽혀 있는 잡동사니(popourri) 교육과정이 되는 것을 피해야 한다고 경고하고 있다. 삶이 수많은 장면으로 이루어져 있다는 사실 하나만으로 수많은 과목(학문분야)을 동시에 이리저리 통합시킬 경우, 깊이 없는 단순한 사실만을 담을 수 있다는 것이다. 이러한 지적은 특히 교육과정 구성에서 교사의 자율성이 높고, 통합된 하루 일과의 구성을 지향하고 있는 유아교육과정에서 쉽게 빠질 수 있는 함정이 될 수 있다. 이렇듯 통합교육 과정은 신중하게 그 깊이와 계열을 고려하여 설계되지 않을 경우, 모순에 빠질 수 있다.

어떠한 유형의 통합을 선택하든 실행과정에서 대부분의 유아교육 프로그램에서 취하고 있는 일과 운영 방법은 통합된 일과이다. 인그램(Ingram, 1979)은 통합된 일과가 갖는 높은 가치에도 불구하고 경험이 없으며 미숙한 교사가 비구조화되고 비계획적인 교육과정을 운영하면서 이를 통합교육을 운영하는 것으로 여기거나, 또는 유아에게 자유를 부여한 것이라고 잘못된 판단을 하는 것을 경계해야 한다고 강조하였다. 통합된 일과에서도 교사의 치밀한 일과 계획과 그에 따른 준비 및 우발적 상황에 대한 준비, 그리고 일과 진행에 대한 기록이 이루어져야 통합교육과정이 그 가치를 실현할 수 있음을 강조한 것이다. 이렇게, 영유아에게 있어 통합교육과정은 충분히 가치가 높다.

3. 발달에 적합한 실제

학문적 성취와 테스트에 대한 압력에 대응하기 위한 움직임으로 미국 전국유아교육연합회(National Association for the Education of Young Children, NAEYC)에서는 『출생에서 8세까지 발달에 적합한 유아교육 프로그램의 실제』를 출간하였으며, 또한 유아교육 프로그램의 질을 평가하기 위해 각 기관을 평가하고 인준해 주는 '인준기준 및 과정'도 개발되었는데 이것도 발달에 적합한 교육의 내용과 운영에 그 근거를 두고 있다.

유아교육현장에서 '발달에 적합한 실제(Developmentally Appropriate Practices, DAP)'라는 것은 연령과 개인적인 적절성을 말한다. 즉, 발달적으로 적절하다는 것은 두 가지 기본 가정이 있다. 첫째, 유아는 나이 많은 아동이나 성인보다는 신체적·정서적·사회적 학습욕구가 좀 다르다는 것이다. 둘째는 개개인의 차이점이 실제 지도하는 데 고려되어야 한다는 것이다. 똑같은 연령의 유아라 하더라도 발달 속도, 관심, 능력, 기질과 경험에 있어 상당히 다양하다. 결국 유아교육에서 학문적 성취도에 대한 강조와 부모가 일찍부터 유아에게 형식적인 3R's 교육을 시켜야 한다는 요구가 증대되면서 유아교육자들은 이와 같이 발달적 측면에 기초하여 현장 교수방법을 주장해야 할 필요성을 느끼기 시작한 것이다.

'발달에 적합한 실제'에 대한 지지가 행정적·재정적·법적 차원에서 이루어지고 있다. 미국의 많은 주와 교육위원회에서는 유아교육 프로그램에서 NAEYC의 '발달에 적합한 실제'를 교육과정 운영에 필수적인 것으로 간주하고 있다. '발달에 적합한 실제'는 현대 유아교육과정에 있어, 유아교육프로그램을 판단하는 기준으로서 널리 활용되고 있는 기준이며, 또한 교육목표, 내용, 방법에 대하여 재검토하게 하는 좋은 기준을 제시해 준다.

Ⅱ. 영유아교육과정 구성의 기본 요소

교육과정을 구성하는 기본요소로 교육목표, 교육내용, 교수-학습방법, 교육평가의 네 요소를 들 수 있다. 타일러는 유아교육과정의 요소로 다음의 네 단계를 강조한다. 첫째, 학교에서 달성하고자 하는 교육목표는 무엇인가? 둘째, 이러한 목표를 달성하기 위하여 어떤 교육적 경험이 제공되어야 하는가? 셋째, 이런 교육적 경험들을 효과적으로 조직하는 방법은 무엇인가? 넷째, 이러한 목표들이 달성되었는지의 여부를 어떻게 평가할 수 있는가? 교육과정에서 유아가 학습해야 하는 것(교육목표)과 학습을 위해 어떤 교육활동을 선택하고(교육내용), 그 교육활동을 전개해 나가는 방법(교수-학습방법), 교육활동이 끝난 뒤 목표로 했던 것이 달성되었는지 평가해 보는 것(교육평가)은 분리된 각각의 요소이면서 서로 유기적인 관계를 맺고 있다고 할 수 있다. 더불어 본 절에서는 2019 개정 누리과정 해설서(교육부·보건복지부, 2019)의 교육목적 및 목표, 교수학습방법, 평가를 담고자 한다.

1. 교육목표의 설정

교육과정을 구성할 때 가장 먼저 생각해야 되는 것이 교육목표의 설정이다. 목표를 설정할 때는 어떤 준거에 따라야 하며 교육기관의 철학, 유아의 학습이론, 사회와 문화가 욕하는 것 등을 고려해야 한다.

1) 교육목표의 설정

교육과정 구성에서 가장 먼저 고려해야 하는 것이 목표설정이다. 목표설정은 철학, 학습이론, 사회와 문화 등에 기초해서 이루어진다. 또한 학습자인 유아가 어떻게 학습하는지에 대한 이론과 유아의 발달 특성에 관한 지식도 교육목표를 설정하는 데 영향을 주며, 유아가 살고 있는 사회와 문화에서 요구하는 것들도 교육목표를 설정하는 데 반영된다.

일반적으로 교육목표를 설정하는 데 있어서는 다음과 같은 점을 고려하는 것이 바람직하다.

- 유아, 교사, 부모의 특성 및 상황과 유치원과 지역의 실태를 조사하고, 전년도 교육과정 운영 평가 등을 반영하여 목표를 설정해야 한다.
- 유아교육을 통해 성취되어야 할 국가 수준의 누리과정과 표준보육과정의 교육목표와 긴밀하게 연계되어야 한다.
- 유아의 인지적·신체적·정의적 목표가 균형 있게 포함되도록 한다.
- 교사가 무엇을 가르쳐야 하고, 유아가 무엇을 배워야 하며, 또 교육이 얼마나 효과가 있고, 초기에 설정한 목표를 어느 만큼이나 성취해 나가고 있는지를 알 수 있도록 구체적이고 명확하게 목표를 진술해야 한다.

목표설정을 위한 기준을 살펴보면 다음과 같다(김경철 외, 2002).

첫째, 교육목표는 올바르고 분명한 철학적 바탕 위에 수립되어야 한다.

둘째, 교육목표는 시대적·사회적·문화적 요구를 잘 반영하는 것이어야 한다.

셋째, 교육목표는 무엇보다도 학습자인 유아의 내재적 능력과 요구에 기초한 것으로서 학습자의 발달 수준에 맞는 것이어야 한다.

넷째, 설정된 교육목표들 사이에는 철학적·논리적 일관성이 있어야 한다.

다섯째, 교육목표는 실현가능성이 있어야 한다.

여섯째, 목표의 설정은 교사들의 협동적인 집단사고과정을 통하여 설정되어야 한다.

일곱째, 설정된 목표는 고정불변의 것이 아니고 항상 평가되어 변경될 수 있는 것으로서 꾸준히 개선되어 새롭게 설정되어야 한다.

2) 교육목표의 진술

교육목표는 실제로 학습의 방향을 설정해 주는 것으로, 활동이 유아의 전인적인 발달을 위해 지식, 기술, 태도 등의 목표 달성이 이루어지도록 진술한다. 유아가 성취해야 할 행동이 이루어졌는지 평가할 수 있는 목표진술의 원칙을 정리하면 다음과 같다(문미옥, 2009; 방인옥 외, 2014; 이현옥, 2008).

첫째, 장기목표는 좀 더 추상적이고 보편적 진술을 하고 단기목표는 구체적인 목표진술을 한다.

둘째, 주제, 소주제 등의 활동목표는 지향하는 바가 무엇인지 나타내는 지향점 행동목표로 진술한다. 지향점은 추상적이고 포괄적일 수 있다.

셋째, 단위활동목표는 행동적 목표와 표현적 목표로 진술한다. 행동적 목표는 학습활동의 결과로 얻어진 특수한 행동(기술, 지식)을 명확하게 진술한 목표이다. 행동적 목표는 조건, 준거, 도달점 행동과 같은 요소들로 구성된 문장으로 진술해야 한다. 예를 들면, '~를 배열할 수 있다', '~를 할 수 있다', '~를 말할 수 있다' 등이다.

표현적 목표는 수업에서 학습자에게 기대하는 성취목표나 교수목표를 구체적이고, 관찰 가능한 명시적·표현적 행동(overt bchavior)으로 기술한다. 표현적 목표는 상황, 문제, 과제와 같은 요소들로 구성된 문장으로 진술해야 하며, 교육내용이나 뜻을 분명하게 드러내 보여야 한다. 예를 들면, '~를 설명한다', '~를 기술한다', '~사이좋게 지낸다', '~자발적으로 참여한다', '~규칙을 지킨다' 등이다.

넷째, 교육목표는 과정중심어로 진술한다. 유아교육은 지식과 기능을 성취하는 것에 목표를 두기보다는 과정을 경험함으로써 지식과 기능을 이루는 데 더 중점을 두어야 한다. 따라서 '다른 사람의 말을 이해하고, 자기 생각의 말로 표현할 수 있는 기능을 가지게 한다'라는 목표진술보다는 '생각과 느낌을 창의적으로 표현하는 경험을 가진다'라는 과정중심어로 목표진술하는 것이 바람직하다.

3) 누리과정의 목적과 목표

목적은 각 학교 급에서 학습자의 특성을 고려하여 지향하는 교육목적을 제시한 것이다. 누리과정의 목적에서는 유아기의 특성을 반영하여 누리과정이 지향해야 하는 바를 제시하였다. 누리과정의 목적 아래 제시된 목표는 유아가 추구하는 인간상으로 성장하기 위해 필요한 사항을 중심으로 구성하였다(교육부·보건복지부, 2019).

누리과정의 목적은 유아가 놀이를 통해 심신의 건강과 조화로운 발달을 이루고 바른 인성과 민주 시민의 기초를 형성하는 데에 있다.

이를 실현하기 위한 목표는 다음과 같다.

가. 자신의 소중함을 알고, 건강하고 안전한 생활 습관을 기른다.
나. 자신의 일을 스스로 해결하는 기초능력을 기른다.
다. 호기심과 탐구심을 가지고 상상력과 창의력을 기른다.
라. 일상에서 아름다움을 느끼고 문화적 감수성을 기른다.
마. 사람과 자연을 존중하고 배려하며 소통하는 태도를 기른다.

누리과정의 목적에서는 '놀이를 통해'라는 표현을 제시하여 유아기의 고유한 특성을 강조하였다. 또한 전통적으로 유아교육에서 강조해 온 '심신의 건강', '조화로운 발달'과 '민주 시민'의 가치를 반영하였다. 인성의 중요성이 사회 전반에 걸쳐 강조되고 있다는 점을 반영하여 이번 개정 누리과정의 목적에 '바른 인성'을 추가하였다. 누리과정의 다섯 가지 목표에서는 추구하는 인간상의 구체적인 내용을 설명하고 있다. 이와 같이 누리과정이 추구하는 인간상, 목적, 목표는 체계적으로 연계되어 있다.

(1) 자신의 소중함을 알고, 건강하고 안전한 생활 습관을 기른다

개정 누리과정은 유아가 자신의 소중함을 알고, 건강하고 안전하게 생활할 수 있도록 돕는 것을 목표로 한다. 유아는 놀이를 통해 몸을 마음껏 움직이며 자신의 감정과 욕구에 귀를 기울여 조절하는 경험을 한다. 또한 유아에게는 일상에서 환경의 변화에 적응하는 데 필요한 건강하고 안전한 생활을 지속적으로 경험하는 것이 중요하다. 유치원과 어린이집은 유아가 자신의 몸과 마음에 대한 긍정적인 생각을 키워, 자신을 소중히 여기는 사람으로 성장하도록 도와야 한다. 또한 유아가 자신의 신체 리듬에 맞게 생활하고, 위험한 상황에 대처하는 방법들을 배울 수 있도록 지원해야 한다. 누리과정을 통해 유아는 자신의 소중함을 알게 되고, 건강하고 안전한 생활 습관을 기르는 경험을 하며 건강한 사람으로 성장해 나간다.

(2) 자신의 일을 스스로 해결하는 기초능력을 기른다

개정 누리과정은 유아가 자신의 생각과 능력을 알고, 자신감을 바탕으로 자신의 일을 스스로 결정하고 해결하기 위해 필요한 기초능력을 기르도록 돕는 것을 목표로 한다. 유아는 자신이 하고 싶은 놀이에 적극적으로 참여하고 다양한 시도를 통해 자신이 좋아하고 잘할 수 있는 일에 대해 알아 가며, 자신이 가진 여러 가지 능력을 확장하는 경험이 필요하다. 유치원과 어린이집은 유아가 자신을 이해하고 소중히 여기며 자신의 일을 주도적이고 자율적으로 해결해 나가는 사람으로 성장하도록 도와야 한다. 또한 유아가 다른 사람과 함께 생활하는 동안 자신의 생각을 자신 있게 표현하며, 주어진 일에 책임감을 가지고 해결해 나갈 수 있도록 지원해야 한다. 누리과정을 통해 유아는 자신의 일을 스스로 해결하는 기초능력을 길러 자주적인 사람으로 성장해 나간다.

(3) 호기심과 탐구심을 가지고 상상력과 창의력을 기른다

개정 누리과정은 유아가 주변 세계에 대해 호기심을 가지고 탐구하는 과정을 통해 풍부한 상상력과 창의력을 기를 수 있도록 돕는 것을 목표로 한다. 놀이를 통해 유아는 한 번도 해 보지 않은 독특한 상상을 하고 누구도 생각하지 못한 새로운 생각을 만들어 낸다. 유치원과 어린이집은 유아가 주변 세계에 대한 호기심을 가지고 자유롭게 상상하며, 융통성 있는 발상의 전환을 지원한다. 또한 새로운 일에 대한 열린 태도와 도전 정신을 가지고 미래에 필요한 독창적인 능력을 키울 수 있도록 도와야 한다. 누리과정을 통해 유아는 호기심과 탐구심을 가지고 상상력과 창의력을 길러 창의적인 사람으로 성장해 나간다.

(4) 일상에서 아름다움을 느끼고 문화적 감수성을 기른다

개정 누리과정은 유아가 자연과 문화에 대한 감수성을 바탕으로, 일상 속에서 아름다움을 느끼고 즐기는 마음을 가지도록 돕는 것을 목표로 한다. 유아는 자신이 느낀 아름다움과 경이로움, 시적인 감수성을 예술적으로 표현하는 과정을 즐기며, 자연과 문화에 대해 열린 마음을 가지고 향유하는 경험이 필요하다. 유치원과 어린이집은 유아가 놀이를 통하여 문화적 공감 능력과 심미적 감수성을 키워 갈 수 있도록 도와야 한다. 누리과정을 통해 유아는 일상에서 아름다움을 느끼고 문화적 감수성이 풍부한 사람으로 성장해 나간다.

(5) 사람과 자연을 존중하고 배려하며 소통하는 태도를 기른다

개정 누리과정은 유아가 자연을 사랑하고 다른 사람을 존중하고 배려하며 서로 소통할 수 있는 태도를 기르도록 돕는 것을 목표로 한다. 유아는 가족과 친구, 이웃과 관계를 맺고 필요할 때 도움을 주고받으며 살아간다. 또한 유아는 자신과 생각이 다른 사람들과 갈등을 겪을 수도 있으나 이를 원만하게 해결해 보는 경험도 필요하다. 유치원과 어린이집은 유아가 놀이를 통하여 자연을 소중히 여기고 다른 사람과 협력하며 소통하는 방법을 경험할 수 있는 기회를 제공하여, 공동체 의식과 민주 시민의 역량을 키워 갈 수 있도록 도와야 한다. 누리과정을 통해 유아는 사람과 자연을 존중하고 배려하며 소통하는 태도를 길러 더불어 사는 사람으로 성장해 나간다.

2. 교육내용 선정 및 조직

1) 교육내용의 선정

설정된 교육목표에 달성할 수 있도록 하는 것이 교육내용의 선정이므로, 교육목표는 학습내용의 선정과 밀접한 연관성이 있다. 교육내용은 학습자에게 필요한 구체적인 활동을 선정하는 것이 중요하므로 유아발달 수준에 적합하고 균형 있게 구성하여 전반적인 발달을 돕도록 해야 한다. 그러므로 교육내용 선정은 유아가 사회구성원으로 성장하며 사회생활을 하는 데 필요한 지식, 기술, 태도 등을 포함해야 한다. 유아가 속한 교육기관에서 추구하는 목적과 목표에 따라 지적 능력을 강조하거나 인성과 창의력에 강조를 둔다면 강조하는 방향에 따라 교육내용이나 유형은 달라질 수 있다. 이처럼 어디에 가치를 두느냐에 따라 입장이 다양할 수 있으나 교육과정에서 많이 다루어지고 있는 슈바르츠와 로빈슨(Schwartz & Robinson, 1982)의 교육내용 여섯 가지 유형을 정리하면 다음과 같다(이선애 외, 2016 재인용).

(1) 사실축적 중심의 교육내용

유아가 살아가면서 경험하고 관찰하며 얻은 구체적인 사실들을 교육내용으로 선정하는 경우이다.

예 색깔: 노란색, 빨간색, 파란색, 검은색 등
동물: 코끼리, 사자, 호랑이, 토끼 등
무게: 가볍다, 무겁다 등
악기: 피아노, 탬버린, 우쿨렐레 등
역사적 사실: 명절, 국가 공휴일 등

(2) 기술축적 중심의 교육내용

인지적 학습에 필요한 학문적 기술, 일상적 기술, 신체운동기술(대·소근육 기능강화)을 교육내용으로 삼는 경우이다.

| 표 4-1 | 기술축적 중심의 교육내용 예시

기술축적 중심의 교육내용 예	
학문적 기술	읽기, 쓰기, 셈하기 등
일상적 기술	지퍼 올리기, 옷 입기, 머리 빗기, 신발 신기, 스스로 밥 먹기, 손 씻기, 화장실 가기
신체운동 기술	소근육 강화: 가위 사용, 구슬 끼우기, 연필 사용 대근육 강화: 도구를 사용한 신체활동(줄넘기, 스카프 등)

(3) 교과중심의 교육내용

교과는 국어, 수학, 사회, 과학, 미술, 체육, 음악 등과 같은 과목을 의미한다. 유아교육에서 교과는 유아사회교육, 유아언어교육, 유아수학교육, 유아과학교육, 유아음악교육, 유아미술교육 등의 내용을 구성하는 것을 의미한다.

(4) 개념중심의 교육내용

각 학문영역에서 강조하고 있는 핵심적 개념을 중심으로 교육내용을 구성한다. 예를 들어, 사회교과의 기본개념으로는 가족구성원의 역할, 지역사회구성원의 역할, 환경보호, 자원보호 및 활용, 경제개념 등이 있고, 수학개념에서는 수 개념, 공간개념, 시간개념 등의 예를 들 수 있다.

(5) 주제중심의 교육내용

주제를 중심으로 주제 안의 많은 교과 영역이나 흥미 영역의 활동을 통합적으로 지도할 수 있도록 구성하는 것이다. 오늘날 유아교육기관에서 가장 보편적으로 사용되고 있는 유형이다. 예를 들어, '식물'이라는 주제를 선정하면 식물원 현장체험, 식물과 관련된 경험 이야기, 텃밭 가꾸기, 식물도감 책 보기, 식물 관련 언어, 과학, 수학, 미술, 음악 등 다양한 활동을 할 수 있다.

(6) 통합적 접근 중심의 교육내용

우연히 '발생되는 것'이 수업내용이 되며 지식보다 기본 능력이나 태도, 행동 등에 가치를 두는 비구조화, 비형식화된 수업으로 구성한다. 학습자의 우연한 흥미나 문제를 즉흥적으로 수업에 반영하므로 거부감 없이 즐겁게 수업에 참여할 수 있다.

2) 교육내용의 조직

교육내용 조직은 교육목표를 성취할 수 있도록 돕고, 유아의 학습성취가 최대로 이루어질 수 있도록 하는 것이다. 교육내용을 체계적, 효율적으로 조직하기 위한 원칙은 반복성, 계열성, 통합성이다.

(1) 반복성

교육내용에서 제시하는 지식이나 기술을 습득하기 위해서 교육내용이나 주제를 자주 반복해서 제공한다면 새로운 지식과 기술에 익숙해질 수 있다. 반복성은 하나의 교육내용이 연령이 높아지면서 동일한 수준에서 반복, 조직되는 것이다.

(2) 계열성

계열성은 교육내용을 나선형으로 계열화시켜 반복해서 제시하도록 조직하는 방법이다. 연령이 높아지면서 내용의 단순 반복 차원을 넘어서 점차 그 내용의 깊이와 넓이가 더해 가도록 조직한다. 계열성은 주제에 대한 내용에 접근할 때 '단순한 내용에서 복잡한 내용으로', '친숙한 내용에서 친숙하지 않는 내용으로', '부분에서 전체적인 내용으로', '구체적인 사실에서 추상적인 개념으로', '현재에서 과거로 또는 과거에서 현재로' 등으로 다룬다면 유아들이 주제에 대한 개념을 이해하기 쉽다(이성호, 2004).

(3) 통합성

통합성은 활동의 각 내용들을 서로 연결하고 통합하는 것이다. 즉, 다양한 영역의 내용, 개념 등을 통합된 전체 경험으로 제공할 수 있는 것으로 활동 간에 통합을 이룰 때 유아는 지식을 더 잘 습득하게 된다. 예를 들어, '나와 가족' 주제에서 '나'에 대한 개념을 다룰 때 이야기 나누기뿐만 아니라 미술, 과학, 언어 등 각 교과활동에서 통합적으로 이루어진다면 유아는 '나'에 대한 개념이 서로 연결되어 학습효과가 커진다.

3. 교수-학습방법

교수-학습방법은 선정된 교육내용을 가장 효과적으로 전달할 수 있는 방법을 계획하는 것이다. 이에 교수-학습 원리를 알아보고 교수방법을 살펴보고자 한다.

1) 교수-학습 원리

선정된 교육내용을 유아들에게 '어떻게 가르치는가' 하는 것이 교수-학습이다. 교수-학습의 원리는 다음과 같다(이정환·김희진, 2007; 이현옥, 2008; 방인옥 외, 2014).

(1) 놀이중심의 원리

유아는 놀이중심일 때 학습효과가 가장 크다. 이는 유아 자신이 스스로 관심 있는 활동에 대해 탐색하고 참여하게 될 때 흥미를 가지고 지속성을 가지게 되기 때문이다.

유아에게 놀이활동의 활동이 이루어지도록 하기 위해서는 다음과 같은 지도가 필요하다.

- 놀이중심활동의 계획과 참여에 자발적으로 참여하도록 한다.
- 놀이중심활동은 실내, 실외 자유선택활동에서 이루어질 수 있다. 실내, 실외 각 놀이 영역에서 유아 자신이 원하는 영역을 선택하고 놀이를 확장해 나가도록 한다.

(2) 개별화의 원리

같은 연령이라도 타고난 성향, 기질, 성격, 흥미와 욕구, 발달수준, 사전경험 등이 모두 다르다. 한 학급에 편성되었어도 개인차가 있기 때문에 개별적인 능력을 고려한 교수계획을 마련하는 것이 필요하다. 유아교육기관의 많은 유아를 대상으로 하는 교육에 있어서 개별화는 결코 쉬운 교수-학습방법은 아니지만 다양한 유아의 개인차를 고려하여 지도한다면 개인의 능력을 최대한 발휘시킬 수 있다. 예를 들어, 교재·교구를 제시할 때 개인차를 고려하여 쉬운 것, 중간 것, 어려운 것으로 활동수준을 다양하게 제공하는 방법이 있다. 또한 하루 일과 중 개별화 교육이 가능한 시간대는 자유선택 활동시간이며 이 시간에 개별적으로 상호작용할 수 있다.

(3) 탐구학습의 원리

유아는 실생활을 통해 호기심을 가지며 탐색해 나가므로 학습에 대한 동기유발을 가지게 된다. 유아의 동기유발을 탐구학습으로 연결시키기 위해서는 다양한 환경과 경험의 기회를 제공해 주는 것이 필요하다. 탐구학습을 높이기 위해서는 다양한 환경구성, 실외 환경에서의 자연현상 등을 경험할 수 있는 기회를 주어야 한다.

(4) 생활중심의 원리

유아는 일상생활에서 구체적인 사물을 직접 다룸으로써 사물에 대한 개념을 습득할 수 있다. 따라서 유아가 생활하는 주변에 구체물, 반구체물, 추상적인 사물을 접할 수 있는 환경을 준비하는 것이 필요하다. 생활중심의 수업을 효과적으로 하기 위해서는 유아의 생활 주변에서 일어나는 일이나 체험, 기본생활 습관, 반복되는 일과를 통해 교육적으로 흥미롭게 재조명하여 유아에게 흥미를 유발시킨다.

(5) 통합의 원리

한 가지 방법이나 자료에 국한하지 않고 다양한 방법을 활용하는 원리이다. 즉, 교육과정의 영역, 활동 간의 통합, 발달 영역의 전반적인 영역을 통합하는 것이다.

첫째, 교육과정영역 간의 통합이 이루어지도록 운영한다. 예를 들어, 자연탐구영역에서 실험함으로써 탐구심을 기르고 또래와 상호작용함으로써 사회적 관계를 증진시켜 나갈 수 있다.

둘째, 활동 간의 통합이 이루어지도록 운영한다. 예를 들어, 신체의 기능을 학습하기 위해 신체를 움직이는 동작활동, 신체이름이 있는 노래 부르기, 손바닥 찍기와 같은 미술활동, 신체부분을 이용한 게임 등의 활동을 전개한다. 이 활동은 다음에 전개되는 주제와 자연스럽게 연계되도록 계획한다.

2) 교수방법

유아는 교수방법에 따라 학습을 즐거워하고 지식을 내면화시킬 수 있다. 유아에게 효과적인 학습을 가능하게 해 주는 구체적인 교수방법은 교수방법의 적절성에 대해 교사가 스스로 평가하는 것이 필요하다. 교수방법에 대한 적절성에 대한 측면으로 고려해야 점에는 효과성, 효율성, 흥미성, 윤리성이 있다.

- 효과성: 목표에 따른 학습이 일어났는지에 대한 것이다.
- 효율성: 목표 달성이 되었는지 확인하는 과정으로 학습시간, 비용, 기억전이, 다른 지식이나 기술에 일반화 가능성에 대한 것이다.
- 흥미성: 교사와 학습자가 학습과정을 흥미롭고 좋아했는지에 대한 것이다.
- 윤리성: 교육방법의 수행과 실천이 도덕적으로 문제가 없는지에 대한 것이다.

교수·학습은 유아가 즐겁게 놀이하며 스스로 배울 수 있도록 교사가 지원할 때 고려해야 할 사항이다. 다음은 2019 개정 누리과정 해설서(교육부·보건복지부, 2019)에서 제시하고 있는 내용이다. 유아중심 및 놀이중심을 추구하는 개정 누리과정에서는 교사를 유아의 놀이 지원자로 제안하고 있다. 교사는 놀이의 특성, 의미, 가치를 이해하여 유아가 즐겁게 놀이하면서 배우는 경험을 지원할 수 있다. 교사는 적절하게 환경을 구성하고, 유아와 바람직한 상호작용을 하여 유아가 놀이에 몰입하고 놀이를 확장하도록 돕는 역할을 한다.

(1) 유아가 흥미와 관심에 따라 놀이에 자유롭게 참여하고 즐기도록 한다

2019 개정 누리과정(교육부·보건복지부, 2019)에서는 유아가 자신의 흥미와 관심에 따라 자유롭게 참여하고 주도하는 놀이를 강조한다. 유아가 주도하는 놀이는 유아가 자신만의 방식으로 자유롭게 이끌어 가며 놀이하는 것을 의미한다. 교사는 놀이에 대한 이해를 바탕으로 유아가 주도하는 놀이를 지원할 수 있어야 한다. 유아는 놀이하며 자신의 유능함을 드러내고 즐겁게 배우며 성장한다. 일상에서 자연스럽게 자연, 사물, 사람 등을 만나며 세상과 교감하는 방식은 놀이를 통해 깊어진다. 유아에게 놀이는 앎이자 삶의 방식이다. 유아는 놀이를 통해 자신이 경험한 세상을 재구성하며 세상에 대한 이해를 넓혀 나간다. 유아가 주도하는 놀이는 성인의 간섭과 통제가 최소화되고 유아가 다양한 놀이 환경과 만날 때 활발하게 나타난다. 따라서 실내의 제한된 흥미 영역에서 교사가 미리 준비한 놀이를 선택하게 하는 방식보다는 유아가 자유롭게 놀이하며 즐기는 방식으로 바꾸어 갈 필요가 있다. 교사는 유아가 주도하는 놀이에 내재된 의미와 가치를 파악하고 그것을 이해하는 과정에서 유아에게 무엇을 지원해 줄 수 있을지를 발견할 수 있다. 교사는 놀이 상황과 맥락에 따라 새롭게 생성되는 유아의 놀이를 존중하고 이해하면서 유아가 필요로 하는 놀이자료, 놀이 공간, 놀이 규칙과 안전 등을 고려하여 필요한 지원을 할 수 있다.

(2) 유아가 놀이를 통해 배우도록 한다

개정 누리과정은 놀이를 통한 유아의 배움을 강조하고 있다. 유아는 어디서나 자유롭게 놀이하며 배울 수 있지만, 특히 교육과정으로서 누리과정을 운영하는 유치원과 어린이집에서 이루어지는 유아의 놀이는 교사의 지원을 통해 더욱 유의미한 배움이 될 수 있다. 교사는 다양한 방식으로 유아가 놀이를 통해 배우고 성장할 수 있도록 돕고 지원하는 역할을 해야 한다.

① 놀이를 통한 배움의 이해

유아는 놀이하면서 자연스럽게 세상과 교감하며 성장해 간다. 놀이는 시작과 끝이 정해져 있는 것이 아니라 이어지고 끊어지며 새롭게 생성되어 가는 연속적 과정이며 이는 곧 배움의 과정과 같다. 교사는 유아의 놀이를 배움의 과정으로 이해하고 유아의 놀이를 지원해야 한다. 개정 누리과정에서는 유아가 놀이를 통해 경험하는 배움을 5개 영역과 연결 지어 이해할 수 있도록 안내하고 있다. 개정 누리과정의 5개 영역, 59개의 내용은 3~5세 유아가 유치원과 어린이집에서 경험해야 할 의미 있고 가치 있는 배움의 내용으로 구성되어 있다. 이는 교사가 가르쳐야 할 내용이 아닌 유아가 즐겁게 놀이하면서 배우는 내용이다. 교사는 유아의 놀이에서 나타나는 통합적 경험을 59개의 내용과 연결해 보면서 유아의 놀이를 통한 배움을 이해할 수 있다.

② 놀이와 연계한 활동을 통한 유아의 배움 지원

교사는 일상생활과 활동에도 유아의 흥미와 관심을 반영하여 유아가 즐겁게 경험하며 배우도록 지원할 수 있다. 교사가 활동을 운영할 때 유아가 주도하는 놀이의 내용과 연계하여 유아가 즐겁게 배울 수 있도록 지원하는 것이 중요하다. 예를 들어, 현재 유아가 하고 있는 놀이에 부합하면서 유아의 흥미나 관심과 관련된 동화 듣기, 노래 부르기, 요리하기, 게임 등을 제안하여 즐겁게 놀이하는 방식으로 활동을 할 수 있다. 또한 유아가 자신이 하고 있는 놀이를 친구들에게 소개하기, 놀이 규칙 정하기, 특정 관심사에 대해 함께 알아보기 등 상황에 따라 이야기를 나누는 것도 가능하다. 만일 교사가 유아의 놀이를 지원하기 위해 다양한 활동을 계획했더라도 이는 유아의 관심과 흥미에 따라 얼마든지 수정할 수 있다. 유아의 흥미나 관심 등을 고려하지 않고 미리 정해진 생활주제에 따라 활동을 진행하기보다는 유아가 주도해 가는 놀이와 연계하여 활동을 진행하는 것이 바람직하다. 교사는 유아의 건강과 안전을 위해 필수적으로 요구되는 일상생활 습관 지도나 안전 교육을 계획하여 운영할 수 있다. 유치원과 어린이집에서는 유아가 놀이 안전과 생활 안전을 지키고, 위험한 일이 발생하였을 때 도움을 받아 대처할 수 있는 능력을 기를 수 있도록 안전 교육을 실시해야 한다. 안전 교육이 필요한 항목으로는 화재안전, 교통안전, 약물안전, 유괴에 대처하는 방법 등이 있으며, 이는 안전 교육 관련 법령 및 지침 등에서 제안하는 내용을 바탕으로 유아들이 이해하기 쉬운 방식으로 지도한다.

③ 자율성을 바탕으로 유아의 놀이 배움 지원

유아·놀이중심 교육과정에서는 유아가 놀이에서 경험하는 배움을 지원하기 위해 교사의 자율성을 강조한다. 유아는 자신에게 가장 적합한 방식으로 놀이하기 때문에 유아의 놀이는 예측하기 어렵다. 교사는 유아의 특성, 안전, 놀이 환경, 자료, 날씨, 기관의 상황 등을 고려하여 놀이를 지원해야 한다. 교사는 유아가 놀이하며 배울 수 있도록 상황에 따라 필요한 교육적 판단을 자율적으로 할 수 있어야 한다. 예를 들어, 교사는 유아의 놀이가 자신이 계획한 주제나 활동과 다르게 이루어지더라도 유아의 놀이를 존중하여 계획된 활동을 변경할 수 있다. 교사가 유아의 놀이를 존중한다는 것은 유아의 놀이를 바라만 보거나 방관하는 것이 아니라, 유아의 배움에 필요한 지원 내용을 생각하고, 준비하고, 지원하는 과정을 모두 포함한다. 예를 들어 교사는 유아가 놀이하며 경험한 내용을 관찰하고, 놀이에서 나타나는 배움에 주목하여 이를 기록할 수 있다. 이러한 기록은 유아의 놀이 지원을 위한 교사의 자율적 판단의 근거가 된다. 교사는 계획안을 활용하여 유아가 실제 놀이한 내용을 적합한 방식으로 기록하고, 그에 따른 교사의 지원 내용도 함께 작성할 수 있다. 계획안은 유아가 놀이하며 배우는 과정을 이해하는 자료가 되며, 이를 작성하면서 유아에게 필요한 놀이 지원도 함께 계획할 수 있다.

(3) 유아가 다양한 놀이와 활동을 경험할 수 있도록 실내·외 환경을 구성한다

개정 누리과정에서 놀이 환경은 유아가 놀이하는 실내·외 모든 공간과 놀이자료를 포함한다. 유아가 보고 듣고 만지며 자유롭게 표현할 수 있는 놀이 환경은 놀이가 다양하게 이루어지도록 하는 중요한 교육적 자원이다. 따라서 교사는 다양한 실내·외 놀이 환경과 풍부한 놀이자료를 제공하여 유아의 놀이가 활성화되도록 돕는다.

① 다양하고 안전한 실내·외 놀이 공간 구성

교실을 포함한 유치원과 어린이집의 실내 공간은 유아에게 가장 친숙한 놀이 환경이다. 교사는 놀이 공간을 구성하고 변형해 나가며 유아의 자유로운 놀이를 지원할 수 있다. 교실의 흥미 영역은 유아들이 가장 좋아하는 놀이를 중심으로 구성하는 것이 좋으며, 유아들이 흥미를 보이지 않는 영역은 다른 영역과 통합하여 재구성하거나 다른 영역으로 대체하는 것도 가능하다. 또한 유아의 관심과 흥미, 요구에 따라 새로운 영역을 구성할 수 있으며, 이때 유아가 주도적으로 놀이 영역을 창조할 수 있도록 지원해야 한다. 교실 밖의 복도나 계단, 구석진 공간 등 유아가 놀이할 수 있는 실내 공간은 먼저 안전에 문제가 없는지 파악한 후에 놀이 공간으로 구성할 수 있다.

실외 공간은 유아가 마음껏 뛰어놀며, 자연과 계절의 변화를 만나고 탐색할 수 있는 놀이 환경이다. 교사는 유아가 몸을 충분히 움직여 즐겁게 놀이하고 위험으로부터 자신을 안전하게 보호하는 능력을 기를 수 있도록 지원해야 한다.

이처럼 실외 놀이 환경은 유아가 안전하게 놀이할 수 있는 공간과 자료로 구성해야 한다. 또한 유아들이 활발한 신체 움직임을 바탕으로 모험과 도전을 하면서 궁금한 것을 찾아 자유롭게 탐색하는 놀이를 다양하게 경험할 수 있는 놀이 환경을 구성한다. 실외 자투리 공간, 텃밭, 통로, 작은 마당 등은 공간의 특성과 안전을 고려하여 놀이 환경으로 구성하며, 유치원과 어린이집의 상황에 따라 인근 공원과 놀이터도 등도 놀이 공간으로 활용할 수 있다.

② 풍부한 놀이자료 제공

놀이자료는 유아가 놀이에 사용할 수 있는 놀잇감, 매체, 재료와 도구 등을 포함한다. 유아에게 놀이자료는 자신의 감정과 생각, 상상 등을 자유롭게 표현하는 수단이자 세상에 대한 이해를 넓혀 나가는 데 중요한 역할을 하는 매개물이다. 교사는 유아에게 일상의 평범한 사물, 자연물, 악기, 미술 재료, 그림책, 재활용품 등을 적절히 제공할 수 있으며 계절이나 행사, 국경일과 관련된 자료는 시기에 맞게 제공할 필요가 있다. 또한 비구조적인 열린 자료를 풍부하게 제공하여 유아가 자신만의 방식으로 활용할 수 있도록 지원하며 유아가 찾아낸 새로운 놀이자료나 창의적인 놀이 방식을 인정하고 존중해야 한다. 놀이자료를 제공할 때는 유아가 자유롭게 탐색할 수 있도록 자료의 사용 방법이나 놀이 방식을 지나치게 제한하지 않도록 유의한다.

(4) 유아와 유아, 유아와 교사, 유아와 환경 간에 능동적인 상호작용이 이루어지도록 한다

유치원과 어린이집에서 유아는 또래, 교사 및 자신을 둘러싼 환경 등과 관계를 맺으며 성장한다. 또한 유아는 놀이에서 또래 친구와 교사, 자연 환경 등과 적극적으로 상호작용하면서 세상을 이해하고 배움을 이루어 간다. 교사는 유아가 놀이에서 만나는 다양한 관계에 관심을 기울이고 함께 상호작용을 하며 배움을 지원해야 한다.

① 유아와 유아 간의 상호작용

유아가 주도하는 놀이중심의 개정 누리과정에서는 유아와 유아 간의 상호작용이 더 활발하고 빈번하게 일어난다. 유아는 또래들과 함께 놀이하면서 자신의 생각을 표현하고, 친구들의 의견을 듣고 때때로 생각을 바꾸기도 한다. 더 재미있게 놀이하기 위해 양보하고, 배려하고, 나와 다른 의견을 수용하여 조절하는 경험도 할 수 있다. 교사는 유아들이 자유롭고 활기차게 놀이할 수 있는 분위기를 제공하여 유아 간의 다양한 상호작용을 격려해 주어야 한다.

② 교사와 유아 간의 상호작용

교사는 유아의 놀이에 귀 기울여 놀이의 의미와 배움을 발견하고, 이를 확장하기 위해 다양한 상호작용을 한다. 교사는 유아의 흥미와 관심이 어디에 있는지 파악하고, 칭찬, 격려, 미소, 공감 등 정서적 또는 언어적 상호작용을 통해 유아의 놀이를 긍정적으로 수용하고 격려한다. 교사는 답이 정해진 질문을 하거나 일방적으로 지식을 전달하기 위해 개입하는 것이 아니라 유아의 흥미와 관심에 교감하며 놀이를 지원하는 상호작용을 하도록 한다. 이때 유아의 놀이에서 나타나는 상상력과 사물을 의인화하여 이해하는 유아의 독특한 놀이 표현을 지지하고 함께 교감하는 태도가 필요하다. 교사는 유아와 주변세계를 이해하는 공동의 놀이자로서 놀이에서 발생하는 문제를 함께 해결하면서 유아의 배움을 이끄는 상호작용을 할 수 있다.

③ 유아와 환경 간의 상호작용

유아·놀이중심 교육과정에서는 유아와 환경 간의 상호작용이 매우 중요하다. 환경은 유아의 놀이가 활성화되는 배경이자 유아가 다양한 배움을 경험하는 원천이 된다. 유아와 환경 간의 상호작용은 유아 주변의 친근한 공간, 자료, 일상생활에서 자연스럽게 접하는 모든 환경과의 교감을 포함한다. 유아는 놀이에서 다양한 사물, 자료, 자연물 등을 만지고 움직여 보며 새로운 흥미와 관심을 가지게 되고, 이는 창작적 표현으로 이어지기도 한다. 유아는 물과, 모래, 블록과 종이 등을 가지고 매일 다른 놀이를 하며 즐긴다. 또한 종이로 접은 새에게 물을 먹여 주기도 하고, 나뭇잎이 떨어진 나무를 춥다고 감싸 주며 즐거워한다. 유아가 환경과 교감하면서 표현하는 말과 행동은 모두 유아가 환경과 상호작용하며 배우는 과정이다. 교사는 유아와 환경 간의 상호작용에 주의를 기울이고 존중하며 유아들이 환경과 즐겁게 상호작용할 수 있도록 지원해야 한다.

(5) 5개 영역의 내용이 통합적으로 유아의 경험과 연계되도록 한다

교사는 개정 누리과정에 포함된 5개 영역의 내용이 유아가 놀이를 하며 통합적으로 경험하는 것임을 이해해야 한다. 5개 영역의 내용을 유아의 경험과 연계하는 방식은 다양하다. 우선 유아는 놀이를 하며 이미 5개 영역을 통합적으로 경험한다. 예를 들면, 유아는 모래놀이를 하며, 신체를 움직이고, 친구와 대화도 하며, 그림도 그릴 수 있다. 모래와 물을 섞으며 물질의 변화에 대해 호기심과 탐구심을 가질 수도 있다. 이처럼 유아는 놀이를 통해 여러 가지 영역을 통합적으로 경험하며, 이러한 경험은 영역별로 이루어지지 않는다. 교사는 유아의 놀이에서 5개 영역의 내용이 자연스럽게 통합적으로 나타나는 것을 발견함으로써, 유아가 놀이하며 배우고 있음을 알 수 있다. 또한 5개 영역의 내용은 정해진 생활 주제 이외에도 유아의 관심과 흥미에 따라 다양하게 통합할 수 있다. 예를 들면, 교사는 유아가 놀이하면서 자연스럽게 경험하게 되는 계절이나 국경일과 같은 친근한 주제, 유아가 놀이하면서 관심을 보이는 동화나 곤충, 그네 등과 같은 주제를 중심으로 유아의 경험과 5개 영역을 통합적으로 연계하여 지원할 수 있다. 유아가 관심을 가지는 그림책, 사물, 우연한 상황 등도 충분히 유아의 경험을 통합적으로 연계하여 지원할 수 있는 자원이 될 수 있다. 교사는 자율성을 바탕으로 유아의 놀이상황과 맥락에 따라 5개 영역을 다양한 방식으로 융통성 있게 유아의 경험과 연계하여 지원할 필요가 있다.

(6) 개별 유아의 요구에 따라 휴식과 일상생활이 원활히 이루어지도록 한다

유치원과 어린이집에서 유아의 하루 일과는 놀이와 휴식을 적절하게 안배하여 운영하며, 개별 유아의 요구를 반영해야 한다. 유치원과 어린이집에서는 유아의 건강 상태, 날씨나 계절, 기관의 상황 등에 따라 하루 일과를 융통성 있게 운영할 수 있다. 획일적인 하루 일과를 운영하기보다는 배변이나 낮잠, 휴식 등 유아마다 다른 신체 리듬을 반영하여 하루 일과를 운영해야 한다. 교사는 놀이의 상황과 개별 유아의 요구 등을 적절히 반영하여 일과가 원활하게 이루어지도록 운영해야 한다.

(7) 유아의 연령, 발달, 장애, 배경 등을 고려하여 개별 특성에 적합한 방식으로 배우도록 한다

교사는 유아의 연령과 발달, 장애, 배경 등의 다양한 특성을 이해하고 각 특성을 최대한 고려하여 배움을 지원해야 한다. 유아는 서로 다른 관심과 능력을 가지고 있으며 다양한 맥락 속에서 자신만의 방식으로 놀이하고 배운다. 같은 연령이라도 개별 유아의 특성이 다르듯이 유아가 놀이하는 모습도 다르게 나타난다. 또한 유아가 가정에서 경험하는 다양한 문화적 특성을 서로 인정하고 존중하며 가치 있게 여길 수 있어야 한다. 교사는 유아의 특성에 적합한 지원을 위해 발달적 특성이나 장애 정도, 문화적 배경을 우선적으로 파악해야 하며, 필요할 경우 관련 기관 또는 전문가와 협력할 수 있다.

미국유아교육협회(NAEYC)에서는 유아들이 어떻게 학습하는지에 관한 이론적 근거를 찾기 위해 피아제, 비고츠키, 에릭슨의 이론적인 관점을 논의하면서 교수학습과정이 교수와 학습으로 양분된 과정이라기보다는 상호작용적인 과정이라고 제시하였다. 다음은 NAEYC(1991)가 제시하고 있는 상호작용적인 과정으로서의 교수학습과정에 관한 기본원리이다(이기숙 외, 2019 재인용).

- 유아는 신체적 욕구가 충족되고 심리적으로 안정을 느낄 때 가장 잘 학습한다. 영유아에게 적합한 교육과정은 영유아의 생리적 욕구를 무시하기보다 존중한다. 예를 들어 바람직한 프로그램에서는 대부분의 시간을 유아가 앉아서 성인의 설명을 듣거나 학습지를 하도록 요구하지 않는데 그 이유는 그러한 활동은 유아의 신체적 욕구에 적합하지 않기 때문이다.
- 유아는 스스로 지식을 구성한다. 유아는 사람과 사물의 능동적인 상호작용 경험을 통해 스스로 지식을 구성한다. 유아의 능동적인 실험에서 중심이 되는 것은 많은 실수를 경험하는 것이다. 성인의 관점에서 볼 때 정확하지 않고 틀리는 이런 실수들은 유아가 관계를 이해하고 자신의 경험에 기초하여 개념을 형성하고자 하는 시도를 반영하는 것이다.
- 유아는 성인과 다른 유아와의 사회적 상호작용을 통해 학습한다. 유아의 건강한 발달은 다른 사람과의 관계 속에서 시작된다. 부모-자녀 관계는 매우 어릴 때부터 사회적 상호작용을 통해 유아가 발달하고 학습해 가는 기초적인 예가 된다. 학습의 원리는 유아가 먼저 도움을 받을 수 있는 상황 내에서 어떤 것을 할 수 있으며 그 후에는 독립적으로 그리고 다양한 상황에서 무엇인가를 스스로 할 수 있게 되는 것이다. 성인과 보다 유능한 또래의 지지는 유아가 독립적인 기능의 다음 수준으로 발달해 나갈 수 있도록 필수적인 조력 혹은 비계설정을 해 준다. 교사의 역할은 단순이 지식의 전달자로서가 아니라 발달과 학습을 지지하고 안내하고 촉진하는 것이다. 사회적 상호작용은 지적 발달을 위해서 필수적이기도 하지만 유아의 사회적 유능감과 자아존중감을 발달시키기 위해서도 필수적이다.
- 유아의 학습은 인식에서 시작하여 탐색, 탐구, 그리고 활용으로 이동해 가는 순환적 주기를 따른다. 어떤 것을 새로 배우기 위해서는 먼저 그 현상에 대한 인식이 이루어져야 한다. 인식은 경험으로부터 만들어지며 학습의 다음 주기는 탐색이다. 탐색은 가능한 수단을 동원하여 학습하려고 하는 것의 구성 요소를 이해하는 과정이다. 탐구란 유아가 자신의 행동이나 개념을 사회에서 관찰한 것과 비교하고 분석해 가는 과정이다. 학습 주기의 마지막 측면은 활용으로서 유아는 자신이 배운 것을 여러 가지 목적으로 사용할 수 있고 새로운 상황에 적용시킬 수 있다. 이러한 주기는 순서적으로 일어나는 것은 아니며 동시에 일어날 수 있다.
- 유아는 놀이를 통해서 배운다. 유아의 자발적인 놀이는 지식 구성에 필수적인 탐색, 실험, 조작을 위한 기회를 제공한다. 놀이는 표상적 사고의 발달에도 기여한다. 놀이를 하는 동안 유아는 감정을 조절하는 것, 타인과 상호작용하는 것, 갈등을 해결하는 것 등을 배운다. 가장 중요한 것은 놀이를 통해 상상력과 창의력을 발달시킬 수 있다는 것이다. 유아의 놀이는 또한 새로 습득한 기술이나 지식을 다양한 상황에서 자발적으로 연습할 수 있는 기회를 제공한다.
- 유아의 흥미와 '알고자 하는 욕구'는 학습의 동기를 부여한다. 유아는 자신의 능력을 연습하고 경험을 이해하려는 타고난 내적 욕구를 가지고 있다. 교사는 환경을 계획하고 새롭고 자극적인 사물, 사람, 경험 등을 소개함으로써 유아의 흥미를 촉진하고 유아의 흥미에 기초한 활동은 학습을 위한 내적 동기를 제공한다. 유아의 흥미와 이해하고자 하는 내적인 동기에 기초한 교육과정은 창의성, 호기심, 자기주도, 근면성, 유능감, 학습애 등의 바람직한 성향과 느낌을 촉진한다.

- 인간의 발달과 학습은 개개인에 따라 다양하다. 지금까지 유아라는 용어와 함께 언급된 학습에 관한 기본적인 가정들은 마치 유아들 모두에게 똑같이 적용되는 일반적인 것처럼 보인다. 그러나 어떠한 발달과 학습도 개인의 다양성의 원리에 대한 논의 없이는 완전할 수 없다. 각 개인은 개인의 학습 유형뿐만 아니라 성장과 발달에 있어서도 개별적인 형태와 시기, 속도를 가진다. 개개인의 가족 경험과 문화적 배경 또한 다양하다. 개인의 다양성에 대한 인식은 교육과정 결정에 있어서도 가능한 한 개별화할 것을 요구한다.

교수-학습 방법은 교육목표를 달성하기 위하여 선정된 교육내용을 학습자에게 가장 효과적으로 전달할 수 있는 방법을 모색하는 과정이다. 그러므로 교육목표와 내용, 대상 영유아의 연령, 학급의 규모, 학습의 시기 등에 따라 매우 다양한 교수-학습 방법이 사용될 수 있다. 영유아는 발달의 속도가 매우 빠르고 개인차가 크며 학습에 대한 동기유발이나 흥미의 지속이 어렵기 때문에 영유아기 교사들은 다른 어느 학교 급의 교사들보다도 다양한 교수방법과 교수매체의 개발에 많은 노력을 기울여야 한다.

4. 평가

평가는 교육과정에 따른 교육목표가 어느 정도 실현되었는지 밝히는 과정이므로 유아교육에 있어서 평가의 개념, 대상, 내용, 방법에 대해 살펴보고자 한다.

1) 유아교육평가의 개념

평가의 사전적 의미는 '가치를 따지고 판단한다'라는 뜻이다. 교육에 있어서 평가는 교육이라는 행위의 가치나 수준을 판단하는 일이며 교육과정이다. 유아교육현장에서의 유아교육 평가의 개념을 유아들의 전인적인 성장, 발달을 위해 프로그램의 목표가 어느 정도 실현되었고, 달성되었는지 평가하여 교수-학습

방법을 개선하는 것이다.

유아교육에서 평가에 대한 강조는 유아교육의 효과를 증진시키고, 유아교육 프로그램 및 유아교육환경의 질적 개선을 도모하고자 하는 것이다. 그러므로 유아교육 평가는 각 영역에서 목적과 그에 따른 세부적인 목표에 도달하는 데 도움이 되었는지 파악하여 다음 교육계획에 반영시킴으로써 교육과정의 운영이 좀 더 효율적으로 이루어지도록 하기 위한 것이다.

즉, 유아교육 평가의 개념은 넓은 의미로는 유아의 전인적인 성장, 발달을 돕기 위해 이루어지는 모든 유아교육활동들의 효율성을 알아보는 것이고, 좁은 의미로는 유아교육활동 중에서 유아의 행동변화와 유아교육과정에 대한 자료를 수정하여 유아를 올바르게 지도하고 합리적인 의사결정을 내리는 데 도움을 받는 것이다(엄태식, 2013).

2) 평가대상과 내용

평가는 대상에 따라 유아에 대한 평가, 교사에 대한 평가, 교육과정에 대한 평가로 나눌 수 있다.

(1) 유아에 대한 평가

유아평가는 유아의 발달 정도, 유아교육프로그램과 유아와의 상호작용 효과, 유아 개개인의 능력 및 특성과 잠재력에서의 개인차 등을 평가하는 것으로 개별유아에 대한 평가결과를 교육에 반영함으로써 개별유아발달을 최적화하려는 목적으로 실시한다(김경철 외, 2017). 유아평가는 결과보다는 과정을 진술하는 평가가 중시된다. 유아의 능력발달은 점진적으로 이루어지기 때문이다. 따라서 유아를 평가하기 위해서는 한 가지 방법보다는 다양한 방법을 활용하는 것이 바람직하다. 유아를 평가하는 방법에는 관찰법, 검사법, 면접법, 작품 분석, 포트폴리오 평가 등이 있고 평가방법들을 구체적으로 살펴보면 다음과 같다.

① 관찰법

관찰법은 유아 평가방법 중에서 가장 오랜 역사를 지닌 것으로 행동이 묘사된 장면을 객관적으로 살펴보는 과정이다. 관찰자의 관찰능력과 기록이 판단의 중요한 척도가 되며, 유아에게 별다른 능력을 요구하지 않는다는 점에서 유아를 평가하는 주요 방법이다. 관찰한 내용을 기록하는 방법에는 일화기록, 표본기록, 행동목록법, 평정척도법, 시간표집법, 사건표집법 등 다양한 방법이 있다.

- 일화기록: 유아의 생활 중 기록할 만한 가치와 흥미가 있는 짧은 내용의 사건이나 행동을 시간 순서대로 기록하는 방법으로 현장에서 가장 많이 사용되는 관찰기록법이다. 일화기록 시 유의해야 할 점은 다음과 같다.
  - 첫째, 사건이 생긴 후 바로 기억이 선명할 때 기록한다.
  - 둘째, 하나의 사건에 대해 사건이 일어난 순서대로 기록한다.
  - 셋째, 대상 유아가 한 말과 행동을 사실 그대로 기록한다.
  - 넷째, 관찰시간, 장면, 진행 중의 활동 등 상황에 대한 자료를 제공한다.
  - 다섯째, 상황 내의 다른 유아나 교사의 반응도 기록한다.
  - 여섯째, 유아의 전체적 행동뿐만 아니라 목소리, 몸짓, 얼굴표정 등 감정을 포함하는 사건이 완전한 서술이 되도록 한다.
- 표본기록: 표본기록의 목적은 관찰 대상이 유아의 행동이나 상황을 그대로 가능한 한 많이 수집하는 것이다. 관찰자가 관찰 대상이나 장면을 미리 정해 놓고 그 장면에서 일어나는 유아의 행동과 상황을 모두 일어난 순서대로 집중적으로 기술하는 관찰기록법이다.
- 행동목록법: 행동목록법은 보고자 하는 관찰행동의 목록을 미리 만들어 두고, 그 행동이 발생했는지의 여부만 체크하는 관찰기록방법이다. 관찰행동을 미리 분류하여 제시하고 있기 때문에 시간을 절약할 수 있다는 장점이

있으나 목록에 포함된 행동 외의 중요한 행동을 누락시킬 수도 있다는 단점이 있다.

- 평정척도법: 평정척도법은 보고자 하는 관찰행동 목록에서 그 행동의 출현 여부뿐만 아니라 행동의 질적인 특성을 몇 등급으로 구분해서 알고자 할 때 사용하는 방법으로 3단계, 5단계, 7단계로 평정하며 척도의 표시로 언어평정척도, 숫자평정척도, 도식평정척도 등을 사용한다.
- 시간표집법: 시간표집법은 미리 선정된 관찰 대상의 행동들을 정해진 시간 동안 일정 간격으로 반복적으로 관찰하여 관찰 대상의 행동이 정해진 시간 동안 얼마나 자주 일어나는지 출현 빈도를 수집하는 방법이다. 사실적인 관찰처럼 풍부한 정보를 제공하지는 못하지만 비교적 짧은 시간 내에 많은 관찰 대상자를 관찰할 수 있는 장점이 있다.
- 사건표집법: 사건표집법은 관심을 갖고 있는 행동이나 사건이 발생하기를 기다렸다가 그 행동이나 사건이 발생하면 일정한 형식에 따라 행동의 순서를 자세하게 기술하는 방법이다. 관찰자가 선택할 수 있는 사건이나 행동의 범위에 제한이 없기 때문에 자주 발생하지 않는 행동을 관찰하고자 할 때 주로 사용한다.

② 검사법

검사법은 유아의 내재된 속성을 직접 측정하는 것이 불가능하기 때문에 간접 측정을 하기 위해 고안된 도구이다. 표준화 검사와 교사 제작검사로 구분할 수 있다. 표준화 검사는 신뢰도와 타당도가 검증된 검사로 검사의 목적, 내용, 대상, 실시절차, 실시조건, 채점 및 결과 해석이 동일하도록 모든 절차와 방법을 일정하게 만들어 놓은 검사이다. 교사가 제작한 검사도구는 유아교육활동의 특정목표를 측정할 검사도구가 없을 경우 교사 자신의 교육활동에 맞추어 직접 제작하여 사용하는 것으로 학급 단위로 제작된다.

③ 면접법

면접법은 유아의 직접적인 상호작용을 통해 자료를 수집하는 방법이다. 직접 유아와 면접하는 것으로 융통성이 있으며 귀중한 자료를 수집할 수 있지만 면접자의 기술과 훈련이 필요하다. 면접법은 구조화된 면접, 반구조화된 면접, 비구조화된 면접으로 나눈다.

④ 작품 분석

작품 분석은 유아의 대화기록, 그림, 녹음자료, 사진, 입체물 등 유아의 작품을 분석함으로써 유아의 행동특성과 발달수준을 평가하는 방법이다. 유아의 다양한 작품을 정기적, 체계적으로 수집함으로써 유아발달의 변화과정을 판단할 수 있는 직접적인 증거를 마련할 수 있다.

⑤ 포트폴리오 평가

포트폴리오는 특정한 목적을 가지고 유아의 발달과 학습에 대한 기록과 활동 결과물을 시간의 흐름에 따라 조직해 놓은 것이다. 포트폴리오의 내용은 평가의 목적, 용도, 유아의 능력수준, 관심영역 등에 따라 달라진다. 포트폴리오에 포함시킬 수 있는 내용은 건강기록, 일화기록, 발달체크리스트, 부모참여 자료, 사건/시간 표집기록, 평정척도평가, 표준화검사 결과, 사진, 유아 작품, 작업 표본, 언어/읽기/음악 관련 녹음자료 등 다양하다.

포트폴리오가 평가도구로 기능하기 위해서는 다음과 같은 조건을 갖추어야 한다(황해익 외, 2001).

- 일정 기간 동안 목적을 가지고 체계적으로 유아들의 작품을 모으되 포트폴리오에 포함시킬 작품을 선정하는 데 유아의 의견을 반영해야 한다.
- 유아의 작품이나 활동에 대해 교사의 의견을 기록해야 한다.

- 작품 수집을 통해서는 알기 어려운 유아 행동에 대한 관찰 결과를 일화기록이나 체크리스트 등의 형태로 포함해야 한다.

포트폴리오 평가는 일상적인 환경에서 유아가 할 수 있는 것을 중심으로 개별 유아에게 발달적으로 적합한 평가를 실시할 수 있게 해 준다. 또 유아와 유아, 유아와 교사, 교사와 교사 간 협동을 증진시키고 평과 결과를 교수 계획에 바로 반영할 수 있는 여지를 제공한다(MacDonald, 1997; Martin, 1996). 반면 자료의 수집과 평가과정에 편견이 개입될 수 있어 내용의 타당성과 평가 결과의 신뢰성 및 객관성을 확보하기 어렵고 시간과 노력이 많이 든다는 단점이 있다.

(2) 교사 자신에 대한 평가

① 교사평가의 목적

교사평가는 교사의 유능성 및 책무성 측정, 교수활동의 개선, 전문성 향상 등을 목적으로 실시되는데 그 구체적 내용은 다음과 같다(임승렬, 2001).

- 교사평가는 유아교사의 채용이나 재임용, 승진, 연봉 책정 등 인사 결정을 위해 수행된다.
- 교사평가는 유아교사에게 자신의 교수활동에 대해 반성적으로 사고함으로써 교수활동을 개선할 수 있는 기회를 제공한다.
- 교사평가는 유아교사에게 유아의 성장과 발달에 대한 자신의 책임과 교수활동에 대한 관점을 확고히 하도록 해 준다.

② 교사평가의 준거

교사평가의 준거를 교사의 전문적 능력 측면에서 설정할 경우 교사의 유능감(competency), 교수 수행력(performance), 교수 효율성(effectiveness)으로 제시할 수 있다(임승렬, 2001).

- '교사의 유능감'은 성공적인 교수활동과 관련된 전문적 지식, 기술, 가치 등을 의미한다.
- '교수 수행력'은 교사가 주어진 교수환경에서 자신의 유능감을 적용하는 능력을 의미한다.
- '교수 효율성'은 교사의 교수활동이 학생에게 미치는 영향으로 교사의 유능감, 교수 수행력, 그리고 학생들의 반응에 의해 결정된다.

유아교사의 평가준거를 교사의 전문적 자질과 지식을 포함하는 좀 더 광범위한 영역에서 설정한 견해를 살펴보면 다음과 같다(황해익, 2009).

- 신체에 대한 것으로 신체적 건강상태, 활동성 정도, 바른 태도, 바른 자세 등이 있다.
- 인성에 대한 것으로 적극성, 정서적 안정감, 자제력, 협동심, 융통성, 성실성, 사려 깊음, 긍정적 인간관, 공정성, 부모 및 동료교사와의 원만한 관계, 자신에 대한 긍지 등이 있다.
- 교양 및 지적 능력에 대한 것으로 다방면에 걸친 풍부한 지적 능력, 순발력, 유창하고 명료한 언어사용능력, 창의력 등이 있다.
- 교직에의 태도에 대한 것으로 유아교사직에 대한 사명감, 유아교육활동에 대한 열의, 전문성 신장을 위한 노력, 책임감, 수용적 태도, 적합성, 신념 및 직업윤리 등이 있다.
- 유아교육기술에 대한 것으로 유아교육과정 재구성 및 실천능력, 평가능력 및 활용 정도, 교재/교구 제작 및 다양한 활용능력, 적절한 자극 및 개입 정도, 융통성 있는 유아교육활동 운영능력 등이 있다.
- 전문적 지식에 대한 것으로 소속기관의 유아교육 철학에 대한 이해, 유아교육 과정에 대한 지식, 생활지도 및 상담 지식, 다양한 교수방법에 대한 지식, 평가에 대한 지식 등이 있다.

(3) 교육과정에 대한 평가

교육과정 평가는 교육과정의 질을 개선하는 데 매우 중요한 역할을 하며 유치원 교육과정 운영평가는 국가 수준 교육과정이 얼마나 충실하게 구현되고 있는지를 평가하기 위한 것이다. 2019 개정 누리과정(교육부·보건복지부, 2019)에서 평가는 유치원과 어린이집에서 유아가 중심이 되고 놀이가 살아나는 누리과정의 운영을 되돌아보고 개선해 가는 과정이다. 개정 누리과정은 유치원과 어린이집에서 유아·놀이중심 교육과정을 운영하는 데 도움이 되고자 평가를 간략화하고 각 기관의 자율적인 평가를 강조하였다. 유치원과 어린이집은 평가의 목적, 대상, 방법, 결과의 활용을 바탕으로 누리과정 평가를 자율적으로 실시할 수 있다.

평가는 다음 사항에 중점을 두고 실시한다.

> 가. 누리과정 운영의 질을 진단하고 개선하기 위해 평가를 계획하고 실시한다.
> 나. 유아의 특성 및 변화 정도와 누리과정의 운영을 평가한다.
> 다. 평가의 목적에 따라 적합한 방법을 사용하여 평가한다.
> 라. 평가의 결과는 유아에 대한 이해와 누리과정 운영 개선을 위한 자료로 활용할 수 있다.

각각 항목의 구체적인 사항을 살펴보면 다음과 같다.

① 누리과정 운영의 질을 진단하고 개선하기 위해 평가를 계획하고 실시한다

평가의 목적은 유아가 중심이 되고 놀이가 살아나는 누리과정 운영을 자체적으로 평가하여, 누리과정 운영의 질을 진단하고 누리과정 운영을 보다 나은 방향으로 개선하는 데 있다. 유치원과 어린이집에서는 지역 특성, 각 기관 및 학급(반)의 상황과 요구를 고려하여, 누리과정 운영을 개선할 수 있도록 자율적으로 평가 계획을 수립한다. 평가의 내용, 평가 주기 및 시기, 평가 방법 등에 대한 계획은 각 기관 구성원들 간의 민주적인 협의를 통해 정한다.

② 유아의 특성 및 변화 정도와 누리과정의 운영을 평가한다

평가는 유아 평가와 누리과정의 운영 평가로 이루어진다. 유아 평가는 궁극적으로 유아의 행복과 전인적 발달을 지원하는 데 그 목적이 있다. 교사는 유아의 놀이, 일상생활, 활동 속에서 유아의 고유한 특성이나 의미 있는 변화를 발견하고, 그것을 바탕으로 유아의 배움과 성장을 돕기 위하여 평가를 할 수 있다. 교사는 유아의 배움이 나타나는 놀이, 일상생활, 활동에서 유아가 가장 즐기고 잘하는 것, 놀이의 특성, 흥미와 관심, 친구 관계, 놀이를 이어가기 위한 자료의 활용 등에 주목하여 유아 놀이를 관찰하고 이를 통해 유아의 특성과 변화를 이해하도록 한다.

누리과정 운영 평가는 유치원과 어린이집의 교육과정이 유아·놀이중심으로 적절하게 운영되고 있는지 평가하는 데 그 목적이 있다. 유치원과 어린이집의 누리과정 운영 평가에서는 놀이시간을 충분히 운영하였는지, 유아 주도적인 놀이와 배움이 이루어지고 있는지, 놀이 지원이 적절한지 등을 평가할 수 있다. 이는 놀이 속에서 나타나는 유아의 특성 및 변화 정도와 연계하여 파악할 수 있다. 필요에 따라 부모와의 협력이나 행정적·재정적 지원이 적절하게 이루어지고 있는지 등을 평가할 수도 있다.

③ 평가의 목적에 따라 적합한 방법을 사용하여 평가한다

평가 방법은 평가의 목적과 대상에 따라 달라질 수 있다. 유치원과 어린이집은 평가 목적에 가장 적합한 평가 방법을 자율적으로 정하여 활용할 수 있다. 교사는 유아의 특성과 변화 정도를 파악하기 위하여 유아들의 실제 놀이 모습을 계획안에 기록할 수 있고, 놀이 결과물과 작품 등을 일상적으로 수집할 수 있다. 유아들의 놀이를 관찰할 때에는 유아의 말, 몸짓, 표정 등에서 드러나는 놀이의 의미와 특성에 주목하여 이 중 필요한 내용을 메모나 사진 등 교사가 할 수 있는 가장 용이한 방법으로 기록한다. 이러한 관찰기록 자료는 교실에서 자율적으로 수립한 계획안에 포함하여 유아의 특성과 변화 정도를 파악하는 데 활용할 수 있다.

유치원과 어린이집의 누리과정 운영에 대한 평가는 개선이 필요한 사항에 따라 자율적으로 실시할 수 있다. 기관별, 학급별 상황이나 필요성에 따라 적합한 방법을 선택하여 누리과정 운영을 평가한다.

개정 누리과정에서는 교사가 유아의 놀이 관찰기록, 유아 평가와 누리과정 운영 평가 등 평가 자료를 만들고 수집하는 데 과도한 노력을 기울이기보다는 유아의 놀이에 더 집중하고 지원하는 것이 중요함을 강조하고 있다. 교사는 개별 유아를 정기적으로 관찰하기보다는 배움이 나타나는 또래 간의 놀이나 활동 등 유아들이 일상에서 놀이하며 배우는 자연스러운 상황에서 유아의 특성과 변화를 이해하는 평가를 하도록 한다. 또한 5개 영역 59개 내용을 성취 기준으로 잘못 인식하여 유아의 놀이에서 59개 내용이 나타나는지 여부만을 체크하지 않도록 유의한다.

④ 평가의 결과는 유아에 대한 이해와 누리과정 운영 개선을 위한 자료로 활용할 수 있다

교사는 유아의 놀이, 일상생활, 활동을 통해 수집된 자료를 평가의 목적에 맞게 종합하여 평가의 결과를 얻을 수 있다. 유아 평가의 결과는 유아가 행복감을 느끼고 전인적으로 발달하도록 도움을 주는 데 활용한다. 또한 누리과정이 추구하는 인간상과 목적 및 목표 등에 비추어 유아의 특성과 변화 정도를 이해하고 유아의 배움과 성장에 도움이 되도록 지원하는 데 활용한다. 수집된 모든 자료를 바탕으로 개별 유아의 특성과 변화 정도를 종합적으로 이해하여, 이를 부모와의 면담자료 및 유아의 생활지도 등에 활용할 수 있다. 한편, 유치원과 어린이집에서 자율적인 방식을 통해 실시한 누리과정 운영 평가의 결과는 각 기관에서 유아·놀이중심 교육과정의 운영을 보다 나은 방향으로 개선하는 데 활용할 수 있다.

chapter 5

영유아교육과정의 계획 및 운영

Ⅰ. 일과의 계획과 운영

1. 일과 계획과 운영의 기본원리

하루 일과는 교육목표를 수행할 수 있는 활동들을 포함하여 구성한다. 오늘 어떠한 종류의 활동이 어떠한 내용으로 포함되느냐는 일차적으로 주간교육계획에 근거하게 된다. 그러나 매일의 진행 상황과 유아들의 흥미나 요구, 우발적인 사건 등에 따라 변경될 수도 있다. 교사는 유아들의 변화하는 요구들을 수렴하면서 동시에 계획하였던 내용의 필요성도 고려하여 짜임새 있는 교육과정을 운영하여야 한다.

하루의 일과 운영에서 기본적으로 고려해야 할 점은 교사는 유아에게 일상생활 속에서 풍부한 교육적 경험과 놀이활동을 제공하고 유아 스스로가 자신의 놀이활동을 선택하고 결정하도록 도와준다. 또한 유아의 사고과정과 언어발달을 촉진시켜 주며, 유아와 다른 유아들과의 상호작용도 활발하게 이루어질 수 있도록 고려해야 한다. 다양한 여건을 고려하여 일과 계획과 운영의 원리를 살펴보면 다음과 같다(김경철 외, 2017; 이기숙 외, 2019).

① 활동 운영에 영향을 주는 요인들인 수업 시간, 인적·물적 환경 요인, 시기 등을 고려하여 상황에 적합한 계획을 세운다.
- 수업 시간: 반일제 프로그램, 시간연장제 프로그램, 종일제 프로그램
- 인적 환경 요인: 교사, 보조교사, 교육실습생, 부모 자원자 등
- 물적 환경 요인: 교실(흥미 영역 종류, 놀잇감, 교재·교구), 강당, 운동장, 화장실 등
- 시기: 학기 초, 학기 중간, 학기 말

② 일관성이 있어야 한다. 균형적이고 일관성 있는 활동은 안정감을 갖고 다음에 무슨 활동을 할 것인가를 파악할 수 있게 해 주어 유아가 스스로의 행동을 조절하도록 돕기 때문에 일과활동을 계획하고 운영할 때 어떠한 프로그램이든 활동의 내용은 균형적이고, 순서는 일관성 있게 운영하는 것이 필요하다.

③ 일과 계획을 할 때에는 유아의 신체적 욕구나 리듬을 반영하여 간식, 배변, 휴식 등 유아의 신체적 욕구를 해결하는 시간을 적절하게 배치해야 한다.

④ 유아의 흥미와 요구를 반영한다. 교사는 자신이 세운 계획에 유아들이 따라가도록 하기보다는 유아의 흥미와 요구를 반영할 수 있는 기회를 주어 유아의 능동적 참여를 유도한다.

⑤ 활동 간 균형을 맞추어 안배한다. 일과 안에 동적 활동과 정적 활동, 실내 활동과 실외 활동, 개별 활동과 대·소집단 활동, 교사 주도 활동과 유아 주도 활동을 균형 있게 구성한다.

⑥ 여러 유형의 상호작용이 일어날 수 있도록 계획한다. 교사와 개별 유아의 상호작용, 교사와 대·소집단 유아의 상호작용, 유아와 유아 간의 상호작용, 유아와 교구와의 상호작용 등의 기회가 골고루 제시될 수 있어야 한다.

⑦ 융통성 있게 운영되어야 한다. 일일교육계획안은 주간교육계획안에 기초하여 작성하되 유아들의 흥미나 요구, 우발적인 사건 등을 간과해서는 안되며, 교사는 순발력 있게 그러한 요소들을 반영하여 계획을 수정할 수 있어야 한다.

⑧ 활동의 계획과 실행에 대한 평가를 한다. 효과적인 일일활동계획은 실행 및 평가를 통하여 완성되므로 교사는 활동의 목표가 어느 정도 성취되었는지, 계획대로 실행되었는지, 차질이 있었다면 무엇 때문인지, 문제점은 무엇인지, 어떤 점이 수정·보완되어야 하는지에 대하여 반성하고, 반드시 이를 기록하여 남겨 후속 활동 계획에 평가 결과가 반영되도록 한다.

일과 계획에서는 무엇보다도 유아들에게 정서적으로 안정되면서 활기차게 활동할 수 있는 여건을 마련해 주는 것이 중요하다. 이를 위해 생리적인 욕구를 반영하는 시간을 배치하고 활동 간에 균형이 있는 시간표를 구성함으로써 유아들이 쉽게 피로하지 않으면서 사회적 상호작용이 활발하게 일어나도록 고려한다. 또한 연령이 어릴수록 개별적 요구를 반영할 수 있는 자유선택활동의 시간을 많이 포함하고 집단 활동을 할 때라도 주로 소집단 활동으로 배치하는 것이 바람직하다(이화여자대학교 부속 이화유치원 편, 2002).

일일활동계획은 여러 유형의 활동들을 시간별로 구분, 배치하여 운영된다. 시간별 활동들은 서로 분리된 하나의 교과목 성격을 갖는 것이 아니라 유아의 전인적인 발달을 위하여 각 활동들이 통합적인 내용으로 연결된다. 유아교육기관에서 이루어지는 활동들로는 실내·외 자유선택활동, 정리·정돈, 급식 및 간식, 휴식 및 낮잠 외에 대·소집단 활동이 있다. 대·소집단 활동으로는 이야기 나누기, 동화·동극·동시 등의 문학활동, 노래 부르기·음악 감상 등의 음악활동, 동작활동, 게임, 실험 및 관찰, 현장체험활동, 요리하기, 미술활동 등이 있다. 영아들의 경우, 기저귀 갈기와 씻기와 같은 일상의 활동도 일과의 주요 구성 내용이 된다. 우리나라의 표준보육과정(보건복지부, 2017)에서도 놀이활동뿐 아니라 일상생활 활동을 통해서도 보육과정이 의미 있게 전개되어야 함을 강조하고 있다. 즉, 급·간식, 배변, 낮잠, 휴식 등 일상생활 활동은 발달 특성에 따른 신체적 욕구를 충분히 고려하여 편성하여야 한다. 각 연령 및 유아의 수준, 그리고 일과시간의 길이 등에 따라 활동의 유형이나 각 활동의 진행 형태는 다소 차이가 있을 수 있다.

일과를 구성할 때 실내·외 자유놀이, 정리·정돈, 급식 및 간식, 휴식 및 낮잠과 같은 활동은 유아의 상태와 일과시간의 길이, 계절과 기후 등의 요인에 따라 부분적인 변화가 있으나 기본적으로 매일 포함되는 활동들이다. 대·소집단 활동은 여러 유형의 활동들 중에서 일과의 특성에 따라 선택하여 활동들이 서로 연관성 있게 통합적으로 이루어지도록 구성한다.

2. 일과 계획과 운영

각 연령별에 따라 일과시간 및 프로그램 구성의 특성을 고려하여 계획해야 한다. 연령별 일과 계획 및 운영은 2세 미만의 영아와 3~5세의 유아를 대상으로 계획한다. 2세 미만 영아를 위한 일과 운영은 기본적으로 보호와 교육의 통합이 이루어져야 하고 가정과 같은 분위기 속에서 안정감을 느낄 수 있도록 계획되어야 한다. 3~5세 유아를 위한 일과 운영은 구조적인 일과 계획 운영이 가능하므로 여러 가지 유형의 활동이 포함되어야 한다. 즉, 실내·외 자유놀이는 매일 포함시키며, 대·소집단 활동이 융통성 있게 계획되어야 한다. 하루 일과 계획을 등원 및 맞이하기, 자유놀이, 정리·정돈 및 전이활동, 화장실 다녀오기, 대·소집단 활동, 바깥놀이 활동, 점심 및 휴식, 평가 및 귀가지도로 나누어 살펴보면 다음과 같다(이선애 외, 2016).

1) 하루 일과 계획

(1) 등원 및 맞이하기

교사가 등원하는 유아들을 맞이하면서 유아의 하루 일과는 시작된다. 등원 시 유아의 이름을 불러 주면서 반갑게 맞이한다. 이때 유아의 건강·심리 상태를 체크한다. 유아의 눈·코·귀·입 등을 살펴보고 열이 있는지, 상처가 있는지 등의 상황을 세심하게 살펴본다. 등원한 유아는 옷과 신발, 개인 소지품을 자발적으로 정리할 수 있도록 지도한다.

(2) 자유놀이

하루 일과 계획은 2세 이하 영아의 경우 등원 후 바로 자유놀이활동을 시작하면서 개별적으로 계획하도록 안내한다. 3~5세 이상 유아의 경우 집단으로 모여 출결상태, 날짜와 날씨, 하루 일과 계획표 등을 상호작용한 후 일과 계획을 한다. 일과 계획이 끝난 후 자유놀이로 이동할 때는 유아가 무슨 놀이를 할 것인지 마음속으로 계획할 시간을 준 후 자유놀이활동을 하도록 한다.

실내 자유놀이는 하루 일과 중 60분 정도로 이루어지도록 한다. 유아는 이 시간 동안 준비된 환경 속에서 유아들 간의 상호작용, 교사와의 상호작용, 교재·교구와의 상호작용을 통해 전인적 발달이 이루어지도록 한다. 4~5세 유아는 선택한 활동에 대한 평가를 할 수 있는 기회를 주어 한 가지 놀이가 아닌 다양한 놀이 활동에 골고루 참여하고, 선택한 활동을 끝까지 완성해 봄으로써 의사결정 능력과 책임감을 형성할 수 있도록 한다.

(3) 정리·정돈

교사는 자유놀이시간이 끝나기 5분 전쯤 역할이나 쌓기, 미술놀이 등 정리하는 것이 많은 영역으로 가서 정돈·준비시간을 갖도록 미리 알려 준다. 유아에게 정리시간을 미리 알려 주면 놀이를 확장하는 것을 멈추거나 다음 날로 연장할 수 있는 마음의 준비를 할 수 있다. 유아 자신이 놀던 놀잇감은 스스로 정리·정돈할 수 있도록 하며, 함께 놀이했던 놀잇감은 협력하여 정리하는 습관이 길러지도록 한다. 작은 빗자루, 쓰레받기 등 청소도구를 이용하여 주변을 청결하게 하고, 쓰레기는 준비된 분리수거 통에 분류하도록 한다.

정리·정돈시간 전에 "정리 후에는 바깥놀이(또는 게임, 이야기 나누기, 동극 등) 시간을 가질 거예요." 라고 다음 활동에 대해 미리 알려 주어 정리시간 이후의 시간에 대한 기대감을 갖도록 한다.

(4) 화장실 다녀오기

유아가 신변처리를 자발적으로 할 수 있도록 기회를 주며, 항상 청결과 위생을 유지할 수 있도록 한다. 화장실 사용 후 손 씻기 등 올바른 화장실 사용법을 알게 한다. 실수로 배변을 할 경우 유아가 당황하지 않고, 수치심을 느끼지 않도록 가급적이면 다른 유아들이 없는 곳에서 여벌옷으로 갈아입히고, 실수한 옷은 잘 접어서 편지와 함께 가정으로 보낸다.

(5) 대·소집단 활동

대·소집단 활동은 유아의 요구, 능력, 흥미, 인지적 목표에 반응하는 형식으로 구분하여 활동한다. 소집단 활동시간의 장점은 소그룹으로 모인 유아들이 활동에 적극적으로 참여할 수 있다는 점이다. 주로 요리, 미술활동 프로젝트, 신체활동 등 모든 활동에 적용할 수 있다. 대집단 활동은 모든 유아가 모여 활동에 참여하는 것으로 활동시간은 대략 10~25분 정도 진행되며 이야기 나누기, 게임, 노래, 율동, 악기놀이, 동극 등의 활동을 진행한다. 대집단 활동의 장점은 대집단에 참여하여 다른 사람들과 의견을 교환하면서 서로의 생각을 이해할 수 있다는 점이다.

(6) 바깥놀이 활동

바깥놀이는 넓은 공간에서 신체활동, 산책, 자연체험, 물·모래놀이, 대근육 운동놀이 등으로 운영된다. 바깥놀이 활동 시에는 유아의 안전사고에 특별히 유의하고 활동 중간에 유아들이 휴식할 수 있는 시간과 장소를 제공한다. 날씨의 영향에 의해 바깥놀이 활동이 어려운 경우에는 실내에서 신체활동으로 융통성 있게 전환한다.

(7) 점심 및 휴식

점심시간은 유아들이 활동을 통해 소비된 에너지를 보충하고 영양을 공급하는 시간으로 성장기에 꼭 필요하다. 점심을 도울 도우미를 정하고 도우미는 미리 책상을 닦고 냅킨을 올려놓고, 배식을 돕는다. 점심시간 전 유아들은 손을

씻고 차례를 지켜 식판에 밥과 반찬을 받아 자리에 앉는다. 이때 국은 엎질러지거나 화상 방지를 위해 유아들이 자리에 앉은 후 교사가 배식한다. 감사노래를 부른 후 음악을 들으며 식사를 시작한다. 점심시간은 60분 정도 주어 너무 빨리 먹거나 너무 늦게 먹지 않도록 한다. 식사를 먼저 마친 유아는 양치질을 한 후 조용한 영역에서 활동을 하며 휴식을 취하도록 한다.

(8) 평가 및 귀가지도

집으로 돌아가기 전에 전체가 모여 하루 일과를 회상하며 평가시간을 갖는다. 일과평가는 5~10분 정도 가지며, 하루를 지내면서 가장 재미있었던 것과 속상했던 일에 대해 이야기 나누는 시간을 갖는다. 귀가지도 시 특별한 전달사항이나 귀가 시 안전 등에 관해 이야기해 주고, 개별적으로 인사 나누기를 한 후 자신의 장 앞에서 옷을 바르게 입도록 지도한다. 차량을 타고 귀가하는 유아, 부모가 직접 귀가지도하는 유아를 구별하여 지도한다.

2) 0~2세 영아를 위한 일과 계획과 운영

영아기 프로그램의 일과 계획과 구성은 영아 개개인의 신체리듬과 개인적 욕구를 토대로 등원에서 귀가에 이르기까지 적절한 시간 분배와 활동내용의 순서로 진행한다. 0세는 수유 및 이유식, 기저귀 갈이, 낮잠 등 생리적 욕구를 고려하여 일상적인 양육활동에 대한 계획을 반영한다. 그리고 대근육 발달과 신체적 성장이 왕성한 시기이므로 실외 놀이와 산책 등 실외 활동을 일과에 매일 포함하는 것이 좋다.

2세 미만 영아학급의 일과는 안전과 기본생활습관 내용, 놀이 활동의 비중이 커지도록 계획한다.

| 표 5-1 | 예시

시간	주요 일과
07:30~09:00	등원 및 통합교육
09:00~10:20	오전 실내 자유놀이
10:20~10:50	화장실 가기 및 오전 간식
10:50~11:40	오전 실외 놀이 및 손 씻기
11:40~12:40	점심식사 및 이 닦기
12:40~14:20	낮잠 준비 및 낮잠
14:20~15:00	화장실 가기 및 오후 간식
15:00~16:20	오후 실내 자유놀이
16:20~16:30	전이활동(2세 후반경)
16:30~17:20	오후 실외 놀이 및 손 씻기
17:20~19:30	귀가 및 통합보육

3) 3~5세 유아를 위한 일과 계획과 운영

3~5세 모든 유아에게 공통 교육과정을 제공하기 위해 유치원과 어린이집에서 편성해야 할 누리과정 운영 시간은 1일 4~5시간이다. 누리과정 운영 시간은 유아가 중심이 되고 놀이가 살아나는 유아·놀이중심 교육과정의 운영 시간이며 동시에 국가가 누리과정 운영에 필요한 행정적·재정적 지원을 하는 시간을 의미한다. 유치원과 어린이집은 1일 4~5시간의 누리과정 운영 시간 외에도 운영 시간을 확장하여 편성·운영할 수 있다. 유치원과 어린이집의 운영 시간에 대한 기준이 다르므로, 각 기관의 실정과 지역적 특성을 반영하여 융통성 있게 편성·운영한다. 누리과정 운영 시간 이후, 운영 시간을 확장하여 편성·운영할 경우에도 개정 누리과정이 지향하는 유아·놀이중심 교육과정이 이루어질 수 있도록 한다.

3세 이후가 되면 보다 구조적인 일과의 운영이 가능해진다. 약간의 도움만으로도 일상생활 활동이 가능하고 유아 스스로도 규칙적으로 일상생활을 진행할 수 있게 되기 때문이다. 그러므로 개인적 생체 리듬에 따라 진행되어야 할 일상생활의 측면을 반영하면서도 다양한 유형의 활동을 개별, 소집단, 대집단의 형태로 일과에 포함하여 운영할 수 있다.

일과는 유아들의 관심과 경험을 반영하는 주제에 따라 활동들이 통합되어 운영된다. 연령에 따라 5세보다는 3, 4세에 자유선택 활동의 시간이 더 길게 배치된다. 또 어린 연령에서는 개인적인 생리적 요구를 더욱 민감하게 반영하여 자유 간식의 형태로 간식을 운영하고, 대집단 활동보다는 소집단 활동을 지향하는 등 발달적 특성을 고려하여 일과 운영이 달라질 수 있다.

또한 일과 운영의 길이에 따라서도 일과의 구성이 달라지는데, 예를 들어 같은 연령이라 하더라도 3시간 정도의 일과에서는 편성되지 않는 휴식시간이 일과시간이 긴 학급에서는 편성되게 된다. 그러나 짧은 일과라 하더라도 3세나 4세 학급의 초기와 같이 어린 유아 학급이거나 환절기와 같이 쉽게 피곤해지는 계절, 피로감을 많이 주는 활동을 한 날에는 직접적으로 일과에 휴식시간을 배치할 수 있다. 실내·외 자유선택활동은 일과에 매일 포함하여 개별 또는 소집단으로 유아들이 자기주도적인 활동을 통해 학습을 하도록 돕는다. 그러나 집단 활동의 경우, 활동의 유형에 따라 일과에 배치되는 빈도가 조정되게 된다. 즉, 이야기 나누기, 동화·동극·동시, 노래 부르기·음악 감상, 동작, 게임, 실험 및 관찰, 견학 등의 대·소집단 활동은 각 활동의 특성에 따라 1주간, 또는 2~3주간의 일정한 기간 동안 1회 또는 그 이상 여러 번 포함되어 일과를 구성하게 된다. 예를 들어, 이야기 나누기와 같은 집단 활동은 매일, 하루에도 1회 이상 포함되는 것이 일반적이다. 동화 감상을 집단 활동으로 하는 것은 거의 매일 이루어지기도 하지만 동극을 집단 활동으로 계획한다면 몇 주 간격으로 한 번씩 배치할 수 있다.

유아기에는 형식적 교육기관을 통한 일과시간이 3시간 정도의 반일제로 운영되는 것이 적절하지만 각 유아의 가정 상황 및 다양한 사회적 요구들을 고려해 일과시간의 길이가 다양하게 발전되어 왔다. 우리나라 「유아교육법」에서는 유치원 3~5세에 대해 4~5시간을 기준으로 교육과정을 편성하도록 제시하고 있으며, 교육과정 운영 이후 방과 후 과정을 운영할 수 있도록 하고 있다(유아교육법 제13조; 유치원 교육과정, 교육부 고시 제2015-61호).

적절한 집단 크기 및 교사 대 아동의 비율은 유아의 발달적 특성과 요구 및 각 활동의 특성에 따라 집단의 구성을 다양하게 할 수 있는 가능성을 열어 준다. 한 학급의 인원이 25명 내외인 경우를 가정할 때, 3~4세의 연령에서 교사는 최소 2인이 배치됨이 바람직하다. 즉, NAEYC의 기준으로는 3~4세는 집단 크기가 각각 18명과 20명을 넘을 수 없고 교사는 2명이 배치되어야 한다고 기준을 제시하고 있다. 연령별로 성인 대 아동의 비율을 제시한 우리나라의 「영유아보육법」에서는 이보다는 기준이 약하게 제시되어 있어, 3세 학급은 유아 15인당 교사 1인을, 4세 학급은 유아 20인당 1인의 교사 배치를 기준으로 제시하고 있다.

5세 학급의 경우, 어린 연령에서보다 집단 활동 시간과 활동의 전이가 좀 더 많아도 비교적 잘 적응할 수 있으므로 이를 고려하여 일과를 구성할 수 있다. 이는 유아들이 집단생활에 적응한 정도와 발달을 반영하는 것이다. 즉, 하루 일과의 시작에서 집단으로 모여 앉아 일과를 계획하는 시간을 가진다든가, 대집단 활동을 어린 연령보다 더 많이 편성한다든가, 그리고 다소 단축된 실내 자유선택활동 시간 등과 같이 일과의 편성 형태에서 다른 특성을 나타낼 수 있다.

집단 활동의 운영에서 5세 역시 어린 연령에서와 마찬가지로 소집단 활동의 편성이 더욱 바람직하다. 그러나 이는 활동의 특성만이 아니라 학급의 교사 수와 같은 인적 요소 등에 따라 선택될 수 있다. NAEYC의 기준으로는 5세 학급에서 유아 10명일 때 교사 1인의 배치가 바람직한 것으로 제시되고 있다.

우리나라의 유치원에서는 1990년대 중반부터 급식을 하고, 4~5시간의 일과 운영, 8시간 전후의 종일 운영 등 다양한 일과 운영 형태가 나타나기 시작하였다. 이러한 시간 편성에 영향을 미친 요인으로는 사회적으로 양육자의 사회활동이 증가하면서 유아교육기관의 일과시간이 늘어나기를 바라는 요구 및 급식을 포함하기를 바라는 부모의 요구 등이 증가한 것과 관련이 있다. 현대 사회의 가족의 삶의 변화로 종일 자녀 양육을 전담하는 가족의 기능이 약화됨에 따라 가족의 자녀 양육과 교육을 도와주기 위한 목적에 따라 종일 일과를 운영하는 형태도 필요하게 된 것이다(교육부, 2000). 이에 따라 1998년 2월부터 초·중등 교육법 시행령이 개정되어 유치원에서도 8시간 이상의 종일반을 운영할 수 있게 되었다. 또한 어린이집의 확대에 따른 유아교육기관에서의 급식 문화의 확산, 초등학교의 급식의 정착과 이에 따른 초등병설 유치원의 점심 급식의 확산도 일과시간의 증대와 관련이 있다고 할 수 있다.

| 표 5-2 | 하루 일과 구성의 예(3~5세)

	사례1(3~4세)		사례2(4~5세)	
	시간	일과 내용	시간	일과 내용
교육과정 하루 일과	8:30~9:00	등원 및 인사 나누기	8:30~09:00	등원 및 인사 나누기
	9:00~9:10	아침모임 (안전교육, 인성교육 등)	9:00~9:10	아침모임 (안전교육, 인성교육 등)
	9:10~10:10	바깥놀이/대근육활동	9:10~10:20	우유간식/자유놀이
	10:10~10:20	우유간식	10:20~11:20	바깥놀이/대근육활동
	10:20~11:20	자유놀이	11:20~11:40	이야기 나누기
	11:30~12:10	함께하는 놀이 (미술, 음악, 신체놀이 등)	11:40~12:30	점심 및 이 닦기
	12:10~13:00	점심 및 이 닦기	12:30~13:00	함께하는 놀이 (미술, 음악, 신체놀이 등)
	13:00~13:30	평가 및 방과 후 연계	13 00~13:30	평가 및 방과 후 연계
방과 후 과정 하루 일과	시간	일과 내용	시간	일과 내용
	13:00~13:30	평가 및 방과 후 연계	13:00~13:30	평가 및 방과 후 연계
	13:30~14:20	특성화 교육활동	13:30~14:00	교재 교육활동
	14:20~15:10	대·소집단활동	14:00~14:30	대·소집단활동
	15:10~15:30	간식	14:30~15:00	간식
	15:30~16:00	교재 교육활동	15:00~16:20	특성화 교육활동
	16:00~16:10	1차 귀가	16:20~16:30	1차 귀가
	16:10~17:30	바깥놀이·자유놀이	16:30~17:30	신체활동·자유놀이
	17:30~19:00	독후활동·개별활동 귀가	17:30~19:00	독후활동·개별활동 귀가

4) 혼합연령 학급의 일과 계획과 운영

혼합연령 학급과 단일연령 학급을 비교한 연구들은 혼합연령 학급에서 리더십이 발달되고, 친사회적 행동의 발달에 긍정적 영향을 미치며, 발달 정도의 차이 때문에 혼합연령 학급에서 발생할지 모르는 인지적인 충돌은 오히려 유아들의 인지의 영역을 넓히는 것으로 작용(Katz, Evangelou, & Hartman, 1990) 한다고 보고하고 있다.

혼합연령 학급에서는 긍정적 강화와 사회적 교류가 보다 자주 나타난다(Goldman, 1981; Mounts & Roopnarine, 1987; Winsler, Caverly, Will-son-Quayle, Carlton, howell, & Long, 2002). 또한 모델이 되거나 모방을 할 수 있는 기회를 많이 갖게 되므로 이를 통해 사회적 능력을 향상하기도 한다. 인지적 측면에서 보다 나이가 많은 유아들은 어린 유아들에게 인지 기능을 한 단계 높일 수 있도록 돕는 비계를 제공한다(Tudge, 1986). 비고츠키의 이론과 연관할 때 혼합연령 학급의 유아들은 상호협력적인 활동을 하는 과정에서 '근접 발달 영역(ZPD)'에 머물게 된다(Katz, Evangelou, & Hartman, 1990). 또한 혼합연령 학급에서는 탈중심화가 촉진될 수 있으며(Derscheid, 1997), 또래 교수와 같은 또래 간의 협력이 일어나기에 아주 이상적인 배치라고 할 수 있다(Roopnarine, Metindogan, & Yang, 2005).

이처럼 혼합연령 학급이 지니는 여러 장점에도 불구하고 교사들에게 있어 혼합연령의 운영은 쉽게 여겨지지만은 않는다. 오히려 혼합연령 학급의 교사는 학급 구성원인 유아들의 개인차가 많으므로 더 많은 능력이 있어야 할 것이다. 혼합연령 학급의 학급당 집단 크기는 구성원의 연령 중 가장 낮은 연령에 적합한 집단 크기를 고려하여 편성하는 것이 최적의 교육여건을 조성할 수 있는 방법이 된다.

교육과정 운영에 있어 교사는 혼합연령 구성의 특성을 고려하여 교수·학습 과정을 재구성하는 노력이 요구된다. 즉, 일상생활 속에서 상호 간의 협력이 일어날 수 있도록 함으로써 혼합연령 학급의 특성이 긍정적으로 유지될 수 있도록 하는 것이 중요하다. 동시에 연령별로 각각의 수준에 따른 능력의 형성에 장애가 없도록 고려하여야 한다. 이를 위해 집단 활동을 각 활동의 성격 및 내용에 따라 수준별로 구분하여 운영하는 것도 하나의 대안이 될 수 있다.

우리나라에서 혼합연령 학급의 편성은 일반적인 경향은 아니다. 즉, 단일연령으로 학급을 편성하는 것이 대부분이다. 「유아교육법」에서도 학급편성을 '같은 연령'으로 할 것을 규정하고 있고, 다만 교육과정 운영에 필요한 경우 혼합연령으로 학급을 편성할 수 있다고 제시하고 있다(유아교육법 시행령 제13조). 그러나 여러 가지 이유로 혼합연령으로 학급을 구성·운영하는 예들도 있다. 즉, 의도적으로 혼합연령 구성이 지니는 장점 때문에 적극적으로 혼합연령으로 구성하는 경우도 있으며, 취원 연령의 원아가 비교적 적은 농어촌 지역의 공립 유치원에서처럼 원아 모집의 상태에 따라 의도하지 않았으나 혼합연령으로 구성되는 경우도 있다. 또 종일반 운영의 한 방법으로 혼합연령 학급이 편성되기도 한다.

Ⅱ. 놀이중심 교육과정 계획 및 운영

2019 개정 누리과정에서는 새로운 시대의 요구에 따라 교육내용을 간략화하고 유아가 주도하는 놀이를 통해 배움이 구현될 수 있도록 유아·놀이중심 교육과정으로 나아가고자 한다. 이 때 교사는 유아 놀이의 가치와 의미를 이해하고 유아의 놀이를 통한 배움을 지원하도록 하는 데 중점을 두어야 한다. 다음은 정나라와 정유진(2020)이 제시한 놀이중심 교육과정에 한 걸음 더 나아가기 위한 내용을 토대로 놀이중심 교육과정의 운영에 대해 알아보고 연간교육계획안과 월간교육계획안 등을 중점으로 살펴보고자 한다.

교육의 기본 방향 세우기

유치원 교육계획은 유치원 실태를 분석하여 유아에게 필요한 1년의 교육 활동을 보여 준다. 그동안 누가 처음 만들었는지 모르는 문서를 계속 복사해서 사용하기도 하고, 어느 유치원 내용이 좋다고 하면 가져와서 그대로 사용하기도 했다. 또한 교사는 교육계획 속의 각종 표나 연간계획에 빈칸이 없도록 무엇이든 가득 채우려고 노력했다. 1, 2월 열심히 하여 한 권의 책이 완성되면, 그 후로는 주간교육계획안을 작성할 때 외에는 찾지 않았던 것이다. 1년의 교육 활동에 대한 계획이라기보다는 그냥 문서였다고 볼 수 있다.

놀이중심 교육과정의 출발점인 계획 단계에서 유치원 교육계획은 아주 중요한 요소이다. 즉흥적이고 창의적인 유아의 놀이 특성에 비추어 보았을 때 사전에 모든 활동을 계획한다는 것은 사실상 어렵다. 유치원 교육계획을 세우며 가장 중점을 둔 두 가지는 실제로 운영하지 않는 내용을 과감히 삭제하여 전체의 내용을 줄여 보는 것과 유아의 놀이가 들어갈 수 있는 빈 자리를 마련해 여유 있는 교육과정을 운영해 보는 것을 반영하고자 한 것이다.

1. 교육계획 속 목표 줄이기

대부분의 유치원에서는 5개 영역에 맞춰 5개 목표를 세운다. 또 그에 따르는 중점 활동을 목표별로 1개 또는 2개까지 계획한 유치원도 많다. 그렇게 되면 총 5개에서 10개의 활동에 대한 연간계획을 세우고 이를 주간교육계획안에 반영했다. 수정과 보완을 거듭하며 만들어가는 교육과정이라 하지만, 계획한 것을 실천하는 것조차 힘들었다. 그래서 교육계획 속 목표부터 줄이기로 했다.

- 우리 유치원 유아들이 가장 좋아하는 것은 무엇인가?
- 잘 놀기 위해 우리 반 유아들에게 필요한 것이 무엇인가?
- 학부모님들은 우리 유치원에서 무엇을 해 주길 바라는가?
- 유아의 놀이를 위해 우리 유치원이 가진 특별함(환경, 자료, 구성원 등)은 무엇인가?

2. 유아가 만드는 놀이가 들어갈 빈 자리 마련하기

놀이중심 교육과정에서 강조하는 것은 각 유치원에 맞는 교육과정을 만드는 것이다. '자신의 생각대로 놀이하기'는 상황에 따라 유아가 하고 싶은 놀이로 채워질 수 있도록 사전에 계획을 세우지 않고 빈 자리로 두었다. 교사는 놀이를 관찰하며 유아의 놀이를 수업으로 이끌어갔던 과정을 기록했다. 과감하게 빈 자리로 두었기에 유아의 자유놀이를 더욱 여유 있게 바라보며 지원해 줄 수 있었으며, 유아의 흥미가 모아진 놀이를 수업에 반영하는 유연성도 갖출 수 있었다.

| 표 5-3 | 유아가 만드는 놀이가 들어갈 빈 자리 예시

월	주	생활주제	만들어 가는 놀이	
			유아의 자유놀이	유아의 놀이를 수업으로
3	1(4~8)	유치원과 친구 (건강과 안전, 생활도구, 세계 여러 나라)		
	2(11~15)			
	3(18~22)			
	4(25~29)			
4	1(1~5)	봄 (동식물과 자연)		
	2(8~12)			
	3(15~19)			
	4(22~26)			

출처: 정나라 · 정유진(2020). 즐거움과 배움과 성장이 있는 놀이중심 교육과정. 서울: 교육과실천.

연간교육 계획안

유치원에는 11개의 생활주제가 있다. 생활주제는 유아의 놀이나 흥미에서 찾아가는 것이 좋겠지만 갑작스러운 변화보다는 점진적으로 작은 부분부터 변화를 시도하는 것이 좋다. 그래서 기존의 연간교육계획에 생활주제와 주제를 통합하거나 축소해 변화를 주고, 자유놀이 주제, 빈 자리 주제라는 새로운 용어를 만들어 놀이중심 교육과정에 적용해 본다.

- 생활주제는 누리과정 지도서에 유치원과 친구, 나와 가족, 건강과 안전, 우리 동네, 봄 · 여름 · 가을 · 겨울, 동식물과 자연, 환경과 생활, 교통기관, 우리나라, 세계 여러 나라, 생활도구로 제시되어 있다. 이 외에도 유치원의 환경, 유아의 발달 수준 및 경험을 고려하여 생활주제를 자율적으로 선정하거나 재구성할 수 있다.
- 주제는 생활주제를 세분하여 교사가 필요하다고 생각한 내용이다. 생활주제와 관련하여 유아들이 충분히 탐색하고 놀이해 볼 수 있는 내용으로 선정한다.
- 자유놀이주제는 유아가 주제와 관련하여 하고 싶은 놀이를 정해서 해 보는 활동이다. 예를 들어, 여름 자유놀이에서는 유아가 여름과 관련하여 하고

싶은 놀이를 정하고 놀이의 순서, 방법, 규칙, 자료 등을 선택할 수 있다.

- 빈 자리 주제는 주제를 정하지 않고 유아가 하고 싶은 놀이를 하거나 유아의 흥미에 따라 교사가 놀이를 계획할 수 있다. 또는 이전의 유아의 놀이가 확장되어 계획했던 기간보다 더하게 된 경우 대체 기간으로 활용할 수도 있어서 여유롭게 교육과정을 운영할 수 있다.

계획한 놀이 주제가 있을지라도 상황이나 유아의 놀이 흐름에 따라 놀이 주제가 변경될 수도 있다. 이럴 경우에는 변경된 이유와 놀이 과정을 함께 기록하며 교육과정을 채워 나갈 수 있다. 다음은 연간교육계획의 예시안이다.

예-1 기존 생활주제에서 작은 변화 주기

- 주별로 주제는 정해져 있고, 학기당 2주씩 빈 자리 주제가 계획됨
- 자유놀이 주제도 주간을 설정하여 유아가 하고 싶은 놀이를 함

예-2 최소한의 생활주제와 최대한의 빈 자리 두기

- 교사가 필요하다고 생각하는 생활주제만 최소한으로 계획하고 나머지는 빈 자리 주제임
- 유아의 흥미나 놀이에 따라 융통성 있게 주제를 운영함
- 빈 자리는 유아의 흥미에 따라 운영한 주제를 직접 기록하면서 교육과정을 운영함

	연간교육계획	특징점
예-1	기존 생활주제에서 작은 변화 주기	• 기존에 연간교육계획을 세울 때 흔히 사용하는 방법임 • 생활주제를 9개로 축소함 • 주별로 주제를 계획함 • 자유놀이도 주간을 설정하여 유아가 하고 싶은 놀이를 함
예-2	최소한의 생활주제와 최대한의 빈 자리 두기	• 교사가 필요하다고 생각하는 최소한의 생활주제만 계획함 • 나머지는 최대한의 빈 자리로 확보함 • 빈 자리는 유아가 원하는 놀이를 충분히 할 수 있도록 돕고, 유아의 흥미에 따라 주제를 융통성 있게 계획할 수 있음. 교사의 자율성을 최대한 보장할 수 있으며 유아가 관심을 보이는 작은 부분까지도 놀이 주제로 운영해 볼 수 있음

예-1 기존 생활주제에서 작은 변화 주기

월	주	일정	생활주제	주제
3	1	02. 개학	유치원과 친구	우리 반 친구와 선생님
	2			유치원에서의 환경
	3			유치원에서의 하루 1
	4			유치원에서의 하루 2
4	1			유치원에서 만난 친구
	2		봄	봄의 날씨와 생활
	3	15. 국회의원선거		봄의 동식물
	4	22. 봄 체험학습		봄 자유놀이
	5		나와 가족	나의 몸과 마음
5	1	04. 재량휴업일		소중한 가족
	2			가족 자유놀이
	3		우리 동네	우리 동네 모습과 생활
	4	27. 아트 체험		우리 동네 역할 놀이
6	1		동식물과 자연	동물과 우리생활
	2	09. 공룡박물관		공룡 자유놀이
	3			내가 좋아하는 동물
	4		유아상상놀이터 유아가 하고 싶은 놀이하기	
7	1			
	2		여름	여름의 날씨와 생활
	3	16. 물놀이체험		여름철 물놀이
	4	24. 여름방학		여름에 할 수 있는 놀이
8	5	24. 개학	유치원과 친구	즐거웠던 여름방학
9	1		교통기관	여러 가지 육상 교통기관
	2	08. 교통공원체험		항공, 해상 교통기관
	3			교통기관 자유놀이
	4		우리나라	우리나라를 나타내는 것
	5	09. 30.~10. 02. 추석		추석(다른 나라의 명절)
10	1			우리나라의 놀이와 예술
	2	14. 가을체험학습	가을	가을 풍경 즐기기
	3			풍성한 가을 보내기
	4			가을 자연놀이
11	1		유아상상놀이터 유아가 하고 싶은 놀이하기	
	2	09. 영화관 체험		
	3		생활도구	다양한 생활도구
	4			컵 자유놀이
12	1	02. 눈썰매 체험	겨울	겨울철 날씨와 생활
	2			겨울에 할 수 있는 놀이
	3	18. 겨울방학		겨울풍경 증기기
2	1	01. 개학	유치원과 친구	즐거웠던 유치원
	2	09. 수료 및 졸업식		수료 및 졸업을 해요

→ 주제별로 주제 계획하기

→ '자유놀이주제' 주제와 관련하여 유아가 하고 싶은 놀이 정하기

→ '빈 자리 주제' 유아의 흥미에 따라 주제와 놀이 정하기

- 주제별로 주제는 정해져 있고, 학기당 2주씩 빈 자리 주제가 계획됨
- 자유놀이 주제도 주간을 설정하여 유아가 하고 싶은 놀이를 함

출처: 정나라·정유진(2020). 즐거움과 배움과 성장이 있는 놀이중심 교육과정. 서울: 교육과실천.

예-2 최소한의 생활주제와 최대한의 빈 자리 두기

월	주	생활주제	주제 선정 이유
3	1	즐거운 유치원	유아들이 유치원은 즐거운 곳으로 느낄 수 있도록 다양한 관계형성놀이와 놀이를 통한 기본생활습관 지도를 하기 위해 교사가 생활주제를 선정했다.
	2		
	3		
	4		
4	1	봄동산에서 놀아요	따뜻해진 날씨에 봄에 볼 수 있는 꽃, 나비, 개미 등의 봄 동물을 만나며 유아들이 최대한 온몸으로 봄을 느끼며 놀 수 있도록 교사가 생활주제를 선정하였다.
	2		
	3		
	4		
	5		
5	1	어린이날	5월 5일 어린이날을 맞이하여 유아들이 특별한 사람이라는 것을 알 수 있는 시간을 갖기 위해 생활주제로 선정했다.
	2	아빠엄마 사랑해요	어버이날을 맞이하여 아빠, 엄마에 대해 고마움을 표현할 수 있는 시간을 갖기 위해 생활주제로 선정했다.
	3		
	4		

교사가 필요하다고 생각하는 최소한의 생활주제만 계획하기

최대한의 '빈 자리로 계획하기'

유아가 원하는 놀이하기
유아의 흥미에 따라 놀이하기
유아의 놀이 확장하기

빈 자리 주제를 채워가는 예시

월	주	생활주제	주제 선정 이유
4	1	봄동산에서 놀아요	따뜻해진 날씨에 봄에 볼 수 있는 꽃, 나비, 개미 등의 봄 동물을 만나며 유아들이 최대한 온몸으로 봄을 느끼며 놀 수 있도록 교사가 생활주제를 선정하였다.
	2	유아상상놀이터	지난 주 따뜻한 봄 동산에서 재미있게 놀이하는 유아들을 보며 빈 자리 주제로 선정하였다.
	3	낚시놀이→상자놀이	지난 주 금요일에 낚시놀이 도구만 만들고 마무리가 되어 낚시를 주제로 선정함. 그러나 유치원에 배달된 택배상자에 더 관심을 가져 상자놀이로 주제가 변경됨
	4	동물원에서 만난 동물들	동물원 체험학습을 가기 전, 다녀와서 동물원에서 만난 동물들에 대해 알아보는 시간을 갖고자 생활주제로 선정하였다.
	5	내가 좋아하는 동물	지난 주 동물원 동물에 대한 관심이 이어져 내가 좋아하는 동물로 놀이할 수 있도록 주제를 선정하였다.
5	1	어린이날	5월 5일 어린이날을 맞이하여 유아들이 특별한 사람이라는 것을 알 수 있는 시간을 갖기 위해 생활주제로 선정했다.
	2	아빠엄마 사랑해요	어버이날을 맞이하여 아빠, 엄마에 대해 고마움을 표현할 수 있는 시간을 갖기 위해 생활주제로 선정했다.
	3	공벌레	등원 길에 친구가 잡아 온 공벌레에 관심이 모아져 공벌레의 먹이, 생김새, 사는 곳 등 유아가 궁금한 것에 대해 알아보기로 하였다.
	4	버찌열매놀이	벚나무에서 떨어진 버찌열매에 관심을 보여 주제로 선정하였다.

- 교사가 필요하다고 생각하는 생활주제만 최소한으로 계획하고 나머지는 빈 자리 주제임
- 유아의 흥미나 놀이에 따라 융통성 있게 주제를 운영함
- 빈 자리는 유아의 흥미에 따라 운영한 주제를 직접 기록하면서 교육과정을 운영함

출처: 정나라·정유진(2020). 즐거움과 배움과 성장이 있는 놀이중심 교육과정. 서울: 교육과실천.

월간교육계획안

연간교육계획에 세운 생활주제나 유아의 흥미를 반영한 놀이 주제에 따라 월간교육계획안을 유아와 만들어 볼 수 있다. 다음은 놀이중심 교육과정을 적용한 현장의 사례이다.

2020학년도	월간교육계획			
놀이주제	동식물과 자연			
놀이목표	- 우리 주변의 동식물에 관심을 가진다. - 우리 생활 속 동식물을 다양한 방법으로 표현한다. - 동식물을 바르게 대하는 태도를 기른다.			

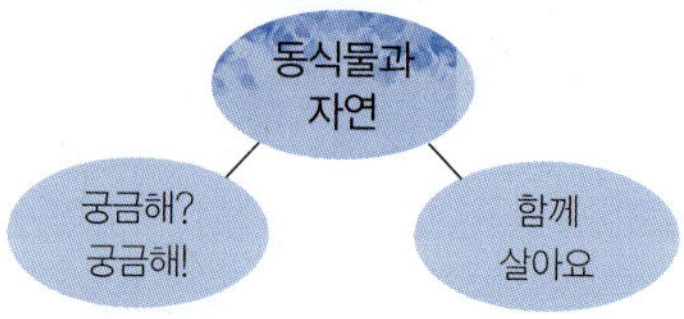

5월의 [놀이활동 주제]는 '**동식물과 자연**'입니다. 내 주변에 있는 다양한 동식물과 자연에 대해 관심을 가지고 우리 주변의 동식물과 자연을 아끼고 사랑하는 마음을 가질 수 있도록 유치원에서 함께 놀이해갈 것입니다.

	1주	2주	4주	4주
	궁금해? 궁금해!		함께 살아요	
함께하는 놀이	• 동식물이 궁금해! • 궁금 주머니를 찾아보자 • 식물이 궁금해! • 동물(식물)도 감정이 있을까? • 나는야 척척박사		• 자연을 사랑해요 • 새싹채소 기르기 • 동물들의 집을 만들어요 • 새싹채소의 변신 • 반디야	
생각쑥쑥 책놀이	• 욕심쟁이 늑대 • 나무가 자라요 • 하나 둘 셋 공룡 • 세상의 많고 많은 초록들 • 안녕! 코알라(다문화 그림책)			
바깥놀이	- 두꺼비 집을 지읍시다 - 유치원 산책하기		- 공 탐색하기 - 공 주고받기(가족을 만들어요)	
기본생활습관	공공장소에서 지켜야 할 예절을 지켜요	전기를 아껴서 사용해요	화장실에서 노크하기	속옷 자주 갈아입기
안전한 생활	(약물 사이버) 스마트폰 중독은 위험해요	(생활) 식중독 예방법	(재난) 화재대피훈련 - 멈춰요! 엎드려요! 뒹굴어요!	(생활) 찾아라 식품 첨가물
6월의 인성	공공장소에서의 예절 : '배려' 이웃을 위한 공감과 배려		부모님의 마음을 기쁘게 해 드려요 : '효' 부모님에 대한 효	
행사 및 체험학습	이야기할머니			6 · 25 평화교육
가정통신문	2020학년도에는 개정교육과정인 '놀이중심 교육과정'이 운영됩니다. 가족 주간교육계획안이 아닌 '월간교육계획안'이 학부모님들께 전달됩니다. • 개인 물품은 매일 씻어서 물을 적당히 담아 보내주시고, 뚜껑이 잘 닫혔는지 꼭 확인해 주세요. • 가정에서도 '유치원과 친구, 가족'과 관련된 책을 자녀와 함께 읽어 주세요. • 칫솔 4개, 손수건(화재대피훈련용 거즈 손수건) 1장, 실내화에 이름을 기재하여 보내 주시기 바랍니다. • 궁금하신 사항은 늘 교사와 상의해 주시면 감사하겠습니다.			

*본 교육활동은 유아의 흥미와 요구 및 유치원 일정, 날씨에 따라 변동될 수 있습니다.

출처: ㅇㅇ유치원 월간교육계획안 예시.

3. 월간교육계획안을 바탕으로 한 교육기록(놀이 이야기) 예시

월간교육계획안은 해야 할 활동을 요일별로 작성하거나 순서를 계획한 것이 아니라서 주간교육계획안보다는 구체성이 떨어진다. 하지만 여유 있게 작성한 월간교육계획안은 유아의 흥미를 바로 반영할 수 있는 유연함이 있다. 다만 교사의 놀이 과정이나 수업 반성에 관한 기록이 필요하다. 일일교육계획과 같은 하루 일과에 대한 의무적 기록이 아닌 유아들의 실제 놀이 과정을 기록한다. 유아의 발달 수준, 흥미 정도, 배움이 일어난 지점 등을 판단하고, 교사의 지원이나 느낀 점 등을 적어 본다. 이 외에도 놀이중심 교육과정을 적용한 후 놀이 이야기(소식지)를 만들기도 한다.

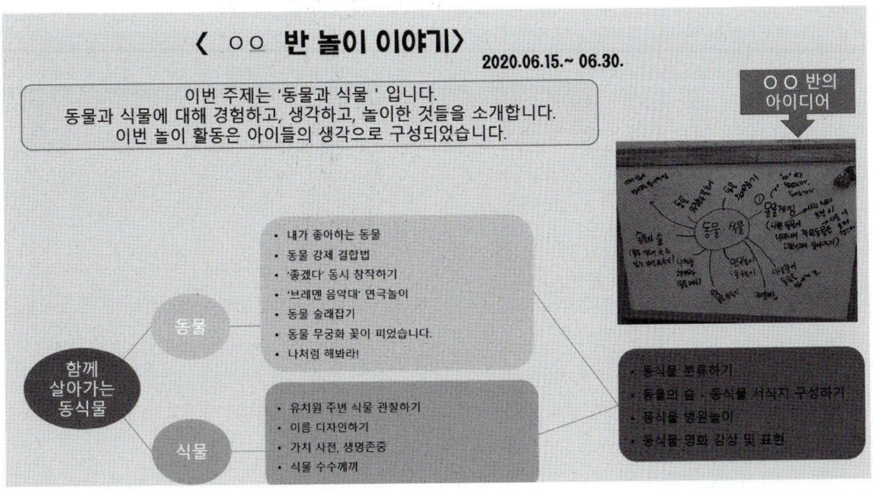

동물

1. 동물 강제 결합법 • 창의성 – 인지적 요소 – 확산적 사고

- 창의성의 기법 중 '강제 결합법 ' 을 활용하여 새로운 동물을 구성해요.
- 2가지 동물을 선정해, 각 동물의 특징을 파악하고,
- 특징적인 요소를 추출한 후 결합해서 새로운 동물을 만들어요.

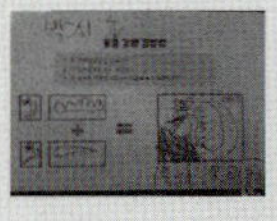
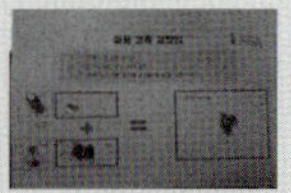

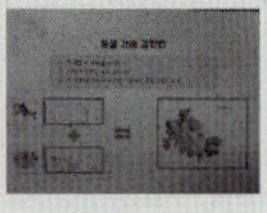
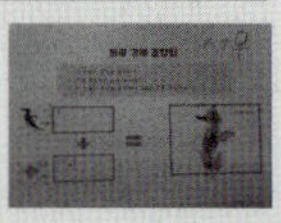
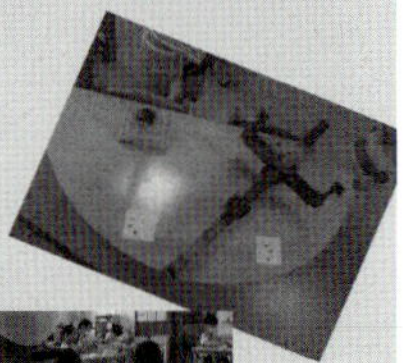

2. 동물 만들기 대회 • 창의성 – 인지적 요소 – 상상화/시각화 능력

- 원하는 블록을 정한 뒤, 내가 만들고 싶은 동물을 만들어요.
- 친구들 앞에서 내가 만든 동물을 소개해요.
- 친구들의 작품을 돌아다니면서 관람하고 감상해요.
- 내가 멋지다고 생각하는 친구 작품에 스티커로 칭찬하고 격려해요.

3. 우리가 생각한 동물 게임 • 신체적 능력 및 즐거움

동물

- 동물로 변신해서 '동물 무궁화 꽃이 피었습니다' 하기
- 동물 술래잡기 – 나쁜 동물이 착한 동물을 잡아요!
- 어미 닭이 고양이로부터 병아리들을 보호해요.

4. 동물 행진쇼 • 의사소통능력 및 자기 표현

- 내가 좋아하는 동물 그림 그려서 머리띠 만들기
- 함께 계획해서 동물 행진 무대 구성하기
- 음악에 맞추어 동물로 변신해서 행진하기

5. 동물의 숲 • 창의성 – 인지적 요소 – 상상화/시각화 능력 • 협업 능력 • 의사소통능력

동물

- 동물의 서식지를 구성하는 활동
- 동물들을 분류하고, 서식지에 대해 사진 및 영상 자료로 이야기 나누기
- 필요한 재료를 산책하면서 수집하고,
- 바다 팀, 야생 팀, 하늘 팀, 땅 팀으로 나누어 동물의 서식지를 구성해요.

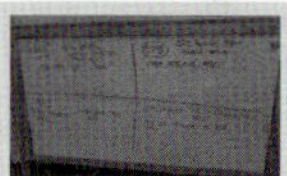

계획

관찰 및 수집

분류

표현

평가

동물

6. **'좋겠다' 동시 창작하기** * 의사소통능력 * 표현능력
- 동물의 특성 이야기 나누기
- 동물에게 부러운 점 생각해보기
- 자신의 생각을 짧은 동시로 표현 해보기

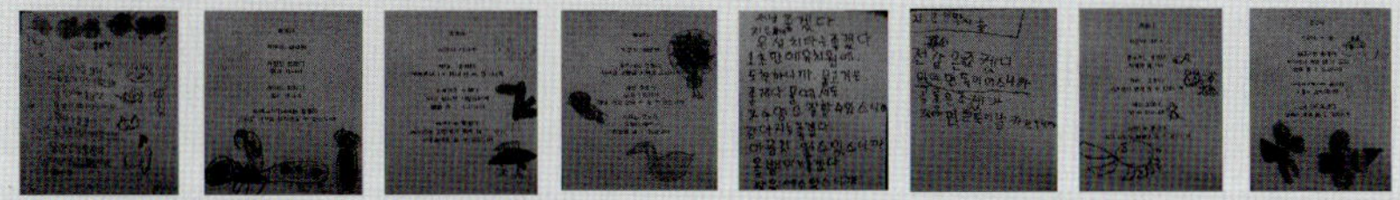

8. **'브레맨 음악대' 연극놀이** * 창의성 – 사고의 확장 – 확산적 사고 및 상상력 능력 * 의사소통능력 * 협업능력
- 동화 듣기
- 동화 회상하며, 연극 놀이 계획하기(대본 만들기, 배경 구성하기, 역할 나누기, 준비물 등)
- 브레맨 음악대 연극놀이 함께 하기

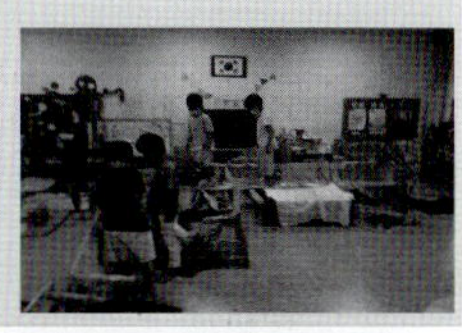

식물

9. **텃밭 작물 수확하기 – 오이** * 생태적 감수성 * 창의성– 동기적 요소 – 호기심
- 오이 꽃 끝에서 오이가 자라나는 것을 관찰하기
- 오이 먹어보고 난 뒤 이야기 나누기

<아이들의 말, 말, 말>

1. 지렁이를 우리 텃밭에 이사 시켜서 오이를 더 잘 자라게 해봐요.
2. 오이가 우리 팔만큼 커요.
3. 오이가 과자처럼 바삭바삭해요.
4. 오이 ASMR을 릴레이로 해봐요.

10. **다양한 식물 관찰 및 놀이** –* 생태적 감수성 * 창의성– 동기적 요소 – 호기심
- 유치원의 동백나무 열매, 꽃, 곤충 등을 탐색하고 활용해서 놀이해요.

〈총평〉

2주 동안 우리 아이들과 동물과 식물에 대해 경험하고 놀이했습니다.
계획한대로 다 하지는 못했지만(특히, 식물보다는 동물에 관심이 많아서 대부분의 활동이 동물과 관련된 활동으로 이루어짐.) 이번 주제도 즐겁게 채워 나갔습니다.

아이들과 활동 평가(인터뷰)를 한 결과,
1) 동물의 서로 다른 특징에 대해서 알게 되었고,
2) 동물과 식물을 아껴 주어야 한다는 것을 느끼게 되었다고 합니다.
특히, 아이들의 제안으로 시작된 '동물의 숲' 활동의 선호도가 높았습니다.
서식지에 대해 알아보고, 동물들을 분류해보고, 협력해서 동물의 숲을 구성했던 것이 우리 아이들에게 즐거운 경험으로 남은 것 같습니다.

주제는 끝났지만 동식물에 대한 아이들의 호기심과 흥미는 지속되고 있습니다.
요즘은 바깥 놀이 하면서 만나는 동식물(특히, 지렁이)에 대한 관심이 많아지고 있습니다.
7월 주제인 '여름 ' 을 진행하면서도 우리 아이들의 동식물에 대한 활동은 이어질 것 같습니다.

가정에서도 우리 아이들의 호기심이 배움까지 이어질 수 있도록 도와주시면 감사하겠습니다.

출처: ㅇㅇ유치원 5세반 놀이 이야기 예시.

정리를 해 보면 교사들은 유아에게 즉각적으로 반응하여 활동을 하고 싶어한다. 그러나 때에 따라서는 보고 들은 것의 의미를 찾아 놀이적 요인과 교육적 의미를 고려하여 어떻게 활동으로 연결할 것인지 고민하는 시간도 필요하다. 따라서 관찰을 토대로 발견한 놀이를 성찰하는 시간이 필요함을 의미한다. 또한 교사가 주도한 놀이에는 놀이적 요인을 반영하고 유아가 주도하는 놀이에서는 교육적 의미를 더해 균형을 이루어야 한다. 즐거움, 선택, 주도성, 몰입, 과정 지향성이라는 놀이적 요인(경기도교육청, 2017)을 최대한 반영하여 교사가 주도한 놀이라고 하더라도 유아가 만든 놀이처럼 느끼도록 한다. 놀이 과정에서 유아가 스스로 선택할 수 있는 부분은 어디일까? 유아가 즐겁게 참여하려면 어떻게 해야 할까? 불필요한 규칙이나 제약이 있는가? 등 교사주도의 놀이를 계획할 때는 다방면으로 점검할 필요가 있다. 계획하지 않았지만 유아의 놀이에서 확장된 활동에도 교육적 의미를 찾거나 교육과정과의 연계를 통해 배움이 일어나도록 도울 수 있다. 따라서 놀이중심으로 계획하는 것은 다양한 요인을 고려하여 계획하고 반영해야 한다.

Ⅲ. 교육과정을 위한 환경 구성

교육과정 운영을 위한 환경으로 교사의 역할과 실내·외 환경에 대해서 살펴보고자 한다.

1. 교사의 역할

교육과정 운영에서 교사의 역할이 중요한 것은 유아들의 성장·발달에 큰 영향력을 미치기 때문이다. 교사의 역할을 효율적으로 수행하기 위해서 정리하면 다음과 같다(김경철 외, 2017; 문미옥, 2008).

1) 교육과정 계획자로서의 역할

교사는 학급의 교육과정을 계획·운영하는 역할을 한다. 교사는 교육철학, 유아들의 흥미, 발달 및 기관의 교육목적이 제대로 달성될 수 있도록 내용 선정, 활동조직, 환경 구성, 교육 실행 및 평가 등의 역할을 수행한다. 우선적으로 교사는 해당하는 유아의 발달 수준 및 흥미와 관심사, 부모나 지역사회의 요구 및 여건, 국가 수준의 교육과정, 기관의 상황 등을 참고하여 교육계획을 선정해야 한다.

2) 교수-학습 수행자로서의 역할

유아교사는 유아 개개인의 개인차를 고려한 교육을 실행하기 위하여 교수 수행자로서의 역할을 수행한다. 유아의 유아교육기관에서의 경험 중 대부분은 교사와의 상호작용을 통해 이루어진다. 교사와 유아 간의 긍정적인 상호작용은 교수-학습의 질을 구성하는 핵심적인 요소이다. 교사는 유아의 상호작용자로서 단순히 지시와 통제를 하거나 이와는 대조적으로 방관하는 것이 아니라, 풍부하고 다양한 자료를 준비하고 활동을 계획하여 유아에게 선택의 자유를 주며 하루 일과 속에서 지속적인 언어적·교육적 상호작용을 해야 한다.

브레드캠프와 로즈그란트(Bredekamp & Rosegrant, 1992)는 교사의 개입 정도에 따라 상호작용 유형을 지시적 유형에서 비지시적 유형의 여덟 가지로 구분하였는데 이러한 교수 유형은 하루 일과 중 각각 분리되지 않고 지속적이며 연속적으로 일어난다. 따라서 여덟 가지의 상호작용 유형은 활동의 성격과 상황에 따라 적절히 활용되는 것이 바람직하다. 여덟 가지의 상호작용 유형을 좀 더 구체적으로 살펴보면 다음과 같다.

(1) 인정하기(acknowledge)

유아에게 관심을 보이며 긍정적인 격려나 칭찬을 해 주는 것을 말한다. 교사가 유아에게 관심을 가지고 유아의 생각이나 느낌, 행동을 인정해 주면 유아는 더욱 즐겁게 생활하고 활동에 참여할 수 있다. 그러나 칭찬이 막연하고 지나친 칭찬은 활동과제에 대한 유아의 동기를 약화시킬 수도 있다. 칭찬을 할 때는 결과중심보다는 과정중심으로 하는 것이 좋고 구체적으로 하는 것이 효과적이다.

(2) 모범 보이기(model)

모범 보이기란 반에서 일어나기를 바라는 경향, 태도, 가치에 대해 교사가 바람직한 모습을 보여 줌으로써 유아가 적절한 행동을 하도록 하는 상호작용을 말한다. 모범 보이기는 보통 비지시적인 형태로 나타나는데 골고루 먹기 등을 교사 자신이 골고루 먹는 모습을 항상 보여 줌으로써 유아들이 자연스럽게 닮아가도록 한다. 또한 행동 그 자체의 모방을 하는 것에 초점을 두기보다 행동 이면의 가치, 성향, 태도를 닮아갈 수 있도록 하는 것이 중요한데, 예를 들어 동물에게 먹이 주기와 같은 행동을 통하여 동물을 사랑하는 마음을 갖도록 하는 것이나 어른께 공손한 말씨로 인사하는 행동을 통하여 웃어른을 존경하는 마음을 갖도록 하는 것이다.

(3) 촉진하기(facilitate)

촉진하기는 교사의 최소한 개입으로 다음 수준의 기능을 할 수 있도록 돕는 상호작용 유형이다. 예를 들면, 유아가 자전거를 탈 때 균형감을 갖게 될 때까지 잠시 자전거 뒤를 잡아 주는 것 같은 도움을 제공하는 것을 의미한다. 또한 인접놀이 영역의 소음으로 인해 놀이에 집중하지 못하는 경우, 교사가 조용한 영역에서 그 놀이를 할 수 있도록 공간을 마련해 주고 곁에서 지켜봐 주는 역할을 하는 것을 말한다.

(4) 지원하기(support)

지원하기는 촉진하기와 유사하지만 교사의 참여 정도에서 차이가 있다. 촉진하기는 어떤 상황에서 행동의 시작과 끝을 결정한다. 예를 들어 자전거에 보조바퀴를 달아주어 완전히 자전거 타기에 익숙해지면 보조바퀴를 떼어 주는 것처럼 유아가 적극적으로 활동을 하되 교사의 분명한 도움이 필요한 것을 말한다.

(5) 지지하기(scaffold)

지지하기는 유아가 기대되는 능력에 도달되도록 유아에게 적합한 학습방법을 사용하여 도움을 주거나, 도전의 기회를 마련해 주는 상호작용 유형이다. 모든 유아의 잠재적 가능성에 도달하는 목표를 달성하려면 지지하기는 필수적이다. 발달에 적합한 교육과정 운영은 유아의 현재 능력에 꼭 맞는 것만을 강조하는 것이 아니라 유아의 현재 발달을 고려해서 좀 더 앞으로 발전할 수 있도록 도와줄 수 있어야 한다. 따라서 교사는 항상 유아가 학습의 어느 단계에 있는지 파악하여 새로운 수준의 능력이나 이해로 나아갈 수 있도록 상호작용하도록 해야 한다.

(6) 함께 구성하기(co-construct)

함께 구성하기는 교사와 유아가 함께 문제나 과제를 함께 생각하고 조사하며, 배우고 해결해 나가는 것을 말한다. 이 상황에서는 교사와 유아가 모두 학습자이면서 동시에 교사가 된다. 예를 들면, 유아교육기관에서 교사와 유아가 함께 블록쌓기 활동을 한다든지, 역할놀이 영역에서 함께 역할놀이를 하는 것 등이 이에 해당된다.

(7) 시범 보이기(demonstrate)

시범 보이기는 교사가 활동을 직접 하면서 유아가 활동의 결과를 관찰하는 것을 말한다. 따라서 함께 구성하기보다 더 지시적인 교수유형이라고 할 수 있다. 유아가 하는 활동이 잘못된 방향으로 진행되고 있는 것이 분명하거나, 안전하지 않다고 판단될 경우 이러한 시범 보이기는 적절한 교수 유형으로 추천되고 잇다.

그러나 예를 들어 물에 뜨는 것과 가라앉는 것에 대한 학습과 같은 활동은 유아가 직접 탐색하며 촉진하기 교수유형을 사용하는 것이 더 적절한 교수법인데도 불구하고, 많은 교사는 학급 전체를 대집단으로 모여 시범 보이기를 하는 것을 종종 볼 수 있다. 물에 빠질 염려가 있을 정도로 물놀이 용기가 깊은 경우가 아니라면 시범은 오히려 유아의 학습에 방해가 될 수도 있다.

(8) 지도하기(direct)

지도하기는 유아들이 착오 없이 학습을 할 수 있도록 교사가 필요한 정보나 지식을 전달하는 경우를 말한다. 유아들이 스스로 문제를 발견하고 해결하는 것보다 직접적으로 그 방법을 말해 주는 것이 더 효과적일 때 사용하는 것이 바람직하다. 어떤 과제를 반드시 특정한 방법으로 수행하기를 원할 때 이 방법을 사용할 수 있다. 유아교육기관에서 안전에 관한 교육내용이거나 새로운 도구를 사용하는 방법과 새로운 기술을 익히는 경우가 해당될 수 있다.

3) 관찰·평가자로서의 역할하기

효과적인 교육을 수행하기 위해 교사는 무엇보다 먼저 유아의 발달 수준 및 개인적 욕구를 이해해야 한다. 즉, 교사는 유아의 개인적 능력이나 요구, 개인차를 파악하여 개별화된 교육을 수행해야 한다. 따라서 유아교사는 항상 유아의 건강상태, 행동, 느낌 등을 세심하게 관찰한 후 기록하고 그 결과를 교육계획에 반영해야 할 것이다. 또한 교육과정 운영에 대한 평가에 있어 교육계획 수립의 적절성, 일과 운영의 적절성, 교수-학습방법의 적절성, 교육환경 및 교재·교구의 적절성 등을 포함하여 평가를 실시하고 활용해야 한다. 교육활동이 실행과정을 점검하고 평가하여 수업개선과 교육의 질 관리에 활용할 수 있도록 해야 한다.

2. 실내·외 환경

적절한 시설 및 설비·교구가 갖추어진 유아교육의 물리적 환경은 인적 요인과 더불어 유아발달과 유아교육의 질을 결정짓는 중요한 변인이 된다. 유아교육에서 상호작용은 크게 유아-유아, 유아-교사, 유아-환경이라는 세 가지 차원에서 이루어진다. 그중 유아-환경 간의 상호작용은 상급 학교에서보다 유아교육에서 갖게 되는 중요한 교육적 특징이라 볼 수 있다. 유아교육에 있어서 효과적인 학습환경은 학습에 대한 유아의 동기유발을 불러일으키고, 다양한 방식으로 유아의 발달과 학습도를 강화시켜 준다.

실내·외 물리적 환경이 어떻게 구성되어 있느냐에 따라 유아교육의 운영방침이 달라지므로 유아교육과정 운영에 적합하도록 구성되어야 한다. 환경구성은 교육과정을 풍부하게 해 주고 지원해 주기 위해서 세심하게 고안된 실내·외의 다양한 흥미 영역 속에서 유아가 선택할 수 있도록 해야 한다. 또한 유아의 흥미를 유지시키고 의미 있고 흥미로운 경험을 제공해 주어야 한다.

유아교육기관의 물리적 환경은 건물, 운동장, 급수·하수 등의 외곽시설과 내부 시설을 의미한다. 총칭하면 실내와 실외의 물리적 환경으로 구분할 수 있다. 성인과는 달리 영유아기의 발달적 특징은 무엇을 가만히 앉아서 학습하기보다는 주변 환경에 대한 끊임없는 흥미와 호기심, 왕성한 활동력을 가지고 적극적으로 주변 환경을 탐색하고 반응하며 발달을 이루는 것이다(이기숙, 2000). 그러므로 물리적 환경요인은 유아의 성장 발달과 교육에 있어 아주 중요하다.

물리적 환경을 구성하는 데 있어서 고려해야 할 원칙은 다음과 같다(이기숙, 2000; Decker & Decker, 2005).

첫째, 유아교육기관은 다른 기관이나 건물과 독립하여 모든 설비를 갖추는 것이 좋다. 건물은 되도록 단층으로 하고 활동하기에 충분한 실내·실외 공간이 있어야 한다.

둘째, 물리적 환경은 유아에게 적합하여야 한다. 즉, 유아의 성장·발달 원리에 입각하여 환경을 계획해야 하고, 유아의 발달적 특징·성숙도·욕구·흥미·개인차 등을 고려해야 한다. 책상·선반·의자 등은 유아의 신체의 크기에 맞도록 하여 교사의 도움 없이도 쉽게 사용하고 정리할 수 있도록 해야 한다. 또한 유아교육기관의 시설 설비는 성인에게도 편안하여야 한다.

셋째, 유아와 성인 모두에게 최대한의 건강과 안전을 기하는 환경이 되어야 한다.

넷째, 충분하고 다양한 공간, 창의적인 공간, 심미적인 공간 구성이 되도록 한다. 즉, 유아가 자유롭게 주위 환경을 탐색해 보도록 하며, 너무 복잡하거나 쉽게 싫증 나지 않도록 해야 한다. 유아교육기관의 유형에 따라 일과활동이 다양하겠으나, 유치원이나 어린이집 프로그램은 수업 시간에 모여 앉아서 교사의 설명을 듣는 형태로 운영하기보다는 대부분 자유놀이를 통한 여러 가지 활동으로 구성되기 때문에 협소한 공간에서 제약을 받게 되면 곧 싫증을 느끼기 쉽다. 또한 공간배치와 교구는 다양한 것이 효과적이다. 사물의 배치에서 높낮이에 차이를 두는 것, 영역의 크기, 소리, 빛과 색 등의 다양성과 이를 통해 나타나는 디자인이 심미적 기쁨을 주는 것이 되어야 한다.

다섯째, 융통성 있는 환경을 구성해야 한다. 이는 영유아의 흥미의 변화를 반영하며, 개인적 활동과 집단 활동이 모두 가능하도록 하는 구성을 의미한다. 다양하고 융통성 있는 교실환경은 그 자체로 유아교육과정 운영의 중요한 매체이기도 하다. 융통성 있는 환경 구성은 그때그때의 교육 내용과 활동에 따라서 유동성 있게 배치될 수 있도록 이동이 가능한 설비와 기구를 이용함으로써 가능하다. 계절의 변화를 고려하여 흥미 영역의 환경 구성과 교구를 바꾸어 주거나, 칸막이를 활용하는 것, 책상·교구장의 이동, 흥미 영역의 위치 이동으로 다양한 환경 구성의 변화를 가져올 수 있다.

물리적 환경 구성을 실내환경, 바깥놀이 환경, 일상생활을 위한 환경으로 나누어 살펴보고자 한다(김경철 외, 2017; 이기숙 외 2019).

1) 실내 환경

실내는 주로 현관, 활동실(교실), 관찰실, 교사실, 화장실, 위생실, 창고, 조리실, 휴식을 위한 시설 등으로 구분되는 것이 이상적이나 일부 시설은 여건에 따라서 유동성 있게 구성, 이용할 수 있다. 종일제 프로그램을 운영하는 경우, 주방의 조리실과 낮잠을 재울 수 있는 휴식시설이 필수로 요구된다.

가장 핵심이 되는 시설인 활동실은 유아가 주로 생활하며 활동하는 장소이므로 자유롭게 활동할 수 있는 충분한 공간을 확보해야 한다. 프로스트와 키싱어(Frost & Kissinger, 1976)에 의하면 교실 내부의 설비 구성은 주로 건조하고 조용한 곳, 활동적이고 건조한 곳, 조용하고 물이 있는 곳, 활동적이고 물이 있는 곳의 네 가지 공간 구성으로 구분된다(Frost & Kissinger, 1976).

활동실의 구성과 배열은 이러한 네 가지 공간의 특성에 근거하여 흥미 영역으로 구성할 수 있다. 물이 사용되는 활동영역은 되도록 건조한 활동영역과 분리되도록 하며, 활동적인 영역은 되도록 조용한 영역에서 멀리 떨어뜨려 설치하도록 한다.

① 조용한 곳 – 건조한 곳(제1지역)은 책 보기, 듣기, 이야기 나누기, 동화, 쓰기, 게임과 소집단 활동을 위한 곳으로 구성된다.

② 활동적인 곳 – 건조한 곳(제2지역)은 대근육 활동, 쌓기놀이, 목공놀이, 역할놀이, 음률활동 등을 계획한다.

③ 물이 있는 곳 – 조용한 곳(제3지역)은 요리하기, 간식먹기, 가위로 오리고 풀로 붙이기, 점토 만지기 등의 미술활동을 계획한다.

④ 활동적인 곳 – 물이 있는 곳(제4지역)은 주로 물놀이, 모래놀이, 손 씻는 곳, 물감그림 그리기, 물을 사용하는 과학실험 등을 계획한다.

물을 필요로 하는 지역 (제3과 4지역)에는 될 수 있는 대로 바닥이 젖지 않게 깔개를 해 준다. 제1과 2지역은 건조한 영역으로서 활동의 성격에 따라서는 소음을 줄이기 위해 부분 카펫 등을 깔아 준다.

흥미 영역은 유아교육의 일반적인 환경 구성 형태이다. 시펠트(Seefeldt, 1980)는 흥미 영역을 분리대라든가 기타의 방법으로 경계를 암시하도록 설비하여 분명히 구분되는 교실의 각 영역을 총칭한다고 정의하였다. 이들 각 영역에는 영역의 특성과 관련된 창의적인 놀이를 촉진해 줄 수 있는 교구와 장비를 비치한다. 전체적으로는 조용한 놀이, 활동적인 놀이, 고립놀이, 집단놀이 사이의 균형을 이루도록 한다. 흥미 영역 중심의 환경구성은 물리적·시각적으로 경계 지어진 영역 내에서 주의집중과 심리적 안정감을 얻을 수 있게 하며, 유아의 자발적 참여와 구체적인 경험을 통해 폭넓고 다양한 통합적 활동을 하도록 하는 데 의의가 있다. 뿐만 아니라, 유아 개인의 발달적 특징에 따른 개별화 학습 및 또래 간의 소집단 활동을 할 수 있도록 한다. 중요한 것은 각 흥미 영역이 얼마만큼 균형을 이루는지에 있다.

흥미 영역은 낮은 분리대, 칸막이, 이동식 교구장, 가리개, 책꽂이 등으로 구분되어 각 영역별 특수성을 유지하면서 통합적 운영이 가능해야 하며, 영역 간 통행이 자유롭고 모든 영역이 교사의 시야에 들어올 수 있도록 개방적으로 구성되어야 한다. 시간이 지나면서 유아들은 각기 다른 영역에 알맞은 행동을 배우며 다양한 활동을 하게 된다.

흥미 영역의 가치는 다음과 같다(Seefeldt, 1980).

첫째, 효과적·창의적으로 폭넓고 다양한 경험을 할 수 있는 기회를 보다 많이 제공해 준다.

둘째, 물리적·시각적으로 경계를 지음으로써 유아의 주의를 집중시키고, 다른 활동을 하는 유아로부터의 방해를 통제할 수 있다. 그리고 각 활동의 특징에 따라 영역별로 정해진 공간 구성은 전체적으로 안정된 분위기를 형성해 주기도 한다.

셋째, 놀이할 영역을 스스로 선택하기도 하고, 교실에 설치할 영역을 결정하는 데 참여할 수 있게 되어 유아의 의사결정 능력 발달을 촉진한다.

넷째, 기능적인 영역별 분류는 유아들에게 자신의 경험을 분류·조작하는 것에 도움을 주며, 그 자료를 다른 사람의 도움 없이도 혼자 다룰 수 있게 한다.

흥미 영역을 통해서 얻게 되는 교육적 가치는 곧 놀이활동을 통해 얻을 수 있는 교육적 가치라고도 할 수 있다. 배치되는 영역은 어느 정도 고정적이며, 각각 유아 교육 프로그램이 설정한 교육목표를 반영한다. 일반적으로 흥미 영역은 여러 가지 유아의 활동 형태와 학문적 영역에 따라 구분된다고 할 수 있다. 연령과 학급의 여건 등에 따라 달라지기도 하지만 주로 쌓기놀이 영역, 역할놀이 영역, 언어 영역, 조작놀이 영역, 미술 영역, 음률활동 영역, 과학놀이 영역, 목공놀이 영역, 물놀이·모래놀이 영역 등을 구성된다.

다음은 학급운영 시 교실환경 꾸미기에 관한 내용이다. 위의 내용은 기본적인 실내·외 환경의 원리라고 본다면 놀이중심 교육과정을 운영하기 위해 기본적으로 필요한 교실환경 꾸미기의 예시를 제시하고자 한다(뿌리 깊은 유치원 교사 연구회, 2019).

교실환경 꾸미기

일단, 청소부터

유치원은 학교와 다릅니다. 유아들은 교실에서 맨발로 다닐 뿐만 아니라 눕고 엎드리고 뒹굴기도 합니다. 면역력이 약한 유아들이 매일 이렇게 '생활'할 공간이기에 당연히 유치원 교실은 더 청결해야 합니다. 청소를 도와주는 보조 인력이 있다고 해도 늘 깔끔한 교실 청소를 기대하긴 어렵습니다. 결국 교실을 구석구석 깔끔하게 관리하는 것은 대부분 교사의 몫이 됩니다. 어차피 매일 생활할 교실, 입학 전에 깨끗이 청소해 두면 교사의 마음도 한결 가볍고 뿌듯합니다. 시작 전에 미리 묵은 때를 벗겨 두면 앞으로 두고 두고 관리도 수월하므로 날을 정해 교실 대청소를 해 봅시다.

흥미 영역 배치와 놀잇감

그럼 이제 흥미 영역을 배치해 볼까요? 선생님의 귀한 에너지를 낭비하지 않기 위해서는 기존 교실을 새롭게 구성하기에 앞서 고려해야 할 점들이 있습니다. 교실 공간을 효율적으로 활용하여 흥미 영역을 배치했는지, 통행이 원활한지, 정적 영역과 동적 영역이 구분되어 있는지, 물이 필요한 영역들이 수도와 가까운지 등을 미리 다각적으로 모색해 보아야 합니다.

보통 영역 간 동선 확보를 위해 교실의 중앙부는 빈 공간으로 남겨 두어 대집단 활동 장소로 활용합니다. 쌓기, 역할, 음률 영역처럼 놀이 활동의 특성상 상호 보완하는 영역은 인접 배치하고, 활동성에 따라 서로 방해가 될 만한 영역은 서로 거리를 두어 배치하는 것이 좋습니다. 그렇지 않으면 자칫 유아 간 갈등을 조장할 수도 있기 때문입니다.

흥미 영역의 수는 연령, 유아 수, 시기 등을 고려하여 융통성을 발휘해야 합니다. 예를 들어, 크기가 같은 교실이더라도 3세 교실보다 5세 교실의 영역 수는 더 많고 복잡하며 더 다양한 놀잇감이 필요합니다. 같은 맥락에서 학기 초에는 흥미 영역의 수와 놀잇감 가짓수를 제한하는 것이 좋습니다. 학기 초에 놀잇감을 양껏 꺼내 주면 유아들이 탐색하느라 이리저리 만지다가 뒤섞이기 쉽고, 이를 정리하는 과정에서 유아는 힘들어하고 그런 유아들에게 정리를 지도하는 교사도 매일 힘들 수 있습니다. 이때는 기본생활습관 및 학급 절차를 배우는 시기이므로 정리하기 쉽고 단순한 구조가 모두에게 도움이 됩니다.

흥미 영역별 놀잇감

- 쌓기 놀이 영역: 유니트 블록, 벽돌 블록, 동물모형, 자동차모형
- 언어 영역: 생활주제(유치원과 친구) 관련 동화책, 언어 교구, 손 인형, 세이펜 또는 소리책, 쓰기 도구
- 역할 놀이 영역: 가족 놀이 소품, 가게 놀이 소품, 인형
- 미술 영역: 그리기 도구, 종이류, 점토 등
- 수조작 영역: 퍼즐, 보드게임판, 몰펀 등
- 과학 영역: 금붕어, 화분, 씨앗 등 자연물, 돋보기
- 음률 영역: 노래판, 리듬악기, 스카프

TIP

학기 초에는 기본생활습관 및 학급 절차를 배우는 시기이므로 정리하기 쉽고 단순한 구조가 모두에게 도움이 됩니다. 따라서 영역별 놀잇감은 종류와 수량을 조금씩만 꺼내 주세요.

학기 초 적응기가 지나면, 흥미 영역의 수와 놀잇감의 종류를 더욱 확장하여 제공해 줍니다. 유아의 반응과 참여도를 기준으로 삼으면 파악하기 쉬운데, 싫증을 느끼지 않도록 환경에 변화를 주어 조성해 주면 흥미를 유지해 놀이의 효과를 높일 수 있습니다. 그러나 지나친 공간의 변화는 오히려 정서적 안정을 해치므로 흥미 영역을 재구성할 때는 교실의 1/3 이내 범위에서 변화를 주어 다양하면서도 안정감 있는 환경을 제공하는 것이 좋습니다.

깨알 같은 환경 구성 이모저모

환경판

학기 초의 환경 구성이라 하면 많은 교사가 커다란 환경판을 떠올립니다. 교실에 들어서면 한눈에 보이는 부분인지라 환경판을 꾸미는 데 교사들이 많은 시간과 정성을 쏟곤 합니다. 생활주제별로 환경판 내용 또한 수시로 교체해야 하므로 손재주가 없는 교사는 여간 부담스러운 게 아닙니다. 그러지 말고, 환경판을 선생님이 채워야 한다는 의무감을 내려놓고, 오로지 유아 작품을 위한 공간으로 비워 두는 용기를 내 보면 어떨까요? 아이들이 없는 학기 초에는 환경판에서 여백의 미를 즐길 수 있는 마음의 여유도 함께 준비하고요.
최근에는 많은 유치원에서 환경판을 지양하는 추세입니다. 실제로 교실에 환경판 자체가 아예 설치되어 있지 않은 경우도 흔히 볼 수 있습니다. 환경판이 없으니 오히려 더 창의적인 방법으로 구성한 각 흥미 영역이나 복도에 전시되니 유아들의 작품에 시선이 갑니다. 이것만으로도 충분히 계절의 변화와 생활주지를 느낄 수 있으니 교육적 효과가 있고, 심미감을 주며, 다양한 유아 작품을 감상할 기회를 줄 수 있습니다. 그리고 교사는 전시용 2D(평면) 작품에 대한 강박과 완성도 높은 환경판에 대한 부담감에서 벗어날 수 있습니다.

흥미 영역판

흥미 영역판은 일반적으로 각 영역의 이름과 한 번에 들어가서 활동할 수 있는 인원수를 반영하여 제작합니다. 예를 들어, A4용지 크기의 나무판을 배경으로 맨 위에는 그 영역의 이름을 붙이고, 음료수 병뚜껑에 유아 이름을 붙여 이름표를 만들어서 영역별 제한 인원만큼 벨크로를 붙여 완성하기도 합니다. 유아 이름표는 분실되는 일이 종종 있으므로 쉽게 다시 만들 수 있도록 재료를 여유 있게 준비해 둡니다.
영역별 게시판에 들어갈 글자도 크게 출력하여 부착해 두면 편합니다. 예를 들어 미술 영역의 '우리들의 솜씨', 과학 영역의 '관찰해 보세요'와 같이 게시판의 성격이 고정된 경우는 미리 준비할 수 있습니다.
그런데 흥미 영역을 준비할 때 간과하기 쉽지만, 매우 중요한 점이 있습니다. 물론 이렇게 흥미 영역판을 만들 때도 감안해야 하는 부분입니다. 그것은 바로 교사가 준비한 흥미 영역이 유아의 흥미에 따라 얼마든지 재배열되고 통합될 수 있다고 생각을 열어 두는 것입니다. 만약 교사가 미리 구획을 나눈 영역을 통제하고 구조화한다면, 그것은 더 이상 유아의 흥미가 중심이 된 공간이라고 볼 수 없습니다. 흥미가 진정한 놀이로 이어지려면 유아에게 주도권이 있어야 하며, 이 과정에서 자연스럽게 영역이 서로 통합되고 개방되며 놀이가 확장될 수 있습니다. 또, 영역별 인원수를 제한하는 것 역시 유아가 놀고 싶은 것을 제한한다는 점에서 '흥미' 영역이 지향하는 '놀이'의 성격과 모순된다는 주장도 있습니다. 그래서 아예 흥미 영역판에 유아 이름표를 붙이지 않고 놀이하는 유치원도 있습니다.

영역별 놀잇감의 경계가 허물어지고, 영역의 이름도 유아들과 함께 정해 흥미 영역판을 달고, 인원 제한도 없는 흥미 영역! 매우 역동적이고 매력적이며 유아중심적이지만, 교사에게는 매우 성가시고 불안한 것이 사실입니다. 그래도 내가 모든 뒷감당을 해야만 한다는 부담 역시 내려놓고 용기를 내 보면 어떨까요? 선생님이 허용할 수 있는 한두 가지부터 시작해 볼 수 있습니다. 흥미 영역의 주인은 유아니까 그 공간을 정리하고 관리하는 책임 역시 유아에게 있음을 알려 주고 실천하게 할 때 놀이가 살아있을 뿐 아니라 자기조절능력과 책임을 키우는 교실이 되지 않을까요?

교구장
물건의 위치를 정해서 표시해 두면 정리가 쉽고 찾아 쓰기도 편합니다. 놀잇감이나 쓰기 도구, 물티슈, 물병 바구니 등을 둘 자리를 사용하기 편한 곳에 정하고 정리 장소와 바구니에 표시해 둡니다. 사진이 제일 알아보기 쉽지만, 놀잇감이 교체될 때마다 다시 찍어서 바꿔야 하기에 손이 많이 갑니다. 대신 글씨와 함께 색깔 스티커로 구분하여 바구니와 정리 장소에 각각 붙여 두면 글을 모르는 유아도 곧잘 정리합니다. 이러한 문해환경은 유아의 글자 인식에도 매우 유익하므로 여러모로 좋습니다.

2) 바깥놀이 환경

바깥놀이 환경도 유아들의 전인적 성장발달을 촉진시키는 복합적인 기능을 수행할 수 있는 중요한 공간이다. 또한 바깥놀이 공간도 실내 놀이의 연장선에 있으므로 다양하고 활발한 놀이활동을 통하여 여러 가지 경험을 쌓을 수 있도록 하는 것이 필요하다.

바깥놀이가 효율적으로 이루어지도록 실외 공간도 실내 놀이환경처럼 흥미 영역으로 나누어 배치하는 것이 바람직하다. 바깥놀이 영역에는 물·모래놀이 영역, 운동놀이 영역, 동식물 관찰하기, 자연체험 공간 및 휴식 공간, 실외 놀잇감을 정리하거나 보관하는 영역 등으로 구성할 수 있다. 정적 활동을 위한 공간에는 그늘을 만들어 주어 조용히 휴식하거나 동화 읽기 등을 할 수 있도록 하고, 동적 활동 공간에 인접하지 않도록 배치하여 서로의 활동이 방해받지 않도록 한다. 또한 동적 활동 영역에는 그네, 미끄럼틀, 복합놀이기구 등 놀이기구를 발달 수준에 맞추어 배치하고, 물·모래, 흙을 준비해 주며 동식물을 관찰하거나 기를 수 있는 공간을 준비하도록 한다.

3) 일상생활을 위한 영역

유아교육기관에서 유아의 일상생활을 위한 환경은 유아의 기본생활습관 향상 및 기본욕구충족을 위해 마련된 환경을 의미한다. 여기에는 유아를 위한 화장실, 식사 공간, 휴식 공간 등이 해당된다. 실내·외 시설·설비는 유아의 발달 수준에 맞게 배치하여야 하며 유아의 안전을 위해 시설·설비는 견고하고 시설·설비 간의 일정한 공간을 확보해야 한다.

chapter 6

우리나라 영유아교육과정

이 장은 우리나라의 영유아교육과정을 세 부분으로 나누어 첫째, 유치원 교육과정을 유아교육과정 제정 이전과 이후로 나누어 살펴보았고, 둘째, 누리과정의 변천과 함께 현 2019 개정 누리과정에 대해 구체적으로 알아보고자 한다. 마지막으로 표준보육과정으로 국가 수준 보육과정 제정 이전을 바탕으로 표준보육과정 변천 과정을 살펴본 후 현재 제4차 표준보육과정에 대해 구체적으로 알아보고자 한다.

I. 유치원 교육과정의 변천

1. 유치원교육과정 제정 이전

- 1897년 한국에 주재하고 있는 일본인 자녀를 위해 부산에 처음으로 '부산유치원'
- 1913년 한국인(일본에 협조하는 특수한 계층의 자녀)을 위한 사립유치원 '경성유치원'
- 1914년 선교사 브라운리에 의해 한국인을 위한 유치원 '이화유치원'
- 1916년 박희도에 의해 현재 중앙대학교의 모체인 '중앙유치원'

초창기의 유치원 교육은 유아교육에 관심을 갖는 사람들에 의하여 꾸준하게 그 맥을 이어 왔으나, 국가적인 관심이나 제도적 정비, 법령 등을 갖추게 되는 데에는 상당한 시일이 소요되었다. 유치원 교육과정은 일제 강점기의 일본인과 미국인 선교사들의 선교 목적에 영향을 받아 구성되었다고 볼 수 있다. 광복 이전까지 일본인에 의해 전파된 프뢰벨 사상은 프뢰벨의 이론 중 자발 활동의 원리와 같이 유아의 자유를 강조하는 면은 부각되지 않고, 통제적이고 규제적이며 집단생활을 강조하는 일본식 프뢰벨 사상을 중심으로 한 이념이었고, 선교사들의 경우에도 프뢰벨 교육론에 근거를 두었다기보다는 기독교 정신을 바탕으로 한 것이었다(이기숙, 2000).

우리나라에서 최초로 유치원에 관한 법령이 제정된 후 그 변천사를 살펴보면 다음과 같다.

- 1922년 2월 4일 공포된 제2차 조선교육령-최초로 유치원에 관한 법령이 제정
- 1992년 2월 16일에 '유치원 규정'이 포함된 소학교령이 공포
- 1932년 패티 스미스 힐의 '활동에 기초한 아동교육법'이 번역되어 유치원 교육에 영향
- 1949년 「교육법」을 법률 86호로 공포하면서, 제146 · 147 · 148조에 유치원 조항을 포함
- 1991년 「교육법」 개정

이 「교육법」에 제시된 유치원 교육과 관련된 3개의 조항은 1991년에 「교육법」이 개정되기까지 약 40여 년 동안 꾸준하게 우리나라 유치원 교육의 법적인 근거가 되어 왔다. 이 법령의 구체적인 내용을 소개하면 다음과 같다.

[제146조] 유치원은 유아를 보육하고 적당한 환경을 주어 심신의 발육을 조장하는 것을 목적으로 한다.

[제147조] 유치원 교육은 전조의 목적을 실현하기 위하여 다음 각호의 목표를 달성하도록 노력하여야 한다.

① 건전하고 안전하고 즐거운 생활을 하기에 필요한 일상의 습관을 기르고 신체의 모든 기능의 조화적 발달을 도모한다.
② 집단생활을 경험시키어, 즐기어 이에 참가하는 태도를 기르며 협동 자주와 자율의 정신을 싹트게 한다.
③ 신변의 사회생활과 환경에 대한 바른 이해와 태도를 싹트게 한다.
④ 말은 바르게 쓰도록 인도하고 동화 그림책 등에 대한 흥미를 기른다.
⑤ 음악, 유희, 회화, 수기 기타 방법에 의하여 창작적 표현에 대한 흥미를 기른다.

[제148조] 유치원에 입원할 수 있는 자는 만 4세부터 초등학교 취학 시기에 달하기까지의 유아로 한다.

그러나 이 교육법은 1950년의 한국전쟁으로 그 기능을 제대로 발휘하기 어려웠다. 전쟁 이후에는 부모를 잃은 고아들이 늘어남에 따라 사회복지 차원에서 그러한 아동들을 보호해 주는 기관이 급속하게 늘어났고, 개인이나 교회, 단체가 설립하는 유치원도 늘어났으나, 유치원에 대한 정부 차원에서의 행정적 지도나 감독이 없었으며 교육 활동을 장학지도할 수 있는 체제도 없었다(이기숙, 2000).

2. 유치원교육과정 제정 이후

2007 개정 유치원 교육과정까지 내용을 정리해 보면 다음과 같다.

구분	제1차	제2차	제3차	제4차
공포 고시	1969년 2월 19일 문교부령, 제207호	1979년 3월 1일 문교부 고시, 제424호	1981년 12월 31일 문교부 고시, 제422호	1987년 6월 30일 문교부 고시, 제87-9호
배경	• 경제적 빈곤 탈피에 따른 교육의 발전기 • 유아기의 중요성 및 바람직한 발달을 강조하는 아동중심 교육철학	• 국가적 인식 강조 • 인지발달 이론 영향	• 주요 교육 개혁 정책 과제로 유아교육 채택 • 유아교육의 양적 발전을 이루는 계기	• 각급 학교의 주기적 교육과정 개정 배경과 보조를 맞춤 • 대폭적인 개정 아닌 수정·보완, 교육과정 운영의 융통성 강조
궁극적 인간상	전인아동	전인아동	전인아동	전인아동
교육 목적	건강한 신체와 건전한 정신으로 생활할 수 있는 유능한 한국인 양성	1. 자아실현 2. 국가발전을 위한 주체의식 확립 및 사명감 인식 3. 민주적 가치의 강조	아동들의 전인적 성장 조력	유아의 전인적인 발달 조력

구분	제1차	제2차	제3차	제4차
교육 목표	1. 건강 및 안전교육 철저 2. 기초적인 생활습관과 기능 익히기 3. 자연과 사회의 제 현상에 관심을 가지며 과학적이고 민주적인 사고력 싹트기 4. 바르게 듣고 말하기 5. 심미적인 태도와 창조적인 표현력 기르기	1. 사회화에 필요한 경험 습득 2. 사회와 자연현상에 대하여 흥미를 가지고 다양하게 표현하기 3. 탐구력과 적응력 기르기 4. 언어습관 및 태도 기르기 5. 신체건강 및 안전에 대한 습관 및 태도 기르기	1. 감각 및 운동기능을 기르고 신체의 조화로운 발달 이루기 2. 긍정적인 자아개념 형성 및 창의적 표현하기 3. 기초적인 언어기능 습득하기 4. 자연과 사회현상에 대한 기초적인 이해와 문제해결 능력 기르기 5. 가족과 이웃을 사랑하는 태도 및 일상생활에 필요한 기본적인 예절과 규범 지키기	1. 건강 및 안전생활에 대한 올바른 습관과 신체의 조화로운 발달 도모 2. 언어이해 및 언어 표현의 기초 기능 습득 3. 주변 현상에 대한 관심 및 탐구 태도 배양 4. 자부심 및 생활 주변에서의 느낌과 생각을 자주적으로 표현하기 5. 기본적인 생활습관 및 가족과 이웃을 사랑하는 태도 배양
교육 과정 영역	• 건강 • 사회 • 자연 • 언어 • 예능	1. 사회·정서발달 영역 2. 인지발달 영역 3. 언어발달 영역 4. 신체발달 및 건강 영역	1. 신체발달 영역 2. 정서발달 영역 3. 언어발달 영역 4. 인지발달 영역 5. 사회성발달 영역	1. 신체발달 영역 2. 정서발달 영역 3. 언어발달 영역 4. 인지발달 영역 5. 사회성발달 영역
교육 일수 및 교육 시간	1. 연간 200일 이상 2. 하루 3시간(180분) 기준. 기후, 계절, 유아의 발달 정도, 교육내용의 특성을 감안하여 시간 단위 조절	1. 연간 200일 2. 주당 18~24시간 3. 하루 3~4시간 (조정가능)	1. 연간 180일 이상 2. 하루 3~4시간 기준 (조정가능)	1. 연간 180일 이상 2. 하루 3시간 (조정가능)
평가			• 처음으로 평가에 대한 지침을 제시함 – 아동의 발달을 이해하고 도와주는 긍정적 측면의 목표 지향적 평가가 이루어지도록 한다.	유아의 발달을 이해하고 도와주기 위한 교육의 과정을 실시하며 평가의 대상과 내용에 따라 다양한 방법을 사용한다.

출처: 문교부(1969). 유치원 교육과정.
문교부(1979). 유치원 교육과정.
문교부(1981). 유치원 교육과정.
문교부(1987). 유치원 교육과정.

구분	제5차	제6차	2007 개정
공포 고시	1992년 9월 30일 교육부 고시, 제1992-15호	1998년 6월 30일 교육부 고시, 제1998-10호	2007년 12월 19일 교육인적자원부 고시, 제2007-153호
배경	- 시대 변화에 따른 주기적 개정 요구 - 교육 자치 실시에 따른 교육과정의 지역화 강조 - 유치원의 자율성 보장	- 21세기를 맞이하여 신교육체제 수립 취지로 개정됨 - 정서·사회 교육을 중시하는 유아교육 이론과 다중지능 이론 영향	- 21세기 시대적 요구 반영 - 유아교육법 제정에 따른 유치원 교육의 사회적 상황 변화 - 초등 교육과정과의 연계
궁극적 인간상	전인아동	전인아동	전인아동
교육목적	유치원 교육목적(교육법 제146조, 제147조)을 달성	유아의 전인적 성장을 위한 기초 교육 (초·중등교육법 제35조)	유아의 전인적 성장을 위한 기초 교육
교육목표	1. 기본적인 감각운동 기능을 길러 신체와 정신의 조화로운 발달을 이루며 건강하고 안전한 생활을 하도록 한다. 2. 기초적인 자기조절 능력을 기르고 사회적 지식과 태도를 익히게 하여 자신과 다른 사람을 존중하며 즐겁게 더불어 생활할 수 있게 한다. 3. 풍부한 감성과 상상력을 기르고, 자신의 느끼고 경험한 바를 창의적으로 표현하게 한다. 4. 말과 글에 관심을 가지게 하고 기초적인 언어능력을 기르게 함으로써 즐거운 언어생활을 할 수 있게 한다. 5. 여러 가지 사물과 현상을 탐구하여, 기초적인 사고 능력과 창의적인 문제해결 능력을 기르게 한다.	1. 몸과 마음이 건강하게 자랄 수 있는 경험을 가진다. 2. 기본생활습관을 기르고, 다른 사람과 더불어 생활하는 태도를 가진다. 3. 생각과 느낌을 창의적으로 표현하는 경험을 가진다. 4. 바르게 언어를 사용하는 경험을 가진다. 5. 일상생활의 문제에 대하여 스스로 궁리하는 태도를 가진다.	1. 몸과 마음을 건강하게 하며 기본생활습관을 기른다. 2. 더불어 사는 태도와 우리 전통문화를 사랑하는 마음을 가진다. 3. 자신의 생각과 느낌을 자유롭고 창의적으로 표현하는 경험을 가진다. 4. 의사소통을 위한 언어능력을 기르며, 바른 언어사용습관을 기른다. 5. 호기심을 가지고 주변 세계를 탐구하며 자연을 존중하는 태도를 가진다.

구분	제5차	제6차	2007 개정
교육과정 영역	1. 건강생활 2. 사회생활 3. 표현생활 4. 언어생활 5. 탐구생활	1. 건강생활 2. 사회생활 3. 표현생활 4. 언어생활 5. 탐구생활	1. 건강생활 2. 사회생활 3. 표현생활 4. 언어생활 5. 탐구생활
교육일수 및 교육시간	1. 연간 180일 기준(조정 가능) 2. 하루 180분 기준(교육과정편성, 운영지침에 의하여 교육일수와 시간에 관하여 따로 제시 가능)	1. 연간 180일 이상 2. 하루 180분 기준(조정 가능: 1일 3시간 이상 5시간 미만의 반일제, 5시간 이상 8시간 미만의 시간연장제, 8시간 이상의 종일제로 구분·운영)	1. 연간 180일 2. 하루 180분 최소기준(조정 가능: 시·도교육청의 지침과 유치원 실정에 따라 유치원에서 자율적으로 결정)
평가	각 영역별 목표에 준하여 교육내용, 교육환경 및 교육자료, 교육방법 그리고 유아에 대하여 평가한다.	교육과정 영역별 목표와 내용을 준거로 하여 유아의 성취 정도를 평가한다.	교육과정의 목표와 내용을 준거로 유아의 특성과 변화 정도를 종합적인 다양한 방법으로 평가하여 결과는 유아에 대한 이해와 지원을 위한 기초 자료로 활용한다.

출처: 교육부(1992). 유치원교육과정.
교육부(1998). 유치원교육과정.
교육인적자원부(2007). 2007 개정 유치원 교육과정.

Ⅱ. 누리과정

1. 누리과정 변천

구분	2011 제정	2012 개정	2019 개정
공포 고시	2011년 9월 5일 교육과학기술부 고시, 제2011-30호	2012년 7월 10일 교육과학기술부 고시, 제2012-16호	2019년 7월 19일 교육부 고시, 제2019-189호
배경	· 전 영역에서 기본생활습관과 창의·인성교육 강조 · 5세 유아에게 필요한 기본 능력 선별 · 5세와 3~4세 간 세부내용 수준 연계	· 총론의 구성 체계와 내용 강화 · 5세 누리과정의 구성 방향과 구성 체계 유지 · 영역별 목표 제시 및 연령별 내용 구성 · 기본생활습관과 인성교육 지속 강조 · 초등학교 교육과정 및 0~2세 표준보육과정의 연계성 고려	· 미래 사회에 부응하는 새로운 교육과정 · 유아의 놀이가 중심이 되는 교육과정 · 유아의 놀이를 지원하기 위한 교사의 자율성
추구하는 인간상			1. 건강한 사람 2. 자주적인 사람 3. 창의적인 사람 4. 감성이 풍부한 사람 5. 더불어 사는 사람
교육 목적	5세아에게 필요한 기본 능력과 바른 인성을 기르고, 민주 시민의 기초를 형성하는 것을 목적으로 한다.	3~5세 유아의 심신의 건강과 조화로운 발달을 도와 민주시민의 기초를 형성하는 것을 목적으로 한다.	유아가 놀이를 통해 심신의 건강과 조화로운 발달을 이루고 바른 인성과 민주 시민의 기초를 형성
교육 목표	1. 기본운동능력과 건강하고 안전한 생활습관을 기른다. 2. 일상생활에 필요한 의사소통 능력과 바른 언어사용 습관을 기른다. 3. 자신을 존중하고 다른 사람과 더불어 생활하는 태도를 기른다. 4. 아름다움에 관심을 가지고 예술 경험을 즐기며, 창의적으로 표현하는 능력을 기른다. 5. 호기심을 가지고 주변세계를 탐구하며, 일상생활에서 수학적·과학적 문제해결능력을 기른다.		1. 자신의 소중함을 알고, 건강하고 안전한 생활 습관을 기른다. 2. 자신의 일을 스스로 해결하는 기초능력을 기른다. 3. 호기심과 탐구심을 가지고 상상력과 창의력을 기른다. 4. 일상에서 아름다움을 느끼고 문화적 감수성을 기른다. 5. 사람과 자연을 존중하고 배려하며 소통하는 태도를 기른다.

구분	2011 제정	2012 개정	2019 개정
교육과정 영역	1. 신체운동·건강 2. 의사소통 3. 사회관계 4. 예술경험 5. 자연탐구		
교육 일수 및 교육 시간	1. 연간 180일 기준 2. 하루 3~5시간 기준	1. 연간 180일 기준 2. 하루 3~5시간 기준	1일 4~5시간 기준
평가	〈누리과정 운영평가〉 1. 운영내용이 누리과정의 목표와 내용에 근거하여 편성·운영되었는지 평가한다. 2. 운영내용 및 활동이 유아의 발달수준과 흥미·요구에 적합한지를 평가한다. 3. 교수·학습방법이 유아의 흥미와 활동의 특성에 적합한지를 평가한다. 4. 운영환경이 유아의 발달 특성과 활동의 주제 내용 및 효율성 등을 고려하여 구성되었는지를 평가한다. 5. 계획안 분석, 수업 참관 및 모니터링, 평가 척도 등 다양한 방법을 활용하여 평가한다. 6. 운영평가의 결과를 반영하여 운영계획을 수정·보완하거나 이후 누리과정 편성·운영에 활용한다.	〈 유아평가〉 1. 누리과정 목표와 내용에 근거하여 유아의 특성과 변화 정도를 평가한다. 2. 유아의 지식, 기능, 태도를 포함하여 평가한다. 3. 유아의 일상생활과 누리과정 활동 전반에 걸쳐 평가한다. 4. 관찰, 활동 결과물 분석, 부모면담 등 다양한 방법을 사용하여 종합적으로 평가하고, 그 결과를 기록한다. 5. 유아평가 결과는 유아에 대한 이해와 누리과정 운영 개선 및 부모 면담자료로 활용할 수 있다.	1. 누리과정 운영의 질을 진단하고 개선하기 위해 평가를 계획하고 실시한다. 2. 유아의 특성 및 변화 정도와 누리과정의 운영을 평가한다. 3. 평가의 목적에 따라 적합한 방법을 사용하여 평가한다. 4. 평가의 결과는 유아에 대한 이해와 누리과정 운영 개선을 위한 자료로 활용할 수 있다.

출처: 교육과학기술부·보건복지부(2012). 5세 누리과정 해설서.
교육과학기술부·보건복지부(2013). 3~5세 연령별 누리과정 해설서.
교육과학기술부·보건복지부(2013). 2019 개정 누리과정 해설서.

2. 2019 개정 누리과정

1) 누리과정의 성격

누리과정은 3~5세 유아를 위한 국가 수준의 공통 교육과정이다.

- 국가 수준의 공통성과 지역, 기관 및 개인 수준의 다양성을 동시에 추구한다.
- 유아의 전인적 발달과 행복을 추구한다.
- 유아중심과 놀이중심을 추구한다.
- 유아의 자율성과 창의성 신장을 추구한다.
- 유아, 교사, 원장(감), 학부모 및 지역사회가 함께 실현해 가는 것을 추구한다.

2) 누리과정의 구성방향

(1) 추구하는 인간상

① 건강한 사람
② 자주적인 사람
③ 창의적인 사람
④ 감성이 풍부한 사람
⑤ 더불어 사는 사람

(2) 목적

유아가 놀이를 통해 심신의 건강과 조화로운 발달을 이루고 바른 인성과 민주 시민의 기초를 형성하는 데에 있다.

본 장에 제시된 「2019 누리과정」은 2019년에 '교육부 고시 제2019-189호'로 고시된 것이다. 영유아교육과정의 내용이해에 도움이 되도록 누리과정 해설서(교육부·보건복지부, 2019)의 각 영역별 내용을 요약 정리하여 제시하였다.

(3) 목표

① 자신의 소중함을 알고, 건강하고 안전한 생활 습관을 기른다.
② 자신의 일을 스스로 해결하는 기초능력을 기른다.
③ 호기심과 탐구심을 가지고 상상력과 창의력을 기른다.
④ 일상에서 아름다움을 느끼고 문화적 감수성을 기른다.
⑤ 사람과 자연을 존중하고 배려하며 소통하는 태도를 기른다.

(4) 구성의 중점

① 3~5세 모든 유아에게 적용할 수 있도록 구성한다.
② 추구하는 인간상 구현을 위한 지식, 기능, 태도 및 가치를 반영하여 구성한다.
③ 신체운동·건강, 의사소통, 사회관계, 예술경험, 자연탐구의 5개 영역을 중심으로 구성한다.
④ 3~5세 유아가 경험해야 할 내용으로 구성한다.
⑤ 0~2세 보육과정 및 초등학교 교육과정과의 연계성을 고려하여 구성한다.

3) 누리과정의 운영

(1) 편성·운영

① 1일 4~5시간을 기준으로 편성한다.
② 일과 운영에 따라 확장하여 편성할 수 있다.
③ 누리과정을 바탕으로 각 기관의 실정에 적합한 계획을 수립하여 운영한다.
④ 하루 일과에서 바깥 놀이를 포함하여 유아의 놀이가 충분히 이루어지도록 편성하여 운영한다.
⑤ 성, 신체적 특성, 장애, 종교, 가족 및 문화적 배경 등으로 인한 차별이 없

도록 편성하여 운영한다.

⑥ 유아의 발달과 장애 정도에 따라 조정하여 운영한다.

⑦ 가정과 지역사회와의 협력과 참여에 기반하여 운영한다.

⑧ 교사 연수를 통해 누리과정의 운영이 개선되도록 한다.

(2) 교수·학습

① 유아가 흥미와 관심에 따라 놀이에 자유롭게 참여하고 즐기도록 한다.

② 유아가 놀이를 통해 배우도록 한다.

③ 유아가 다양한 놀이와 활동을 경험할 수 있도록 실내·외 환경을 구성한다.

④ 유아와 유아, 유아와 교사, 유아와 환경 간에 능동적인 상호작용이 이루어지도록 한다.

⑤ 5개 영역의 내용이 통합적으로 유아의 경험과 연계되도록 한다.

⑥ 개별 유아의 요구에 따라 휴식과 일상생활이 원활히 이루어지도록 한다.

⑦ 유아의 연령, 발달, 장애, 배경 등을 고려하여 개별 특성에 적합한 방식으로 배우도록 한다.

(3) 평가

① 누리과정 운영의 질을 진단하고 개선하기 위해 평가를 계획하고 실시한다.

② 유아의 특성 및 변화 정도와 누리과정의 운영을 평가한다.

③ 평가의 목적에 따라 적합한 방법을 사용하여 평가한다.

④ 평가의 결과는 유아에 대한 이해와 누리과정 운영 개선을 위한 자료로 활용할 수 있다.

4) 누리과정 내용 범주

영역	목표	내용범주	내용
신체운동·건강	실내·외에서 신체활동을 즐기고, 건강하고 안전한 생활을 한다. ① 신체활동에 즐겁게 참여한다. ② 건강한 생활습관을 기른다. ③ 안전한 생활습관을 기른다.	신체활동 즐기기	신체를 인식하고 움직인다.
			움직임을 조절한다.
			기초적인 이동운동, 제자리 운동, 도구를 이용한 운동을 한다.
			실내·외 신체활동에 자발적으로 참여한다.
		건강하게 생활하기	자신의 몸과 주변을 깨끗이 한다.
			몸에 좋은 음식에 관심을 가지고 바른 태도로 즐겁게 먹는다.
			하루 일과에서 적당한 휴식을 취한다.
			질병을 예방하는 방법을 알고 실천한다.
		안전하게 생활하기	일상에서 안전하게 놀이하고 생활한다.
			TV, 컴퓨터, 스마트폰 등을 바르게 사용한다.
			교통안전 규칙을 지킨다.
			안전사고, 화재, 재난, 학대, 유괴 등에 대처하는 방법을 경험한다.
의사소통	일상생활에 필요한 의사소통 능력과 상상력을 기른다. ① 일상생활에서 듣고 말하기를 즐긴다. ② 읽기와 쓰기에 관심을 가진다. ③ 책이나 이야기를 통해 상상하기를 즐긴다.	듣기와 말하기	말이나 이야기를 관심 있게 듣는다.
			자신의 경험, 느낌, 생각을 말한다.
			상황에 적절한 단어를 사용하여 말한다.
			상대방이 하는 이야기를 듣고 관련해서 말한다.
			바른 태도로 듣고 말한다.
			고운 말을 사용한다.
		읽기와 쓰기에 관심 가지기	말과 글의 관계에 관심을 가진다.
			주변의 상징, 글자 등의 읽기에 관심을 가진다.
			자신의 생각을 글자와 비슷한 형태로 표현한다.
			책에 관심을 가지고 상상하기를 즐긴다.
		책과 이야기 즐기기	동화, 동시에서 말의 재미를 느낀다.
			말놀이와 이야기 짓기를 즐긴다.

영역	목표	내용범주	내용
사회관계	자신을 존중하고 더불어 생활하는 태도를 가진다. ① 자신을 이해하고 존중한다. ② 다른 사람과 사이좋게 지낸다. ③ 우리가 사는 사회와 다양한 문화에 관심을 가진다.	신체활동 즐기기	나를 알고 소중히 여긴다.
			나의 감정을 알고 상황에 맞게 표현한다.
			내가 할 수 있는 것을 스스로 한다.
		건강하게 생활하기	가족의 의미를 알고 화목하게 지낸다.
			친구와 서로 도우며 사이좋게 지낸다.
			친구와의 갈등을 긍정적인 방법으로 해결한다.
			서로 다른 감정, 생각, 행동을 존중한다.
			친구와 어른께 예의바르게 행동한다.
			약속과 규칙의 필요성을 알고 지킨다.
		안전하게 생활하기	내가 살고 있는 곳에 대해 궁금한 것을 알아본다.
			우리나라에 대해 자부심을 가진다.
			다양한 문화에 관심을 가진다.
예술경험	아름다움과 예술에 관심을 가지고 창의적 표현을 즐긴다. ① 자연과 생활 및 예술에서 아름다움을 느낀다. ② 예술을 통해 창의적으로 표현하는 과정을 즐긴다. ③ 다양한 예술 표현을 존중한다.	아름다움 찾아보기	자연과 생활에서 아름다움을 느끼고 즐긴다.
			예술적 요소에 관심을 갖고 찾아본다.
		창의적으로 표현하기	노래를 즐겨 부른다.
			신체, 사물, 악기로 간단한 소리와 리듬을 만들어 본다.
			신체나 도구를 활용하여 움직임과 춤으로 자유롭게 표현한다.
			다양한 미술 재료와 도구로 자신의 생각과 느낌을 표현한다.
			극놀이로 경험이나 이야기를 표현한다.
		예술 감상하기	다양한 예술을 감상하며 상상하기를 즐긴다.
			서로 다른 예술 표현을 존중한다.
			우리나라 전통 예술에 관심을 갖고 친숙해진다.

영역	목표	내용범주	내용
자연 탐구	탐구하는 과정을 즐기고, 자연과 더불어 살아가는 태도를 가진다. ① 일상에서 호기심을 가지고 탐구하는 과정을 즐긴다. ② 생활 속의 문제를 수학적, 과학적으로 탐구한다. ③ 생명과 자연을 존중한다.	탐구과정 즐기기	주변 세계와 자연에 대해 지속적으로 호기심을 가진다.
			궁금한 것을 탐구하는 과정에 즐겁게 참여한다.
			탐구과정에서 서로 다른 생각에 관심을 가진다.
		생활 속에서 탐구하기	물체의 특성과 변화를 여러 가지 방법으로 탐색한다.
			물체를 세어 수량을 알아본다.
			물체의 위치와 방향, 모양을 알고 구별한다.
			일상에서 길이, 무게 등의 속성을 비교한다.
			주변에서 반복되는 규칙을 찾는다.
			일상에서 모은 자료를 기준에 따라 분류한다.
			도구와 기계에 대해 관심을 가진다.
		자연과 더불어 살기	주변의 동식물에 관심을 가진다.
			생명과 자연환경을 소중히 여긴다.
			날씨와 계절의 변화를 생활과 관련짓는다.

Ⅲ. 표준보육과정

우리나라의 보육계획은 제1차 중장기 보육 기본계획, 여성의 사회진출 증가에 대응한 보육서비스 공급에 중점으로 여성가족부에서 새싹플랜(2006~2008)을 수립했고, 복지부로 보육업무 이관 후 1차 계획 수정 보안, 국가책임 강화를 강조하고 보육서비스를 '영유아'중심으로 아이사랑플랜(2009~2012)을 설정하였다. 제2차 기본계획(2013~2017)은 무상보육 도입과 수요자 맞춤 지원 중점을 거쳐 제3차 중장기보육 기본계획(2018~2020)에서 '영유아의 행복한 성장을 위해 함께하는 사회'의 비전 아래 '보육의 공공성 강화', '보육체계 개편', '보육서비스의 품질 향상', '부모 양육지원 확대'라는 4대 목표를 수립하였다.

표준보육과정을 국가적인 차원의 중장기 계획을 기본으로 국가 수준 보육과정 이전과 표준보육과정 제정 후 제1~4차까지의 변화를 비교하고 현재 적용되고 있는 제4차 표준보육과정에 대해 구체적으로 살펴보고자 한다.

1. 국가 수준 보육과정 이전

시기	명칭	보육체제
「아동복리법」 제정 이전	탁아소 (1921~1960)	• 임시 구호적 기능에서 벗어나지 못하고 보육의 제 기능을 수행하지 못함
「아동복리법」 (1961) 제정	어린이집 (1961~1981)	• 무질서하게 설치 운영되던 보육사업 일대 전환기 • 구빈 사업적인 성격에서 벗어나 아동복지를 증진시키고 보장하기 위한 시설로 성격 변화함
「유아교육진흥법」 (1982) 제정	새마을 유아원 (1982~1990)	• 모든 유아교육시설을 새마을 유아원으로 명칭 변경하고 보육의 일원화 체계 확립 • 체계적이고 효율적인 보육을 실시할 필요가 절실함
「영유아보육법」 (1991) 제정 이후	어린이집 (1991~)	• 보호와 교육을 통합한 보육사업으로 확대 • 보육서비스의 질적 수준 향상과 보육의 공공성 강화

2. 표준보육과정 변화

구분	1차	2차
공포고시	• 2007년 1월 개발 · 고시 • 여성가족부 고시 제2007-1호	• 2012년 2월 29일 개정 · 고시 • 보건복지부 고시 제2012-28호
주요 개정내용		• 기존의 표준보육과정에 총론을 추가해 표준보육과정의 방향성을 제시하고, 보육 영역의 기초를 강화하였다. • 보육과정을 통해 추구하는 인간상에 자연을 사랑하는 사람을 추가하여 지속가능한 생태환경의 중요성을 강조 • 발달 과정에 따른 보육수준 및 보육내용을 수정
보육목적	영유아의 전인적인 성장과 발달을 돕고 민주시민으로서의 자질을 길러 영유아가 심신이 건강하고 조화로운 사회 구성원	영유아의 전인적인 성장과 발달을 돕고 민주시민으로서 자질을 길러 영유아가 심신이 건강하며 조화로운 사회구성원
추구하는 인간상	• 자율적인 사람 • 창의적인 사람 • 다양성을 인정하는 사람 • 민주적인 사람 • 우리 문화를 사랑하는 사람	• 자율적인 사람 • 창의적인 사람 • 다양성을 인정하는 사람 • 민주적인 사람 • 자연과 우리 문화를 사랑하는 사람
영역구성	[6 영역] 기본생활, 신체운동 사회관계, 의사소통 자연탐구, 예술경험	
연령구분 및 수준	• 2세 미만 1~3 수준 • 2세 1~2 수준 • 3~5세 1~3 수준	• 2세 미만 1~4 수준 • 2세 1~2 수준 • 3~5세 1~4 수준
평가	1. 보육과정에 대한 평가 2. 영유아에 대한 평가	어린이집은 보육 계획을 문서화하여 보육 내용의 선정과 실시 과정이 적절하였는지를 정기적으로 평가한다.

출처: 여성가족부(2007). 여성가족부 고시 제2007-1호 표준보육과정의 구체적 보육내용 및 교사지침.
보건복지부(2012). 제2차 표준보육과정의 구체적 보육내용 및 교사지침.

<table>
<tr><th>구분</th><th colspan="2">제3차</th><th colspan="2">제4차</th></tr>
<tr><td>공포고시</td><td colspan="2">• 2013년 1월 개정·고시
• 보건복지부 고시 제2013-8호</td><td colspan="2">• 2020년 4월 9일 고시, 9월 1일 시행
• 보건복지부 고시 제2020-75호</td></tr>
<tr><td>주요 개정내용</td><td colspan="2">• 어린이집을 이용하는 모든 영유아를 대상으로 하여 「0~1세 보육과정」, 「2세 보육과정」, 「3~5세 보육과정(누리과정)」으로 구성해 누리과정을 포함하는 넓은 개념으로 정리
• 3~5세 누리과정에서 강조한 바른 인성과 창의성이 반영
• 3~5세 누리과정과 동일하게 기존 보육과정 운영에 대한 평가항목뿐만 아니라, 영유아에 대한 평가항목을 추가 반영
• 어린이집에서 보육·교육 시 추구해야 하는 바를 명확하게 이해할 수 있도록 각 연령에 따른 보육과정의 목표를 구체적으로 명시</td><td colspan="2">• (아동중심) 교사 주도적 교육에서 벗어나, 아동 주도적·자발적 놀이 권장
• (놀이중심) 일과에서 놀이가 충분히 이루어지고, 놀이를 통한 배움 강조
• (현장 자율성) 계획 수립, 교수 방법 및 평가 등에서 교사 자율성 확대
• (교육내용 적정화) 연령별 구분 폐지 등을 통해 3~5세가 경험하여야 할 최소한의 내용으로 적정화(연령별 369개 세부내용 → 연령 통합 59개 내용)</td></tr>
<tr><td>보육목적</td><td colspan="2">영유아의 심신의 건강과 전인적 발달을 도와 행복을 도모하며 민주시민의 기초 형성</td><td colspan="2">영유아가 놀이를 통해 심신의 건강과 조화로운 발달을 이루고, 바른 인성과 민주시민의 기초 형성</td></tr>
<tr><td>추구하는 인간상</td><td colspan="2">• 심신이 건강하고 행복한 사람
• 자율적이고 창의적인 사람
• 자신과 타인을 존중하고 배려하는 사람
• 자연과 우리문화를 사랑하는 사람
• 다양성을 인정하는 민주적인 사람</td><td colspan="2">• 건강한 사람
• 자주적인 사람
• 창의적인 사람
• 감성이 풍부한 사람
• 더불어 사는 사람</td></tr>
<tr><td rowspan="2">영역구성</td><td>0~2세 표준 보육과정</td><td>[6 영역]
기본생활, 신체운동, 사회관계, 의사소통, 자연탐구, 예술경험</td><td>0~1세 보육과정
2세 보육과정</td><td>[6 영역]
기본생활, 신체운동, 의사소통, 사회관계, 예술경험, 자연탐구</td></tr>
<tr><td>3~5세 연령별 누리과정</td><td>[5 영역]
신체운동·건강, 의사소통, 사회관계, 예술경험, 자연탐구</td><td>3~5세 누리과정</td><td>[5 영역]
신체운동·건강, 의사소통, 사회관계, 예술경험, 자연탐구</td></tr>
</table>

구분	제3차	제4차
연령구분 및 수준	• 2세 미만 1~4수준 • 2세 1~2수준	• 0~1세 • 2세
	• 3~5세 1~4수준	• 3~5세
평가	1. 운영평가 2. 영유아평가	• 표준보육과정 운영의 질을 진단하고 개선하기 위해, 평가를 계획하고 실시 • 영유아의 특성 및 변화 정도와 표준보육과정의 운영을 평가 • 평가의 목적에 따라 적합한 방법을 사용하여 평가 • 평가의 결과는 영유아에 대한 이해와 표준보육과정 운영 개선을 위한 자료로 활용

출처: 보건복지부(2013). 제3차 어린이집 표준보육과정 고시.
보건복지부(2020). 「제3차 어린이집 표준보육과정 고시」 개정.

3. 제4차 표준보육과정

1) 표준보육과정의 성격

어린이집 표준보육과정(이하, '표준보육과정'이라 함)은 0~5세 영유아를 위한 국가 수준의 보육과정이며 0~1세 보육과정, 2세 보육과정, 3~5세 보육과정(누리과정)으로 구성한다.

① 국가 수준의 공통성과 지역, 기관 및 개인 수준의 다양성을 동시에 추구한다.
② 영유아의 전인적 발달과 행복을 추구한다.
③ 영유아중심과 놀이중심을 추구한다.
④ 영유아의 자율성과 창의성 신장을 추구한다.
⑤ 영유아, 교사, 원장, 부모 및 지역사회가 함께 실현해 가는 것을 추구한다.

2) 추구하는 인간상

① 건강한 사람
② 자주적인 사람
③ 창의적인 사람
④ 감성이 풍부한 사람
⑤ 더불어 사는 사람

3) 목적

영유아가 놀이를 통해 심신의 건강과 조화로운 발달을 이루고, 바른 인성과 민주 시민의 기초를 형성하는 데에 있다.

본 장에 제시된 「제4차 표준보육과정」은 2020년에 '보건복지부 고시 제2020-75호'로 개정·발령한 것이다. 영유아교육과정의 내용이해에 도움이 되도록 제4차 어린이집 표준보육과정을 요약 정리하여 제시하였다.

4) 목표

(1) 0~2세 보육과정 목표

- 자신의 소중함을 알고, 건강하고 안전한 환경에서 즐겁게 생활한다.
- 자신의 일을 스스로 하고자 한다.
- 호기심을 가지고 탐색하며 상상력을 기른다.
- 일상에서 아름다움에 관심을 가지고 감성을 기른다.
- 사람과 자연을 존중하고 소통하는 데 관심을 가진다.

(2) 3~5세 보육과정 목표

- 자신의 소중함을 알고, 건강하고 안전한 생활 습관을 기른다.
- 자신의 일을 스스로 해결하는 기초능력을 기른다.
- 호기심과 탐구심을 가지고 상상력과 창의력을 기른다.
- 일상에서 아름다움을 느끼고 문화적 감수성을 기른다.
- 사람과 자연을 존중하고 배려하며 소통하는 태도를 기른다.

5) 구성의 중점

① 영유아는 개별적인 특성을 지닌 고유한 존재임을 전제로 구성한다.

② 0~5세 모든 영유아에게 적용할 수 있도록 구성한다.

③ 추구하는 인간상 구현을 위한 지식, 기능, 태도 및 가치를 반영하여 구성한다.

④ 표준보육과정은 다음의 영역을 중심으로 구성한다.

- 0~1세 보육과정과 2세 보육과정은 기본생활, 신체운동, 의사소통, 사회관계, 예술경험, 자연탐구의 6개 영역을 중심으로 구성한다.

- 3~5세 누리과정은 신체운동·건강, 의사소통, 사회관계, 예술경험, 자연탐구의 5개 영역을 중심으로 구성한다.

⑤ 0~5세 영유아가 경험해야 할 내용으로 구성한다.

⑥ 초등학교 교육과정과의 연계성을 고려하여 구성한다.

6) 편성·운영

① 어린이집의 운영 시간에 맞추어 편성한다.

② 표준보육과정을 바탕으로 각 기관의 실정에 적합한 계획을 수립하여 운영한다.

③ 하루 일과에서 바깥 놀이를 포함하여 영유아의 놀이가 충분히 이루어지도록 편성하여 운영한다.

④ 성, 신체적 특성, 장애, 종교, 가족 및 문화적 배경 등에 따른 차별이 없도록 편성하여 운영한다.

⑤ 영유아의 발달과 장애 정도에 따라 조정하여 운영한다.

⑥ 가정과 지역사회와의 협력과 참여에 기반하여 운영한다.

⑦ 교사 연수를 통해 표준보육과정의 운영을 개선할 수 있도록 한다.

7) 교수·학습

① 영유아의 의사 표현을 존중하고 민감하게 반응한다.

② 영유아가 흥미와 관심에 따라, 놀이에 자유롭게 참여하고 즐기도록 한다.

③ 영유아가 놀이를 통해 배우도록 한다.

④ 영유아가 다양한 놀이와 활동을 경험할 수 있도록 실내·외 환경을 구성한다.

⑤ 영유아와 영유아, 영유아와 교사, 영유아와 환경 사이에 능동적인 상호작

용이 이루어지도록 한다.

⑥ 각 영역의 내용이 통합적으로 영유아의 경험과 연계되도록 한다.

⑦ 개별 영유아의 요구에 따라, 휴식과 일상생활이 원활히 이루어지도록 한다.

⑧ 영유아의 연령, 발달, 장애, 배경 등을 고려하여 개별 특성에 적합한 방식으로 배우도록 한다.

8) 평가

① 표준보육과정 운영의 질을 진단하고 개선하기 위해, 평가를 계획하고 실시한다.

② 영유아의 특성 및 변화 정도와 표준보육과정의 운영을 평가한다.

③ 평가의 목적에 따라 적합한 방법을 사용하여 평가한다.

④ 평가의 결과는 영유아에 대한 이해와 표준보육과정 운영 개선을 위한 자료로 활용할 수 있다.

9) 0~1세 영역별 목표 및 내용

영역	목표	내용범주	내용
기본 생활	건강하고 안전한 일상생활을 경험한다. ① 건강한 일상생활을 경험한다. ② 안전한 일상생활을 경험한다.	건강하게 생활하기	도움을 받아 몸을 깨끗이 한다.
			음식을 즐겁게 먹는다.
			하루 일과를 편안하게 경험한다.
			배변 의사를 표현한다.
		안전하게 생활하기	안전한 상황에서 놀이하고 생활한다.
			안전한 상황에서 교통수단을 이용해 본다.
			위험하다는 말에 주의한다.
신체 운동	감각으로 탐색하고 신체활동을 즐긴다. ① 감각 탐색을 즐긴다. ② 신체활동을 즐겁게 경험한다.	감각과 신체 인식하기	감각적 자극에 반응한다.
			감각으로 주변을 탐색한다.
			신체를 탐색한다.
		신체활동 즐기기	대소근육을 조절한다.
			기본 운동을 시도한다.
			실내·외 신체활동을 즐긴다.
의사 소통	의사소통 능력의 기초를 형성한다. ① 일상생활에서 듣고 말하기를 즐긴다. ② 읽기와 쓰기에 관련된 관심을 가진다. ③ 책과 이야기에 관심을 가진다.	듣기와 말하기	표정, 몸짓, 말과 주변의 소리에 관심을 갖고 듣는다.
			상대방의 이야기를 들으면서 말소리를 낸다.
			표정, 몸짓, 말소리로 의사를 표현한다.
		읽기와 쓰기에 관심 가지기	주변의 그림과 상징에 관심을 가진다.
			끼적이기에 관심을 가진다.
		책과 이야기 즐기기	책에 관심을 가진다.
			이야기에 관심을 가진다.
사회 관계	나를 인식하고, 친숙한 사람과 관계를 맺는다. ① 나를 고유한 존재로 안다. ② 안정적인 애착을 형성하고, 또래, 교사와 함께 지낸다.	나를 알고 존중하기	나를 인식한다.
			나의 욕구와 감정을 나타낸다.
			나와 친숙한 것을 안다.
		더불어 생활하기	안정적인 애착을 형성한다.
			또래에게 관심을 가진다.
			다른 사람의 감정과 행동에 관심을 가진다.
			반에서 편안하게 지낸다.

영역	목표	내용범주	내용
예술 경험	아름다움을 느끼고 경험한다. ① 자연과 생활에서 아름다움에 관심을 가진다. ② 예술적 경험을 표현한다.	아름다움 찾아보기	자연과 생활에서 아름다움을 느낀다.
			아름다움에 관심을 가진다.
		창의적으로 표현하기	소리와 리듬, 노래로 표현한다.
			감각을 통해 미술을 경험한다.
			모방 행동을 즐긴다.
자연 탐구	주변 환경과 자연에 관심을 가진다. ① 일상에서 탐색을 즐긴다. ② 주변 환경을 탐색한다. ③ 생명과 자연에 관심을 가진다.	탐구 과정 즐기기	주변 세계와 자연에 대해 호기심을 가진다.
			사물과 자연 탐색하기를 즐긴다.
		생활 속에서 탐구하기	친숙한 물체를 감각으로 탐색한다.
			물체의 수량에 관심을 가진다.
			주변 공간과 모양을 탐색한다.
			규칙성을 경험한다.
		자연과 더불어 살기	주변의 동식물에 관심을 가진다.
			날씨의 변화를 감각으로 느낀다.

(10) 2세 영역별 목표 및 내용

영역	목표	내용범주	내용
기본생활	건강하고 안전한 생활습관의 기초를 형성한다. ① 건강한 생활습관의 기초를 형성한다. ② 안전한 생활습관의 기초를 형성한다.	건강하게 생활하기	자신의 몸을 깨끗이 해 본다.
			음식에 관심을 가지고 즐겁게 먹는다.
			하루 일과를 즐겁게 경험한다.
			건강한 배변 습관을 갖는다.
		안전하게 생활하기	일상에서 안전하게 놀이하고 생활한다.
			교통수단을 안전하게 이용해 본다.
			위험한 상황에 대처하는 방법을 경험한다.
신체운동	감각을 활용하고, 신체활동을 즐긴다. ① 감각을 활용하고, 신체를 인식한다. ② 신체활동을 즐긴다.	감각과 신체 인식하기	감각 능력을 활용한다.
			신체를 인식하고 움직인다.
		신체활동 즐기기	대소근육을 조절한다.
			기본 운동을 즐긴다.
			실내·외 신체활동을 즐긴다.
의사소통	의사소통 능력과 상상력의 기초를 형성한다. ① 일상생활에서 듣기와 말하기를 즐긴다. ② 읽기와 쓰기에 관심을 가진다. ③ 책과 이야기에 재미를 느낀다.	듣기와 말하기	표정, 몸짓, 말에 관심을 갖고 듣는다.
			상대방의 이야기를 듣고 말한다.
			표정, 몸짓, 단어로 의사를 표현한다.
			자신의 요구와 느낌을 말한다.
		읽기와 쓰기에 관심 가지기	주변의 그림과 상징, 글자에 관심을 가진다.
			끼적이며 표현하기를 즐긴다.
		책과 이야기 즐기기	책에 관심을 가지고 상상한다.
			말놀이와 이야기에 재미를 느낀다.
사회관계	나를 알고, 다른 사람과 더불어 생활하는 경험을 한다. ① 나를 알고 긍정적으로 여긴다. ② 다른 사람과 즐겁게 지내기 위한 태도를 기른다.	나를 알고 존중하기	나와 다른 사람을 구별한다.
			나의 감정을 표현한다.
			내가 좋아하는 것을 한다.
		더불어 생활하기	가족에게 관심을 가진다.
			또래와 함께 놀이한다.
			다른 사람의 감정과 행동에 반응한다.
			반에서의 규칙과 약속을 알고 지킨다.

영역	목표	내용범주	내용
예술 경험	아름다움을 느끼고 즐긴다. ① 자연과 생활에서 아름다움을 느끼고 관심을 가진다. ② 예술을 통해 자유롭게 표현한다.	아름다움 찾아보기	자연과 생활에서 아름다움을 느끼고 즐긴다.
			아름다움에 관심을 갖고 찾아본다.
		창의적으로 표현하기	익숙한 노래와 리듬을 표현한다.
			움직임과 춤으로 자유롭게 표현한다.
			미술 재료와 도구로 표현해 본다.
			일상생활 경험을 상상놀이로 표현한다.
자연 탐구	주변 환경과 자연을 탐색하는 과정을 즐긴다. ① 일상에서 탐색하는 과정을 즐긴다. ② 주변 환경에 관심을 가지고 탐색한다. ③ 생명과 자연에 관심을 가진다.	탐구 과정 즐기기	주변 세계와 자연에 대해 호기심을 가진다.
			사물과 자연을 반복하여 탐색하기를 즐긴다.
		생활 속에서 탐구하기	친숙한 물체의 특성과 변화를 감각으로 탐색한다.
			물체의 수량에 관심을 가진다.
			주변 공간과 모양을 탐색한다.
			규칙성에 관심을 가진다.
			주변 사물을 같고 다름에 따라 구분한다.
			생활 도구에 관심을 가진다.
		자연과 더불어 살기	주변의 동식물에 관심을 가진다.
			날씨와 계절의 변화를 감각으로 느낀다.

(11) 3~5세 영역별 목표 및 내용

영역	목표	내용범주	내용
신체운동·건강	실내·외에서 신체활동을 즐기고, 건강하고 안전한 생활을 한다. ① 신체활동에 즐겁게 참여한다. ② 건강한 생활습관을 기른다. ③ 안전한 생활습관을 기른다.	신체활동 즐기기	신체를 인식하고 움직인다.
			신체 움직임을 조절한다.
			기초적인 이동운동, 제자리 운동, 도구를 이용한 운동을 한다.
			실내·외 신체활동에 자발적으로 참여한다.
		건강하게 생활하기	자신의 몸과 주변을 깨끗이 한다.
			몸에 좋은 음식에 관심을 가지고 바른 태도로 즐겁게 먹는다.
			하루 일과에서 적당한 휴식을 취한다.
			질병을 예방하는 방법을 알고 실천한다.
		안전하게 생활하기	일상에서 안전하게 놀이하고 생활한다.
			TV, 컴퓨터, 스마트폰 등을 바르게 사용한다.
			교통안전 규칙을 지킨다.
			안전사고, 화재, 재난, 학대, 유괴 등에 대처하는 방법을 경험한다.
의사소통	일상생활에 필요한 의사소통 능력과 상상력을 기른다. ① 일상생활에서 듣고 말하기를 즐긴다. ② 읽기와 쓰기에 관심을 가진다. ③ 책이나 이야기를 통해 상상하기를 즐긴다.	듣기와 말하기	말이나 이야기를 관심 있게 듣는다.
			자신의 경험, 느낌, 생각을 말한다.
			상황에 적절한 단어를 사용하여 말한다.
			상대방이 하는 이야기를 듣고 관련해서 말한다.
			바른 태도로 듣고 말한다.
			고운 말을 사용한다.
		읽기와 쓰기에 관심 가지기	말과 글의 관계에 관심을 가진다.
			주변의 상징, 글자 등의 읽기에 관심을 가진다.
			자신의 생각을 글자와 비슷한 형태로 표현한다.
		책과 이야기 즐기기	책에 관심을 가지고 상상하기를 즐긴다.
			동화, 동시에서 말의 재미를 느낀다.
			말놀이와 이야기 짓기를 즐긴다.

영역	목표	내용범주	내용
사회관계	자신을 존중하고 더불어 생활하는 태도를 가진다. ① 자신을 이해하고 존중한다. ② 다른 사람과 사이좋게 지낸다. ③ 우리가 사는 사회와 다양한 문화에 관심을 가진다.	나를 알고 존중하기	나를 알고 소중히 여긴다.
			나의 감정을 알고 상황에 맞게 표현한다.
			내가 할 수 있는 것을 스스로 한다.
		더불어 생활하기	가족의 의미를 알고 화목하게 지낸다.
			친구와 서로 도우며 사이좋게 지낸다.
			친구와의 갈등을 긍정적인 방법으로 해결한다.
			서로 다른 감정, 생각, 행동을 존중한다.
			친구와 어른께 예의바르게 행동한다.
			약속과 규칙의 필요성을 알고 지킨다.
		사회에 관심 가지기	내가 살고 있는 곳에 대해 궁금한 것을 알아본다.
			우리나라에 대해 자부심을 가진다.
			다양한 문화에 관심을 가진다.
예술경험	아름다움과 예술에 관심을 가지고 창의적 표현을 즐긴다. ① 자연과 생활 및 예술에서 아름다움을 느낀다. ② 예술을 통해 창의적으로 표현하는 과정을 즐긴다. ③ 다양한 예술 표현을 존중한다.	아름다움 찾아보기	자연과 생활에서 아름다움을 느끼고 즐긴다.
			예술적 요소에 관심을 갖고 찾아본다.
		창의적으로 표현하기	노래를 즐겨 부른다.
			신체, 사물, 악기로 간단한 소리와 리듬을 만들어 본다.
			신체나 도구를 활용하여 움직임과 춤으로 자유롭게 표현한다.
			다양한 미술 재료와 도구로 자신의 생각과 느낌을 표현한다.
			극놀이로 경험이나 이야기를 표현한다.
		예술 감상하기	다양한 예술을 감상하며 상상하기를 즐긴다.
			서로 다른 예술 표현을 존중한다.
			우리나라 전통 예술에 관심을 갖고 친숙해진다.

영역	목표	내용범주	내용
자연 탐구	탐구하는 과정을 즐기고, 자연과 더불어 살아가는 태도를 가진다. ① 일상에서 호기심을 가지고 탐구하는 과정을 즐긴다. ② 생활 속의 문제를 수학적, 과학적으로 탐구한다. ③ 생명과 자연을 존중한다.	탐구과정 즐기기	주변 세계와 자연에 대해 지속적으로 호기심을 가진다.
			궁금한 것을 탐구하는 과정에 즐겁게 참여한다.
			탐구과정에서 서로 다른 생각에 관심을 가진다.
		생활 속에서 탐구하기	물체의 특성과 변화를 여러 가지 방법으로 탐색한다.
			물체를 세어 수량을 알아본다.
			물체의 위치와 방향, 모양을 알고 구별한다.
			일상에서 길이, 무게 등의 속성을 비교한다.
			주변에서 반복되는 규칙을 찾는다.
			일상에서 모은 자료를 기준에 따라 분류한다.
			도구와 기계에 대해 관심을 가진다.
		자연과 더불어 살기	주변의 동식물에 관심을 가진다.
			생명과 자연환경을 소중히 여긴다.
			날씨와 계절의 변화를 생활과 관련짓는다.

chapter 7

영유아교육 프로그램

세계의 곳곳에서 소개되고 있는 유아교육 프로그램을 각 나라의 유아교육 기관에서 적용하기 위해 시도하려는 순간 그 프로그램은 각 나라, 각 지역의 사회·문화적 맥락 속에서 또 다른 모습으로 새롭게 재탄생하게 될 것이다. 따라서 본 장에서는 우리나라의 유아교육과정과 더불어 세계 여러나라에서 시도되었던 다양한 프로그램의 철학적인 배경 및 프로그램의 실제를 깊이 있게 탐색해 봄으로써, 유아교육 프로그램의 다양성과 가치 내재성을 이해하고 자신의 철학적 신념과 가치관을 짚어볼 수 있도록 돕고자 한다. 나아가 교사로서 자신이 속한 환경에서 적합한 프로그램 적용 아이디어를 고안하여, 영유아에게 가장 좋은 교육을 제공하려는 실천적 의지를 다질 수 있도록 돕고자 한다.

I. 몬테소리 교육

1. 몬테소리 교육사상의 배경

몬테소리(Maria Montessori, 1870~1952)는 생물학, 태아학, 임상의학, 정신의학, 유전학, 실증심리학, 위생학 등을 공부한 의학자로서, 이탈리아 최초의 여성 의사이다. 그녀는 인간 연구와 철학, 실험심리학, 인류학을 바탕으로 새로운 형태의 교육학, 즉 과학적 교육학을 제시하였다. 몬테소리의 약력을 살펴보면 아래와 같다.

- 1870년 8월 31일: 이탈리아 안코나(Ancona) 키아라발레(Chiaravalle)에서 출생
- 1875년: 몬테소리 집안이 로마로 이주
- 1890~1892년: 로마대학에서 자연과학을 공부하며 뛰어난 성적을 얻음
- 1892~1896년: 로마대학에서 의학을 공부함(최초의 여자 입학생이 됨)

- 1896년: 로마대학 산 지오바니(San Giovani) 병원의 보조의로 실습. 베를린에서 열린 국제 여성회의에 이탈리아 대표로 참여함
- 1897년: 로마대학 부속 정신병원에서 자원보조자로 근무하며 정신지체아를 의학적 문제가 아닌 교육적 문제로 인식함
- 1898년: 지체 어린이의 교육을 위한 국내 연맹 형성
- 1900~1902년: 국립특수아학교 소장으로 취임하며 정신장애아를 위한 교육방법 연구
- 1902년: 연구소를 사임하며 로마대학에서 교육학, 철학, 실험심리학, 인류학을 공부함
- 1904~1908년: 로마대학 교육학부 교수(인류학, 생물학 강의), 로마 산로렌츠 어린이집 개설
- 1909년: 교육의 실제와 연구를 바탕으로 『어린이집에서 어린이교육에 적용된 과학적 교육법』 출판
- 1913년: 『교육학적 인류학』 출판

2. 몬테소리의 아동관 및 교육 신념

몬테소리의 저서 『흡수하는 마음(*The Absorbent Mind*, 1948)』을 통해 그녀의 아동관을 엿볼 수 있다. 어린이는 주변 환경으로부터 꾸준히 정보를 수집하며 독자적으로 탐색하고 학습하는 존재라고 몬테소리는 가정한다. 어린이는 주변 환경에서 부딪히는 구체적 사물과 사건으로부터 사물과 자연현상의 특징에 대해 감지하고 의미를 파악한다. 어린이의 인지능력이 성인과 다름에도 그들은 많은 것을 학습할 수 있는데, 그 까닭은 의도적으로 노력해서 학습하는 성인에 비해 어린이는 무의식적으로 배우기 때문이다. 몬테소리는 어떤 작업이나 활동을 할 때에 성인은 결과 지향적으로 활동하는 데 반하여 어린이는 과정 지향적으로

작업에 임한다고 생각하였다. 왜냐하면 어린이는 어떤 것을 찾거나 밝혀내기를 원하며 그러한 일 자체가 그들에게 즐거움을 주기 때문이다.

몬테소리는 어린이 발달의 각 영역을 하나로 보는 관점을 가지고 있었다. 그녀는 어린이의 신체적·인지적·사회적 발달이 상호 관련되어 있다고 보고, 어린이의 발달이 신체, 사회, 정서 및 인지 영역에서 위계적으로 이루어진다고 생각했으며, 총체적 교육방식을 주장하였다. 따라서 어린이를 교육시키는 주된 목적은 총체적 교육방식을 통해 어린이의 잠재력이 충분히 발휘되도록 돕는 것이라고 보았다. 몬테소리의 신념 체계를 정리해 보면 아래와 같다.

- 어린이는 성인과 다른 존재이다.
- 성장은 위계적으로 이루어진다.
- 심리적 성장패턴은 타고난 것이다.
- 성장하여 독립을 지향하는 것은 자연스러운 일이다.
- 배우려는 욕구는 타고난 것이다.
- 신체와 정서적 성장은 관련되어 있다.
- 물리적·사회적 환경은 신체적 성장뿐 아니라 정신적 성장에도 영향을 미친다.
- 어린이는 '민감기'를 거친다.
- 어린이는 작업을 통해서 창조력을 발휘한다.
- 발달은 신비로운 것이며, 우리의 지식이 증가함에 따라 우리는 어린이의 발달에 관해서 더 잘 이해할 수 있을 것이다.
- 어린이는 자발적인 내적 훈련을 통해서 성장한다.

3. 어린이의 발달 특징

몬테소리는 어린이는 물질과 자연의 세계에서 무기력한 존재로 태어났지만, 처해진 환경에 맞추어 신체적·정신적으로 대응하는 힘을 가지고 있다고 보았다. 동물의 어떤 발달이 특정 시기에 결정된다는 결정적 시기 이론과 유사한 맥락에서, 어린이의 어떤 영역이 특정 시기에 더 급속히 확대되어 발달한다고 보는 가정이 민감기 이론이다. 어린이는 민감기와 흡수정신을 통해 정상적인 인간으로 성장해 나간다.

1) 발달의 민감기

민감기는 인간의 본능에 속하는 과정이며, 성숙과 관련된 모든 활동에 작용하여 성숙의 단계를 연속적으로 이끌어낸다. 민감기에는 특정 분야에 대한 잠재력이 증가해 불꽃이 점화되듯 모든 것이 쉽고도 역동적으로 인식된다. 이 민감기를 통해 어린이는 매우 강력한 방식으로 외부세계와 접촉하는데, 이때 어린이는 외부세계에서 방향을 잡고, 모든 경험을 시도할 수 있다. 그러므로 부모나 교사는 지속적인 관찰을 통해 민감기를 파악하여 어린이의 발달을 촉진하기 위한 최적의 교육환경을 제공하도록 노력해야 한다.

2) 흡수정신

흡수정신이란 민감기의 한 형태로 주변의 모든 것을 별다른 수고 없이 흡수하듯이 지식을 획득하는 능력이다. 출생에서 6세까지 나타나며 몬테소리는 흡수정신을 다음과 같이 말했다. “성인은 두뇌를 사용함으로써 지식을 얻지만 어린이는 그의 정신적인 생활에서 직접적으로 지식을 흡수한다. 단순히 생활을 이어감으로 어린이는 모국어를 배운다(Montessori, 1949).”

3) 정상화

생명체는 정해진 패턴에 따라 발달하고 환경으로부터 본질이 되는 것만 선택해서 받아들이며, 받아들인 외적 요소는 활동과정을 통해 다시 개체 내부로 들어가 결합되어 더 큰 하나가 되어 발전해 나간다(신화식 외, 2012). 어린이는 운동에 의한 근육에너지와 지성과 의지의 정신에너지를 상호 결합시켜 내면적 안정을 이룬다. 정상화란 이렇게 안정되어야 할 어린이가 본인의 의욕에 대한 주변의 방해, 신체적인 결함, 퇴행 행동 등 정신적인 장애로 인해 일탈되었을 때 어린이 본래의 정신 본성으로 돌아가고자 하는 것을 말한다. 정상화는 내적 감수성, 흡수정신, 준비된 환경 안에서 교육을 통해 이루어진다. 정상화된 어린이의 특징은 놀이와 교구를 스스로 선택하며, 진정한 흥미로 집중하고, 스스로 응용하거나 창의적 방법을 제안하고 다른 어린이에게도 기쁘게 알려 준다. 한편, 일탈된 어린이는 그 반대인데, 일탈된 어린이를 치료하기 위해서는 어린이에게 정신을 집중할 작업을 주고 손으로 사물을 조작하게 한다. 몬테소리는 정상화가 작업에 집중함으로써 얻어질 수 있다고 하였다(Montessori, 1967).

4. 몬테소리 교육 프로그램의 운영

1) 교육의 목적

몬테소리 교육의 목적은 어린이의 발달 수준에 적절한 교재와 교구를 사용해서 어린이가 스스로 독립적으로 성장해 나가도록 하는 것이다. 이러한 교육 목적으로 비추어 보면, 교사는 어린이를 가르치고 지시하고 훈련시키고 감독하는 사람이 아니며, 단지 어린이의 독립적 발달과 자기 교육을 지켜보는 보조자의 역할을 담당하는 사람이다.

2) 교육환경의 구성

인간은 주어진 환경이 어떠하냐에 따라 달라지기 때문에 어린이가 타고난 가능성과 잠재력을 발휘하기 위해서는 교육적 환경이 매우 중요하다. 몬테소리는 어린이가 환경에 의해 형성되고 완전해진다고 하였다. 어린이는 그가 속한 사회에 적극적으로 뛰어들어 주변 지식을 흡수하고 자기 것으로 소화해 한 인격체로 성장해 간다.

준비된 환경이란 어린이가 자유로운 인격체로 성장하기 위해 마련된 교육적 환경으로 어린이가 내면적 발달에 맞추어 자발적으로 학습할 수 있도록 배려한 환경이다. 준비된 환경은 어린이의 발달에 방해가 되는 장애들을 제거하거나 어린이 스스로 장애를 제거하고 방어력을 발달시킬 수 있도록 돕는다. 또한 개인의 발달뿐 아니라 집단의 일원으로서 공동의 생활에 필요한 연대의식, 자유와 규율의 연합, 자기 정체성, 순종과 봉사정신을 육성시킨다.

준비된 환경, 즉 영역별로 구분되어 학습을 돕도록 구성된 환경에서 어린이는 학습을 마친 후에 교재, 교구를 놓을 장소에 정확히 정리정돈하는 습관을 길러야 한다. 어린이는 이러한 신체 활동을 통하여 정신적 질서를 내면화하고, 사물에 대한 지식을 익힌다. 또한 뒷사람에 대한 배려를 학습하게 된다. 준비된 환경에서는 개인의 능력이나 학습속도에 의한 개별화된 교육을 실시하며, 어린이가 집중하여 학습하는 데 방해되는 사물이나 활동은 삼간다. 준비된 환경으로서 학급은 2년이나 3년 동안 어린이집에 다닌 어린이가 학급 전체 중 1/3을 차지하고, 1년 정도 다닌 어린이가 1/3, 새로 입학한 어린이가 1/3의 비율로 편성되어야 적절하다. 전체 인원 수는 25명에서 35명이 적당하다. 이러한 혼합 연령반은 연장자인 어린이가 연소자인 어린이의 모델이 되거나 직접 도와주어 어린이들이 자연스럽게 사회구성원으로 성장할 수 있도록 연습시킨다. 학급을 처음 구성할 때에는 구성원 모두가 같은 연령의 어린이이므로 교사가 시범을 보여주어 익히게 하고, 1년 후 신입생이 들어오면 재학생이 교사의 역할을 돕도록 한다(Lilliard, 1972).

3) 교육과정 영역

3세에서 6세를 위한 몬테소리 환경은 보통 다음과 같이 나누어진다. 일상생활 영역, 감각 영역, 언어 영역, 그리고 수학 영역이다. 추가적으로 음악, 미술, 신체 활동, 그리고 극놀이 등이 교육과정에 포함된다(American Montessori Society, 1994).

(1) 일상생활 영역

일상생활이라 불리는 교육과정 영역은 몬테소리 교육과정의 필수불가결한 요소로 여겨지는데, 이는 어린이가 일상생활에서의 실제 활동을 통하여 교실에 다른 영역에서 필요로 하는 학습 집중도를 위한 기술과 성향을 기르게 된다. 어린이는 쓸기, 바느질하기, 정원 가꾸기 등과 같이 익숙한 가정 일상 활동을 통하여 한 가지 활동에 집중하고 처음에서 끝까지 이루어지는 순서를 경험하고, 특정 목표를 위해 움직임을 조정하고, 특정 과제를 단계별로 조직화하는 법을 배우며 자기 주도적인 활동을 통해 독립성을 기르게 된다. 일상생활 영역 활동은 어린이들의 가정에서 일상적으로 이루어지는 활동을 어린이 신체 크기에 맞게 조절하여 제공함으로써 어린이의 사회 참여를 유도한다. 가정에서 학교로 원만한 전이가 이루어질 수 있도록 한다. 일상생활 영역의 활동은 자기 관리(이 닦기, 여러 가지 지퍼나 단추 잠그기, 연습 교구, 코 풀기, 머리 빗기 등), 환경 가꾸기(꽃 정리하기, 신발 닦기, 테이블 닦기, 정원 가꾸기), 삶의 기술(바느질하기, 음식 준비하기), 소근육 발달 그리고 공동체 생활(식탁 차리기, '실례합니다' 또는 '고맙습니다'라고 말하기 등)이다.

(2) 감각 영역

어린이는 태어나면서부터 자극이 풍부한 환경에 둘러싸이며, 감각 이미지들을 자신의 마음에 흡수하기 위하여 무의식적으로 모든 감각들을 사용한다(Montessori, 1973). 몬테소리에 의하면 3세 무렵에 준비된 교구들을 실제적으로 탐색하면서 정렬시키고 분류할 수 있게 된다. 감각 영역 교구는 이러한 점을 염두에 두고 디자인되었다. 시각, 촉각, 청각, 미각, 후각적으로 매력적인 교구들이 순차적으로 주어짐으로써 하나의 특정 개념이나 감각 지각을 개별적으로 익힐 수 있게 된다. 예를 들어 긴 막대(길이 개념 개별화), 색판(색 개념 개별화), 촉감판(거칠고 부드러운 질감 개별화), 소리 실린더(소리 크기 개별화), 그리고 냄새 단지(특정 향 개별화) 등이 있다. 어린이가 감각 교구들을 사용할 때, 초기에는 교사가 시연하는 비교나 순차적 변화의 패턴을 따라가는 것이 권장되지만 후반에는 확장(서로 다른 두 교구의 관련도나 활동의 환경에 대한 확장)이나 변형(교구를 다른 방법으로 배치)을 탐색하도록 격려 받는다(Torrence, 1993). 감각 교구는 대부분 자유형식으로 사용될 수 있기 때문에 어린이 주도로 계획된 다양한 활동들을 만들어 내는 데 사용할 수 있고, 탐색과 창의성을 함양할 수 있다.

(3) 언어 영역

언어 교육과정은 내용(content)이라기보다는 맥락(context)이 되며, 잘 짜여진 식단이라기보다 종합적인 뷔페와 같은 것이 된다. 몬테소리 교실 환경에서 언어발달은 환경 전반에 걸쳐 영향을 준다. 유아 간의 자유로운 소통과 공동체적인 사회 환경, 특정 수업을 통하여 교사가 전달해 주는 정확한 용어, 대집단 모임에서 사용하는 노래, 동시, 대화, 책 읽기 영역에서 쓰이는 책, 그리고 언어와 문해력 발달을 위해 사용되는 특정한 교육을 위한 교구들이 포함된다. 몬테소리 교실은 구어발달을 위한 풍부한 환경을 제공해 주며, 이는 문어(written language) 시스템을 궁극적으로 이해하는 데 필요한 기반을 구성해 준다.

현대의 대부분의 몬테소리 교사들은 철판모형, 모래종이 문자, 움직일 수 있는 알파벳을 핵심적인 언어 교구로 생각하고 있다. 이를 바탕으로 교사가 만들어 낸 다양한 교구들을 사용하여 확장할 수 있다. 추가적인 활동에는 명칭카드(nomenclature cards), 서로 운율이 맞는 물체들이나 그림, 이야기 순서 맞추기 카드(sequence story cards), 연관카드(go-togethers), 유사한 음을 가진 사물들이 있는 상자들, 그림-명칭 맞추기 세트, 받아쓰기 게임, 명령어 게임(지시를 위해 그림과 단어 모두 사용), 문법 게임 등이 있다.

(4) 수학 영역

수학적인 사고는 특정 수학 영역에 대한 경험 이전에 수학과 관련 없는 것처럼 보이는 여러 가지 활동들로부터 시작된다. 일대일 대응 개념은 옷 입히기 틀(하나의 구멍에 단추 하나씩), 손잡이가 달린 원기둥(하나의 구멍에 원기둥 하나씩), 그리고 그 외의 모든 일대일 대응 활동에 내재되어 있다. 어린이는 모든 순서화의 분류 활동을 통하여 유사점 및 차이점을 탐색하고 비교하며, 감각 교구로 상대적인 패턴을 만드는 활동을 통하여 공간적 관계를 탐구하고, 예상 가능한 하루의 규칙적인 일과를 통하여 시간적인 관계를 배워 나간다. 어린이는 10개의 사물로 구성된 감각 교구를 순서대로 놓으면서 간접적으로 십진법에 대한 개념을 익히게 된다(큐브의 탑이나 넓은 계단 등). 더욱이, 어린이는 다양한 교구들을 순서화하면서 자연스럽게 '상대적으로 많은'이나 '상대적으로 적은'이라는 개념에 익숙해질 수 있다(예를 들어 긴 막대기, 손잡이 달린 원기둥 등).

몬테소리 수학 교구는 네 가지 영역으로 구분되어 있다: ① 0에서 10까지 세기 활동과 수량화, ② 연속적으로 세기(점점 더 높은 수를 체계적인 수-선에 맞추어 세기), ③ 10진법(고전적인 금색 구슬 교구를 사용하여 자릿값—1단위를 나타내는 구슬, 10단위를 나타내는 막대, 100단위를 나타내는 사각형, 1000단위를 나타내는 정육면체—표상하기), ④ 연산(더하기, 빼기 등)

(5) 미술 표현 영역

몬테소리는 교육에 있어서 환경적 미학(environmental aesthetics) 의식의 선구자였으며 환경의 미적 특성과 전반적인 균형이 어린이의 발달에 깊은 영향을 끼치게 됨을 알고 있었다. 그녀는 어린이의 초기의 환경을 통한 간접적인 미적 교육 접근법을 선호하였으며, 아름답고 주의 깊게 선택된 미술작품을 어린이교육 환경에 포함하는 것은 매우 중요하다고 하였다(Montessori, 1964). 오늘날의 몬테소리 교실 환경은 이를 반영하여 어린이의 자기표현과 상징적인 이해에 있어서 시각예술의 중요성뿐만 아니라, 미적이고 풍부한 감각 경험에 초점을 두고 있다. 몬테소리 교실 환경에서는 일반적으로 다양한 표현미술을 위한 매체, 즉 물감, 찰흙, 콜라주 재료, 여러 가지 그리기 및 색칠하기 매체, 종이반죽 등이 갖추어져 있다.

(6) 음악 영역

'침묵게임'과 같이 소리를 구분하는 청각능력 발달 활동이나, 소리 실린더, 몬테소리 종(음조의 구분을 위한) 등은 몬테소리 어린이교육 프로그램의 핵심 교육과정이다(Montessori, 1948/1967). 리듬 활동(여러 가지 리듬에 맞추어 선을 따라 움직임), 클래식이나 다양한 음악 듣기, 다같이 노래 부르기, 간단한 악기 탐색하기, 간단한 악보 사용(큰 오선지에 나무로 만든 음표 움직이기) 등의 음악 활동은 몬테소리에 의하여 추가되었거나 현재 몬테소리 환경에서 사용되고 있는 것들이다(Montessori, 1948/1967).

4) 교수·학습 방법

몬테소리의 교육방법은 스스로의 교육, 즉 자발성에 기초한 교육이라고 할 수 있다. 이러한 자발성의 교육을 가능하게 하기 위해 교사는 스스로 궁리하고 탐구하기 위해 작업에 몰두하는 어린이의 특성을 이해하고 자율적인 학습태도가 형성되도록 내적 훈련 과정을 관찰하고 자신감을 갖도록 도와주어야 한다. 이에 무엇보다 필요한 것은 개별화 교육(스스로 만족할 때까지 개별적으로 반복하여 작업을 완성시키도록 함), 자유와 규율(자유는 참된 규율이 바탕이 되어야 함), 훈육(훈육내용: 안전 유지에 필요한 활동과 타인에게 해를 주는 행동에 대한 이해 및 배려, 사회 구성원으로 지녀야 할 태도 등)이다.

5) 교사의 역할

몬테소리에 의하면, 잘 준비된 환경에서 자유가 주어진 어린이는 자신의 자연스러운 성향과 단계에 맞추어 발달하게 된다. 그러므로 교사의 역할은 어린이의 부족한 부분을 가르치는 것이 아니라, 각 어린이의 발달을 자세히 관찰하는 것이며 수업, 일관성 있는 구조, 적절한 격려 등을 통해 지도하며 학습자중심의 교구를 제공하여야 한다. 또한, 혼란스러워 하는 어린이에게는 그 어린이가 겪는 어려움에 주의를 기울이고 방향을 잡아 주고, 흥미를 보이는 어린이에게 적절한 학습이 일어날 수 있도록 교구와 활동을 제시해 준다. 어린이들이 언제라도 거친 행동이나 무례한 행동, 방해되는 행동을 할 때마다 개입을 하고 적극적으로 재유도(redirect)를 해 주어야 하지만, 어린이의 행동이 교구의 본래 목적에 맞는 경우에는 어린이의 자연스러운 관심과 참여가 이루어지도록 교사 자신의 개입을 최소화하고 세심하게 관찰하는 것도 교사의 역할에 포함된다.

Ⅱ. 프로젝트 접근법

프로젝트 접근법(project approach)은 학습할 가치가 있는 특정 주제에 관한 심층 탐구활동으로 학급전체, 소그룹, 때로는 개인별로 시행된다. 심층 탐구활동은 진보주의 시대 듀이(Dewey)의 아이디어에서 처음 착안되었으며, 그 후 킬패트릭(Kilpatrick)에 의해 '프로젝트법'으로 명명되었다. 1960~1970년대에 프로젝트법은 영국에서 유·초등교육의 중추적 역할을 하였으며, 그 후 미국에서도 '열린교육'이라는 이름으로 많은 교육자들이 받아들이게 되었다(Smith, 1997). 유아교육 분야에서 이러한 아이디어를 적용시키려는 노력이 꾸준히 진행된 결과, 1989년 카츠와 차드(Katz & Chard)는 유아의 인지적·학문적·정서적 발달에 바람직한 영향을 줄 것이라는 점을 확인하여 프로젝트법을 '프로젝트 접근법(project approach)'이라는 용어로 재조직하여 발표했다. 따라서 프로젝트 접근법은 듀이의 이론적 바탕 위에 킬패트릭이 체계화한 것을 카츠와 차드가 오늘날의 유아교육 현실에 맞게 재조직한 것이라 할 수 있다. 매우 창의적으로 변모한 프로젝트법은 이탈리아 북부 작은 도시 레지오 에밀리아시의 유아교육과정에서도 적용되었고(Edwards, Gandini, & Forman, 1998), 그 외에도 북미 여러 지역을 비롯하여 현재까지 한국, 중국, 폴란드, 필리핀, 코스타리카, 멕시코를 비롯하여 많은 나라에서 적용되고 있다.

프로젝트 접근법은 '방법'이나 '모델'이란 말보다 '접근법'이라는 명칭을 사용하는데, 이는 3세부터 8세까지 유아교육과정의 한 부분인 프로젝트 활동은 교육과정 모델이나 하나의 완전한 교육방법이 아니라 다른 교육과정을 보완해 주는 역할을 한다. 따라서 기존의 교육과정을 적용하면서 상호보완적인 입장에서 주제 중심으로 심층적 접근이 가능하기 때문에, 유아교육기관의 여러 상황에 따라 다양한 방법으로 통합 접근할 수 있다(Katz & Chard, 1989).

1. 교육 목표

프로젝트 접근법은 모든 교육과정 속에서 다음 네 가지 유형의 학습 목표가 달성되어야 한다고 본다(Katz & Chard, 2000).

1) 지식

지식과 이해는 생각, 개념, 도식, 사실, 정보, 이야기, 신화, 전설, 노래 등에 관한 내용으로 구성된다. 프로젝트의 탐구과정 속에서 유아는 유아가 가지고 있는 경험을 더욱 심화·확장시키며 정확하게 이해하게 된다. 유아발달 연구에 따르면 유아의 나이가 어릴수록, 수동적 과정보다 능동적·상호작용적 과정이 훨씬 더 많은 지식을 구성하고 습득하게 한다. 지식과 이해가 구성되도록 하는 상호작용 경험은 반드시 유아에게 의미 있는 내용이 포함되어야 하며, 유아를 둘러싼 환경과 자기 경험을 이해할 수 있도록 확장시켜 줄 수 있는 내용이 유아의 발달을 불러일으키는 가장 가치 있는 내용이다.

2) 기술

기술은 세분화된 비교적 간단한 행동으로 분명하게 관찰되고 행동으로부터 추론이 가능한 것이다. 예를 들어, 자르기, 그리기, 수 세기, 운동기술 등이 이에 속하며 기술은 관찰, 모방, 시행착오, 지도 등의 다양한 과정을 통해 습득된다. 유아는 성장하면서 기술이 훈련의 산물임을 알게 되고, 기술 습득의 필요성을 서서히 인식하기 시작한다.

3) 성향

성향은 비교적 지속되는 습관이나 상황에 따라 경험을 바탕으로 반응하는 특징적 행동을 일컫는다. 예를 들어, 과제의 지속성, 호기심, 관용, 협동, 책 읽는 성향, 문제해결 성향 등이 이에 속하며 지식이나 기술과 달리, 한 번 익혀서 영원히 지속되는 상태가 아니다. 행동의 지속적인 패턴이므로 그것을 가지려면 적절한 상황 속에서 계속적으로 반복 실행되어 확고히 다져질 때 가능하다.

4) 감정

주관적 정서 혹은 감정의 상태이며 소속감, 자긍심, 자신감, 적절함과 부적절함, 능력과 무능함, 분노 등이 이해 속한다. 어떤 의미 있는 현상에서의 감정은 순간적인 것에서 지속적인 것으로, 강력함에서 약함으로 혹은 애매모호함 등으로 매우 다양하게 나타난다. 학교교육과 관련하여 감정은 수업이나 훈계보다 경험의 부산물로서 학습되며 감정은 직접적으로 가르칠 수 없다. 프로젝트 활동을 통해 유아는 교실 안에서 의미 있는 일을 찾게 되고, 이는 하나의 구성원으로서의 유능감과 소속감, 속해 있는 집단에 공헌한다는 느낌을 가질 수 있다.

2. 교육 내용

1) 프로젝트의 주제 정하기

프로젝트 활동은 탐구되는 주제와 관련된다. 주제가 유아의 시간과 에너지, 그리고 유아교육기관의 재정을 쏟을 가치가 있는지 결정하는 것은 궁극적으로 교사에게 달려 있다. 그러므로 교사는 좋은 프로젝트 활동을 지원하기 위해 폭넓게 준비하고 연구하고 탐구해야 한다. 아래의 기준에 부합한다면 좋은 주제이다.

- 유아의 주변 환경에서 직접 관찰할 수 있는 현상
- 유아가 경험할 수 있는 주제
- 직접적 탐구가 가능한 주제
- 지역사회에서 접할 수 있는 주제
- 다양한 표상 활동이 가능한 주제(극놀이, 구성물, 다면적 표상, 도표조직 등)
- 학부모의 참여나 공헌이 가능한 주제
- 문화적으로 적합하며 지역문화와도 관련된 주제
- 유아들이 흥미로워할 수 있는 주제이거나 성인들이 보기에 유아발달에 가치가 있다고 판단되는 주제
- 교육과정 목표에 부합하는 주제
- 연령에 적합한 기초적 기술을 적용할 기회가 많은 주제
- 범위(너무 좁거나 넓지 않은 범위)가 적당한 주제

2) 프로젝트 단계

유아와 교사의 합의하에 프로젝트 주제를 정하게 되면, 탐구할 주제의 방향을 확인하고 계획한다. 프로젝트는 대체로 다음의 3단계에 따라 계획되고 실행된다(Chard, 1998a, 1998b).

(1) 1단계: 프로젝트의 시작

프로젝트의 첫 단계에서는 유아들에게 주제와 관련된 자신의 경험을 극놀이, 그림 그리기, 말하기, 쓰기 활동을 통해 표현해 보도록 유도한다. 1단계는 주제와 관련된 유아들의 지식을 살펴보는 과정으로 유아들은 주제와 관련된 질문을

하며 이러한 유아들의 질문을 통해 유아들이 잘못 알고 있는 점, 지식 부족 등이 드러난다. 이러한 과정은 2단계를 계획하는 중요한 기초가 되므로 교사는 이러한 부분을 너무 성급하게 바로잡으려 해서는 안 된다. 유아들이 스스로 궁금한 점들을 해결해 나가는 과정 또한 중요한 배움의 과정이기 때문이다.

(2) 2단계: 프로젝트의 전개

2단계의 핵심은 체험을 통해 직접 실제를 경험하여 새로운 정보를 얻는 것이다. 정보의 수집은 실제 장소와 사건을 방문해 보는 현장 조사(1차 자료 정보)를 비롯하여 주제와 관련된 직접 경험을 겪은 사람을 인터뷰하는 체험(1차 자료 정보), 책, 관련 교육영화, 비디오, 안내서, 팸플릿과 같은 2차 자료 정보수집이 이 단계에서 검토된다.

(3) 3단계: 프로젝트의 마무리

프로젝트의 마지막 단계인 3단계에서는 개인과 집단 활동을 완성하며, 그동안 탐색한 것에 대한 요약과 검토가 이루어진다. 이 단계에서는 활동 결과를 보러 올 방문객을 초대할 수 있으며, 방문객에게 자신들의 프로젝트에 대하여 이야기할 수 있도록 한다. 이를 위한 준비는 완성된 작업에 대한 검토가 목적이다. 이런 경우 유아는 자신의 작업을 평가하고, 1단계에서 자신이 내어놓은 질문과 발견한 결과를 비교해 보게 된다.

3. 교사의 역할

프로젝트 활동에서 교사는 수업자보다 상담자에 더 가깝다. 교사는 유아의 프로젝트 진행상황을 모니터링하고 안내하면서 활동의 진행을 촉진시킨다. 또한, 프로젝트를 진행하는 동안 유아를 관찰하게 되는데, 이는 유아가 필요로 하는 교수활동에 관한 실마리를 찾거나 새로운 지식이나 기능을 소개할 때 개별 유아나 집단의 준비 상황을 살피기 위해서이다.

또한, 교사는 안내자 역할을 수행한다. 즉, 프로젝트 과정을 조직할 수 있게 도와주고, 토론에서 제기된 문제를 해결할 수 있게 확장된 깊이 있는 관심을 유발시킨다. 교사는 프로젝트가 진행될 수 있도록 일정을 조정한다. 아울러 유아가 자기 결과물의 표상 방법을 고민할 때 조언도 해 준다.

Ⅲ. 발도르프 접근법

발도르프 교육은 오스트리아의 슈타이너(Rudolf Steiner)의 철학적 신념인 인지학을 바탕으로 시작되었다. 인지학(anthroposophie)은 그리스어 'anthropos(인간)'과 'sophia(지혜)'를 합성한 말로 '인간의 지혜'라는 뜻이다. 인지학은 종교적인 것과 더불어 인간다움을 탐색하는 것이며, 배타적인 특정한 교의나 교조와 결부되지 않은 진리 또는 새로운 지식을 추구하는 것이 목적이다. 발도르프 교육은 제1차 세계대전이 끝나고 독일의 슈투트가르트의 황폐한 공장지대 환경에서 공장 노동자 자녀의 교육환경을 개선하기 위한 시도로, 1919년 9월 7일 공장의 이름(발도르프-아스토리아 담배공장)을 딴 '자유 발도르프 학교(die Freie Waldorfschule)'가 최초로 설립되면서 시작되었다. 발도르프 교육에서는 인간을 육체와 영혼, 정신의 조화적 통일체로 보고 의지와 감정과 사고, 즉 지·정·의가 조화된 인간을 기르기 위하여 예술적 감각을 바탕으로 하는 구체적인 교육을 실시하고 있다(Jaffke, 1991).

1. 슈타이너의 아동발달이론

슈타이너는 인간의 성장 과정을 3단계로 제시하면서 육체적 발달과 정신적 발달 모두를 통합시킨 7년 주기를 제안하였고, 각 단계마다 배움을 지배하는 근본적인 힘이 다름을 주장하였다. 각 단계를 간략하게 정리하면 다음과 같다(홍지연, 2002; 정윤경, 2004).

1) 유아기(출생~7세)

이 시기의 아이의 몸 전체는 하나의 감각기관으로 감각이 외부세계로 열려 있으므로, 유아는 세상을 배우기 위해 자기 주변의 성인을 모방한다. 이 시기에 중요한 것은 환상과 상상을 탐색하는 것이며 형식적인 학문적 교수는 부적절하다.

2) 아동기(7~14세)

이 시기에는 주변세계를 더 잘 인식하게 되고 그로 인해 학문적 수업을 시작할 준비를 갖추게 된다. 정신적 개념인 '느낌(feeling)'이 이 시기에 실현되고 예술에 대한 감각이 눈을 뜨게 된다. 예술 중에도 생명체의 진동과 같은 음악에 대한 감각이 깨어나기 시작한다. 학교 공부의 본질이 모두 감정을 통한 것이어야 한다(한진이, 1998).

3) 청년기(14~21세)

이 시기는 사춘기의 출현과 동시에 시작된다. 추상적인 생각과 응용을 하는데 자신의 지성을 결합시킬 수 있는 준비가 되어 있고, 그 결과 '사고(thinking)'

라는 정신적 발달을 이루게 된다. 이 단계에는 독립성이 뿌리를 내리게 되고, 독립성은 학습자가 개별적으로 적절하게 탐색하고 연관성을 찾도록 해 준다.

이처럼 발도르프 교육의 기본인 인지학에서는 영유아를 신체, 영혼, 정신의 통합체인 조화롭고 자유로운 존재로 보는 이미지를 기본으로 교육과정을 전개하고 있다. 따라서 발도르프 교육에서는 인간중심의 전인 아동을 교육의 목적으로 하여 아동을 존중하는 마음을 가지고, 사랑으로 아동을 가르치며, 아동이 자유 속에서 성장하도록 하는 것을 중요한 원칙으로 하고 있다.

2. 프로그램 특징

1) 발도르프 유아교육 환경

슈타이너는 유아가 환경에 매우 민감하며, 오감을 통해 정보를 획득하고 신체를 통해 환경을 경험한다고 생각하였다. 발도르프 유아교육 기관은 지붕, 교실, 복도가 모두 곡선 구조로 지어짐으로 자연을 담고 있다. 실외는 모래밭, 나무 오두막, 고목 그루터기 등으로 구성되어 있으며, 인공적으로 만들어진 미끄럼틀, 그네, 정글짐 등은 없다(Grossmann, 1994). 실내 환경도 TV, 컴퓨터를 비롯한 각종 전자제품이나 완제품은 없으며 대부분 자연물이고 꾸밈없는 원형 그대로의 것들로 꾸며 주어 어린이에게 안정감을 줄 수 있는 분위기를 제공한다. 이러한 환경에서 유아는 안정감을 가지고 놀이를 통하여 창의적이고 예술적인 경험을 하며 성장한다.

| 그림 7-1 | 발도르프 접근법의 자연을 담은 환경

2) 모방과 놀이의 중요성

슈타이너는 유아가 공동체 의식을 발달시킬 수 있도록 하는 두 가지 유용한 방법으로 '모방'과 '놀이'를 꼽았다. 유아는 성인들의 일에 본질적으로 호기심이 강하며, 자신의 지식을 심화시키기 위해 보이는 것을 본능적으로 모방하는 성향이 있다. 그렇기에 발도르프 교사는 유아에게 모방할 가치가 있는 것을 제공하는 것이 매우 중요하다. 예를 들자면, 교사는 간식을 준비하고, 테이블을 닦고, 창틀을 장식하며, 식물을 돌보는 일과 같은 가사·학급 일에 몰두한다. 교사는 같이 일하도록 유아를 강요하지 않으며 유아가 스스로 교사의 행동을 모방하기를 선택했을 때 항상 환영한다.

놀이 또한 사회적 상호작용을 연습할 기회를 제공한다. 유아는 놀이의 '가장(pretence) 요소'를 통해 다른 역할을 시도할 수 있고 갈등을 해결해 나아갈 수 있으며 의사소통의 다양한 방법을 시도할 수 있다. 발도르프 교실에서의 상상놀이 시간은 강압적이지 않은 방식으로, 정서적 성숙을 발달시키는 동시에 유아가 공동체를 경험하도록 한다.

3) 혼합연령

발도르프 유아교육기관의 유아들은 3세부터 6세까지 한 명의 교사와 3년 동안 밀접한 관계를 지속적으로 맺으며 생활한다. 이러한 연령의 계층화는 유아에게 형제와 같은 경험을 준다는 점에서 가족적인 분위기를 제공한다. 연령의 다양성 속에서 어린 유아들은 존경하며 본보기로 배울 수 있는 나이 든 유아를 역할 모델로 삼게 된다. 나이 든 유아는 돌봄과 책임감 있는 태도를 획득하며 사회적 인지 기술을 향상시킨다.

4) 리듬과 규칙적인 일과

교사는 매일, 매주, 매 계절, 매년 반복되는 일과를 구성한다. 날마다 시간의 균형을 포함하는 리듬이 있어서 예를 들어, 월요일은 '빵 굽는 날' 화요일은 '야채 수프의 날' 그 외 다른 날은 유아가 기대하는 고유의 날로 지정된다. 이러한 예측은 유아가 두려움을 없애고 사회적 관계 속에서 신뢰를 형성하며 교사를 신임하도록 한다.

3. 교사의 역할

'존경'은 유아를 향한 교사의 태도로 묘사될 수 있다. 유아는 매우 감수성이 예민하고 모든 감각을 통해 환경으로부터 자극을 흡수하며 온몸으로 환경을 경험하기에 교사가 유익한 자극을 제공해 주는 것은 매우 중요하다. 따라서 교사는 유아를 '존경심'으로 대할 때, 유아가 혼동하지 않도록 분명하게 말해 주고 모범을 보이고, 유아가 자신의 속도로 발달해 나갈 수 있도록 도와야 한다.

또한, 교사는 '열정'을 가지고 자신의 역할을 받아들여야 한다. 교사의 열정을 느끼며 그 열정에 함께 빠져드는 유아에게 그 열정은 전달된다. 유아기의 진정한 정신은 경이감, 탐구심, 순진함이며 이 정신을 통해 유아는 열정과 경외심으로 세계를 탐구하는 능력을 갖게 된다.

교사의 마지막 의무는 자신이 돌보는 모든 유아를 '보호'해야 한다. 교사는 유아가 자신의 미래 학습을 지원할 초석을 세우는 데 충분한 시간을 갖도록 허락하여 서두르지 않는 차분한 속도로 스트레스 없는 환경을 제공한다. 유아는 빠른 속도의 과도한 자극과 폭력적 이미지를 주는 텔레비전이나 컴퓨터 게임으로부터 보호받는다. 유아들이 먹는 음식은 화학처리 되지 않으며, 살충제나 농약, 유전자 조작으로부터 안전하다. 음식은 자연적이고 순수하여 아이들의 건강한 신체 발달을 조성한다.

Ⅳ. 레지오 에밀리아 접근법

레지오 에밀리아 접근법(Reggio Emilia Approach)은 이탈리아의 사회·문화 맥락 안에서 이해될 수 있는 독특한 통합 유아교육체제이다. 레지오 에밀리아(Reggio Emilia)는 이탈리아 북부지방에 위치한 인구 15만 명의 작은 도시로, 부유하고 생활 수준이 높으며 정치적으로는 자유주의를 갖춘 전통 있는 도시이다. 제2차 세계대전이 끝난 1945년, 레지오 에밀리아의 근처 빌라 첼라(Villa Cella) 지역의 부모들은 전쟁터의 잔해 속에서 자녀를 위한 유치원이 필요하다고 생각했다. 그래서 후퇴한 독일군이 남겨 놓은 탱크, 트럭 등을 팔아 자금을 마련하였으며, 전쟁으로 파손된 건물에서 벽돌과 기둥을 가져다 유치원을 세웠다. 이러한 부모들의 헌신적인 노력에 감명을 받은 말라구치(Loris Malaguzzi)는 교사로 자원하게 되었다(Malaguzzi, 1998/2012).

말라구치는 유아들을 위한 정신건강센터를 운영하면서 유아의 수많은 잠재능력에 대해 관심을 가지고 가정과 유아교육기관의 연계교육이 필요함을 느꼈다. 말라구치는 시·지방·국가 차원에서 여러 교육문제를 진지하게 고민하여 양질의 교육이 지역사회에 뿌리내리게 하기 위해 노력했다. 이러한 말라구치의 열정은 피아제(Piaget)를 비롯한 듀이(Dewey)의 진보주의, 비고츠키(Vygotsky)의 사회·문화이론 등을 교육현장에 적용, 발전시켜 독창적인 유치원을 만드는 데 최선을 다하게 하였다.

1. 교육 원리

레지오 접근법에서 어린이들의 교육적 경험을 조직하고 그들의 학습을 지원하는 데 핵심을 이루는 것으로 보이는 원리를 소개하고자 한다(오문자, 2015).

1) 발현적-상호 조정적 교육과정: 프로제타치오네(progettazione)

레지오 학교에서 교육과정을 구성하는 방식을 '프로제타치오네'라 부르는데, 교사가 일반적이고 포괄적인 교육의 목표는 설정하되, 전개과정 내의 구체적인 활동의 선정 및 탐색은 유아들의 욕구 및 상황에 따라 반응적으로 이루어진다. 어린이들의 욕구와 흥미는 직접적으로 언어적 표현에 의해 보여질 수도 있고, 교사가 어린이들의 반응과 행동, 지나가는 말들에서 유추해 낼 수도 있다. 또한 학습경험이 진행되어 감에 따라 교사가 끌어낸 것일 수도 있다.

결과적으로 교사의 경험 및 관찰에 따른 판단과 어린이들의 몰입 정도 및 학습 간의 연속적 협상 및 조정에 의해 교육과정이 발현된다. 따라서 레지오 교육자들에게 교육과정의 성격은 '명확한 계획을 세운다'는 개념보다는 '어린이들을 정찰하고 탐사해 본다'는 개념이 더 강하다(Malaguzzi, 1998/2012). 교육과정 운영은 이처럼 프로제타치오네, 혹은 일반적 용어로 프로젝트에 의해 이루어지며, 주제 성격과 그에 대한 어린이들의 몰입 정도에 따라 장·단기의 프로젝트로 이루어지고, 짧게는 하루, 길게는 3~4개월에 걸쳐 지속적으로 운영되기도 한다.

2) 의사소통을 통한 협동

레지오의 교육자들은 어린이를 사회적인 존재로서 상호작용을 원하고 또한 할 수 있는 존재라고 보며, 집단의 역학(group dynamics)을 중요한 학습 및 발달의 기제로 여긴다. 또래 간의 상이한 견해를 서로 접하면서 새로운 시각과 더불어 사회 인지적 갈등을 경험할 기회를 마련하기 위하여 공동 작업과 공동의 문제해결 상황을 의도적으로 제시하기도 한다. 또래 간뿐만 아니라 성인과 어린이 간의 의사소통을 매우 중요한 학습 수단으로 보며, 그 상황에서 성인의 역할은 지식의 일방적 전달자가 아니라, 어린이의 능동적 학습을 근접 발달 영역 내에서 지원하는 것이다. 교사는 개인이 아닌 소집단을 하나의 단위로 삼아 어린이들을 지원한다. 서로를 이해하려는 과정을 통해 협동적으로 과제를 수행하거나 토론을 하는 경우, '우리'라는 공동의식을 강조하지만, 결코 개인의 고유성이 말살되거나 실종되지 않도록 하는 것에 역점을 둔다. 동일한 원리가 성인들의 작업원리에도 적용이 되어서, 교사들 간의 협동 또한 단순한 공동참여 혹은 작업 분담의 의미가 아니라 진정한 토론을 통해 다양한 사고의 상호 교환을 추구한다.

3) 표상(representation)활동을 통한 학습

레지오 교육의 창시자인 말라구치는 어린이들이 가진 '수많은 언어' 혹은 '백 가지 언어'를 최대한 활용하고 그것을 통해 세상을 알아나가도록 지원할 것을 강조하였다. 레지오 교육자들은 형식적인 문자 이외에도 유아기 어린이들에게 비교적 친숙한 방법인 그림, 몸짓, 점토, 조각, 구조물 만들기, 가상놀이, 그림자놀이 등 다양한 표현 방식을 통해 어린이들의 사고와 느낌, 현재 다루는 현상에 대한 가설 등을 표현하도록 한다. 일단 어린이들의 아이디어들이 표현되면 그것을 토대로 의사소통을 하도록 격려한다. 이는 동일 현상에 대해 다양한 매체를 활용하여 표상(representation)과 재표상(re-representation)을 거듭하고 그 것을 토대로 타인과 교류하면서 어린이들은 그 현상이나 사건에 대해 이해를 깊게 해 나간다는 믿음을 토대로 한 책략이다(forman, 1994). 어린이들은 다양한 표현 언어를 가지고 자신의 생각을 드러내고 돌이켜 보는 것과 각 언어가 지닌 특성과 자신의 생각이 만나면서 새로운 이해를 구축해 내는 것을 통해 학습과 사고를 증진시키는 기회를 갖는다.

4) 기록작업(documentation)

레지오 교사에게 어린이들이 하는 모든 일상의 경험을 기록하고 흔적을 남긴다는 것은 하루 일과에 포함되는 기본 업무이다. 특히 아틀리에리스타(atelierista)는 흔히 미술교사로 알려져 있으나, 어린이들과 혹은 교사들과 연구 프로젝트를 진행하기도 하고, 학교 내 기록을 총괄적으로 조직·관리하기도 하며, 각 학급의 교사와 협조하여 어린이들의 프로젝트 진행과정을 기록으로 남기고 그것을 정리하여 패널로 만들기도 한다. 교사들의 기록작업을 통해 남겨진 기록물에는 아동들의 코멘트, 토의 내용, 그림, 조각 등의 작품, 활동 장면의 사진, 현장답사 시의 비디오, 녹음 등이 포함되며, 이 내용물들을 잘 조직하여 만들어진 패널은 교실 및 현관, 아틀리에와 대외적 전시회 등에 진열된다.

기록작업은 어린이들에게는 자신의 행위, 감정 및 아이디어가 의미 있는 것이라는 인식을 주어 사고와 몰입을 격려하는 효과를 주며, 지난번의 경험을 기록으로 제공함으로 경험의 재방문을 통한 지식의 재구성 기회를 제공받을 수 있다. 또한 교사에게는 프로젝트의 다음 경험의 방향과 내용을 결정하는 근거가 되며, 어린이들의 학습과정을 연구하고 자신의 지원 책략을 돌이켜 봄으로, 현장 연구자로서 전문성을 신장시킬 수 있는 토대가 되기도 한다.

2. 프로젝트의 진행과정

레지오 교육에서 프로젝트의 진행과정은 어린이와 교사의 상호 조정과 협상에 의해 발현된다. 어린이들이 초기에 관심을 갖는 것들은 그 당시 어린이들의 사고와 느낌에 따른 것이며, 어린이들 스스로도 앞으로 만나게 될 문제의 전체 윤곽을 예측할 수 없다. 어린이의 초기 관심과 사고는 경험이 진전됨에 따라 계속 구체화되거나 심화되기도 한다. 따라서 교사와 어린이 모두 가능성을 항상 열어 두고 탐색 여행에 나선다는 자세를 갖고 지속적으로 서로의 시각을 조율해 가는 과정이 필요하다. 다시 말해, 전반적인 방향성을 가지고 프로젝트를 진행시켜 나가면서 어린이들이 보여 주는 관심과 문젯거리에 따라 지속적으로 협상을 통해서 어린이들이 다음 단계에서 무슨 탐색과 문제해결을 해 나갈 것인지를 결정해 나가는 것이 필요하다.

1) 교사의 지원을 통한 장기 프로젝트

(1) 준비: 사전 연구와 협의를 통한 방향성 예상

교사들의 입장에서 프로젝트의 주제에 대한 자신들의 생각, 어린이들이 추구할 만한 방향, 전반적 프로젝트의 방향성, 특정 주제가 가져올 교육적 가치 등에 대해 브레인스토밍을 해 볼 수 있다. 이 단계에서는 본 주제가 지닌 가치와 의미는 무엇이며, 어린이들은 어떤 의미를 부여할 것인지를 예상해 보는 기회가 된다. 예상 방향을 수립한 후, 교사들은 때로는 어린이들에게 파일럿 형식으로 접근하여 그들의 반응을 보기도 한다.

(2) 진행: 연속적 협상에 의한 경험 구성

교사의 잠정적 주제가 협의를 거쳐 프로젝트의 주제로 확정이 되면, 통상적으로 대집단 이야기를 통해 그것이 소개되고, 어린이들로부터 새로운 가설들이 드러나게 된다. 그 가설들 중에서 교사는 나름대로 선별하여 탐색을 심화시키는데, 교사들은 어떤 가설을 선택할 것인지에 대해 매우 조심스럽게 접근한다. 그 과정에서 대집단 이야기 나누기가 반드시 선행되어야 하는 것이 아니며, 프로젝트마다 성격과 어린이들의 당시 몰입 상태, 그리고 교사의 판단에 따라 이야기 나누기를 통한 도입의 기간이 짧아질 수도, 생략이 될 수도 있다. 이야기 나누기를 포함하는 모든 표상은 어린이들의 생각을 잘 드러내도록 해서 이해와 생각의 교류를 돕는 데 의미가 있다. 다양한 매체를 활용해서 자신들의 생각을 교류함으로써 타인과 함께 그리고 집단 안에서의 공유 의미를 구성해 나가는 과정이 바로 레지오 프로젝트의 진행과정이다.

(3) 마무리

프로젝트의 과정을 거쳐 얻은 지식과 이해를 나누는 경험을 통해 어린이들은 자신들의 지식을 한층 더 심화시키고 새로운 질문을 다시금 갖게 되기도 한다. 따라서 마무리 단계의 행사는 보여 주기 위한 것이 아니라 어린이들의 경험을 모두 함께 자축하고 인정하며 심화를 위한 돌아보기 및 나눔의 기회라는 성격을 갖는다. 청중을 초대하는 행사나 공동 작품이 마무리로 제시되기도 하는데, 레지오의 경우, 이런 행사나 공동 작품이 처음부터 목표로 설정되므로, 그와 관련된 어린이들의 책임감, 자부심, 뚜렷한 목적의식을 고취시키기도 한다. 이처럼 분명한 외적인 공통 목표가 있을 경우에는 마무리 단계가 의식적으로 부각되지만, 많은 경우의 프로젝트는 어린이들이 다른 주제에 관심을 가지면서 자연스럽게 끝나거나 혹은 지속적인 탐사로서 뚜렷한 결과물을 남기지 않은 채 끝날 수도 있다.

2) 어린이 주체의 자율적 프로젝트

장기 프로젝트 이외에도 학급 안에서는 크고 작은 프로젝트 혹은 탐구가 곳곳에서 일어난다. 예를 들어, 물감이 놓인 곳에서 어린이들은 그저 매일 동일한 '물감놀이'를 하는 것이 아니라, 어제 했던 활동을 반복하면서도 약간 그 방법을 변형해 보며 새로운 시도를 조금씩 하는 나름의 '프로젝트'가 진행되고 있다고 볼 수 있다. 교사의 역할은 학급 내에서 일어나는 어린이들의 모든 경험이 단순 반복적 경험이나 피상적 접근으로 끝나지 않고 연결성을 지닌 의미로운 경험이 되도록 지원하는 것이다. 어린이들과 함께하는 동안, 관찰기록, 해석 그리고 교육적 결정의 순환 과정은 반복된다. 이때 교사들이 내리는 결정은 교사들의 관찰기록에 대한 반영과 더불어 다음을 위한 '예상' 혹은 '교사의 가설'로서 정리되어 기록화된다.

3. 환경의 구성

레지오 에밀리아 접근법에서는 환경의 중요성 또한 강조한다. 환경은 공간, 색, 빛, 유아의 결과물 전시, 자연에 대한 세심한 관찰 등이 이루어지도록 함으로써 또 다른 교사로서의 역할을 담당한다. 레지오 에밀리아의 물리적 환경의 전반적인 특징은, 방문하는 사람은 누구나 환영을 받는다는 느낌을 줌과 동시에 만남과 의사소통, 그리고 관계 형성을 촉진하도록 마련되어 있다. 나뭇잎이나 여러 사물을 비추어 볼 수 있는 라이트 테이블이 있으며, 햇빛이 잘 통과할 수 있는 대형 창문이 있다. 특히 큰 거울은 각종 사물을 보면서 호기심을 자아내게 하여 그림을 그릴 수 있는 공간이 되며, 벽면을 비롯해 마룻바닥에서도 볼 수 있다. 큰 아틀리에 공간도 물론 있지만, 각 교실 옆에 인접한 미니 아틀리에와 같은 작은 작업 공간도 있다. 이곳에는 유아들이 더 구체적이며 창의적인 작업을 할 수 있도록 슬라이드, OHP 필름, 여러 가지 붓, 조각칼, 크레파스, 진흙, 종이, 연필을 비롯한 다양한 필기도구, 각종 미술재료가 준비되어 있다. 특히 재활용센터(REMIDA)는 환경 보호 및 프로젝트 진행과정에 필요한 다양한 학습자료를 지원하고 있다. 유아들은 이곳에서 계획된 프로젝트 활동을 탐구하거나 시각예술을 통해 교사와 유아의 경험을 재조직하고 사물을 다양한 관점에서 표상하기도 한다(Trepanier-Street, 2000). 그 외 다른 내부 공간인 도서관, 문서 보관실, 창고 등은 피아차(piazza, 중앙 공용 공간)를 향해 개방되어 있고, 부엌, 식당, 화장실, 대·소그룹 공간, 안락한 개인 공간, 적목·레고·장난감 등이 마련된 공간이 있으며, 부모와 교사가 이야기하거나 다른 부모와 이야기하는 공간까지 갖추어져 있다.

| 그림 7-2 | 레지오 에밀리아 접근법의 빛과 자연물을 활용한 환경 구성

레지오 교육기관에서의 교실 환경은 교사와 유아 간 의사소통이 일상생활에서 자연스럽게 일어나도록 배열되어 있는데, 대표적인 예로 교실 한 켠에 마련되어 있는 메시지 박스에서 살펴볼 수 있다. 이 공간을 통해 주고 받는 교사와 유아의 메시지는 유아가 개인적으로 교사나 친구에게 하고 싶은 말이 있을 때 참여할 수 있는 의사소통체제로 인간관계를 더욱 깊이 있게 하고, 읽기, 쓰기에 대한 흥미도도 높여 준다. 교실 안의 물리적 공간에 전시된 학습자료나 결과물을 통해 유아의 지식 구성 과정을 볼 수 있다. 말라구치에 의하면 '유치원 벽은 말하고 기록하는 공간'이라고 했다(Forman, 1999). 따라서 레지오 교실벽은 유아 스스로 만든 작업의 결과물, 유아의 활동 모습을 담은 사진으로 가득하다. 유아와 교사, 유아 간의 끝없는 대화과정을 적은 패널, 종이로 만든 조각품, 철 구성물, 빛을 통과시킨 콜라주 작품, 가벼운 바람에도 움직이는 각종 모빌 등이 복도, 계단, 화장실에 꾸며져 있다. 이러한 환경은 유아의 사고 및 탐색 과정을 이해하는 데 도움을 줄 뿐 아니라, 부모와 교사가 유아의 지식 구성 과정을 보면서 유아의 경험과 잠재력에 적절히 반응을 하는 공간이기도 하다.

chapter 8

영유아교육기관 평가

이 장에서는 영유아교육기관 평가를 유치원과 어린이집 평가로 나누었고 각 기관 평가의 목적과 방침, 평가가 시작된 이래 각 주기의 평가 항목 등을 살펴본 후 제5주기 유치원 평가와 어린이집 평가제 전환을 중심으로 알아보고자 한다.

Ⅰ. 유치원 평가

1. 유치원 평가의 목적 및 기본방침

유치원 교육 활동 진단 및 개선을 통한 단위 유치원 교육의 질 개선과 유치원 자체평가를 통한 유치원 현장의 자율성 및 책무성을 강화하여 평가를 통한 교육과정 운영 내실화를 추구한다. 「유아교육법」 제19조 제1항(유치원 평가), 「유아교육법 시행령」 제20조(평가의 대상), 제21조(평가의 기준), 제22조(평가의 절차)에 근거하여 상호 공유 등의 과정을 통해 유치원 경쟁력을 제고하기 위하여 시작된 유치원 평가는 1주기 평가(2008~2010년), 2주기 평가(2011~2013년), 3주기 평가(2014~2016년), 4주기 평가(2017~2019년)를 거쳐 현재 5주기 평가(2020~2022년)가 진행되고 있다.

> 「유아교육법」
> **제19조(평가)** ① 교육감은 유아교육을 효율적으로 하기 위해서 필요하면 유치원 운영실태 등에 대한 평가를 할 수 있다.
> 「유아교육법 시행령」
> **제20조(평가의 대상)** 법 제19조 제1항에 따른 유치원에 대한 평가는 국립·공립·사립유치원을 각각 그 대상으로 한다. [전문개정 2010. 5. 31.]
> **제21조(평가의 기준)**
> ① 법 제19조 제1항에 따른 유치원 평가는 다음 각호의 사항을 기준으로 하여 실시한다. [개정 2020. 2. 25.]
> 1. 교육과정의 편성·운영 및 교수·학습 지원
> 2. 방과 후 과정의 편성·운영

3. 교원에 대한 연수 지원
4. 유아의 건강 및 안전 관리
5. 그 밖에 유치원 운영에 관한 사항으로 교육감이 필요하다고 인정하는 사항

② 법 제19조 제2항에 따른 시·도 교육청의 유아교육 전반에 대한 평가는 다음 각호의 사항을 기준으로 하여 실시한다. [개정 2012. 8. 31., 2013. 3. 23. 제24423호(교육부와 그 소속기관 직제), 2019. 8. 6.]

1. 유아교육 관련 예산의 편성 및 운용 1의 2. 제17조에 따른 유아배치계획의 수립
2. 유치원의 설립·운영
3. 유치원 교육 지원 및 유아교육 성과
4. 유아교육 지원 기구 및 공무원 배치 현황
5. 유아 및 교원의 교육 복지
6. 그 밖에 시·도 교육청의 유아교육에 관한 사항으로서 교육부장관이 필요하다고 인정하는 사항 [전문개정 2012. 4. 20.] [시행일 2012. 4. 27.]

제22조(평가의 절차 등)

① 교육감은 매 학년도가 시작되기 전까지 유치원 평가에 관한 기본계획을 수립하여 평가대상 유치원에 통보하여야 한다. [개정 2012. 4. 20.] [시행일 2012. 4. 27.]

② 교육감은 법 제19조제1항에 따라 유치원 운영실태 등에 대한 평가를 하는 경우 법 제19조의 2에 따른 유아교육정보시스템에 저장된 자료, 「교육관련기관의 정보공개에 관한 특례법」 제5조의 2에 따른 공시정보 등을 이용한 정량(定量)평가의 방법으로 한다. 다만, 정량평가만으로 정확한 평가가 어렵다고 인정되는 경우에는 서면평가, 설문조사, 관계자 면담 등의 방법을 이용한 정성(定性)평가의 방법을 병행할 수 있다. [개정 2020. 2. 25.]

③ 교육부장관은 매 학년도가 시작되기 전까지 시·도 교육청의 유아교육 전반에 대한 평가 기본계획을 수립하여 이를 공표하여야 한다. [신설 2012. 4. 20., 2013. 3. 23. 제24423호(교육부와 그 소속기관 직제)]

④ 교육부장관은 시·도 교육청의 유아교육 전반에 대한 평가를 하는 경우에는 서면평가, 현장평가, 설문조사, 관계자 면담 등의 방법으로 한다. [신설 2012. 4. 20., 2013. 3. 23. 제24423호(교육부와 그 소속기관 직제)]

⑤ 교육부장관 및 교육감은 평가의 결과를 공개하여야 한다. [개정 2012. 4. 20., 2013. 3. 23. 제24423호(교육부와 그 소속기관 직제)]

⑥ 교육부장관 및 교육감은 평가를 효율적으로 하기 위하여 각각 평가위원회를 구성·운영할 수 있다. [개정 2012. 4. 20., 2013. 3. 23. 제24423호(교육부와 그 소속기관 직제)]

⑦ 제1항부터 제6항까지에서 규정한 사항 외에 유치원 평가에 필요한 사항은 교육감이, 시·도 교육청 유아교육 전반에 대한 평가에 필요한 사항은 교육부장관이 정한다. [개정 2012. 4. 20., 2013. 3. 23. 제24423호(교육부와 그 소속기관 직제)][전문개정 2010. 5. 31.]

유치원 평가의 내용을 주기별로 비교하면 〈표 8-1〉과 같다.

| 표 8-1 | 주기별 유치원 평가

구분	제1주기 (2008~2010년)	제2주기 (2011~2013년)	제3주기 (2014~2016년)	제4주기 (2017~2019년)	제5주기 (2020~2022년)
목적	• 체계적 진단과 처방을 통한 유치원 운영개선 • 우수사례를 발굴, 상호 공유함으로 유치원 경쟁력 제고	• 유치원의 교육력 및 교육서비스의 질적 수준 제고 • 학부모의 알 권리 보장, 유치원 선택권 확대	• 유치원의 교육서비스의 질적 수준 제고 및 학부모의 알 권리 보장	• 유치원 운영체계 구축 및 책무성 제고를 통한 교육서비스의 질적 수준 향상 • 학부모의 알 권리 및 유치원 선택권 보장, 유치원 교육에 대한 만족도 제고	• 유치원 교육의 질 개선, 자율성 및 책무성 강화 • 학부모 만족도 제고, 교육과정 운영 내실화
기본 방침	• 서면평가와 현장방문 평가를 병행하며 객관성과 공정성 확보 • 국가 수준의 공통지표, 시·도 교육청 자체지표, 학부모 만족도 조사 병행 실시	• 제1주기와 동일 • 동일목적의 유사 지도·감독 시스템과의 중복평가 지양 • 결과는 점수화·서열화하지 않고 공개하되, 재정 지원과 연계	• 매년 유치원 자체평가 실시 • 서면·현장평가, 유치원 정보공개 활용 • 평가결과 공개 ※ 유보통합 추진에 따라 가능	• 「유치원·어린이집 평가체계 통합방안」 반영 • 통합평가지표 사용 • 평가 결과 공개	• 자체평가·서면평가로 단계 간소화 • 유치원 자체평가 역량 제고 및 자율성 존중 • 후속 컨설팅 강화
평가 주체	교육과학기술부 장관	시·도교육감 ※ 「유아교육법 개정」(2012. 1. 26.)	시·도교육감	시·도교육감	시·도교육감
대상 및 주기	• 국·공·사립유치원 • 3년('08~'10년)	• 국·공·사립유치원 • 3년('11~'13년)	• 국·공·사립유치원 • 3년('14~'16년)	• 국·공·사립유치원 • 3년('17~'19년)	• 국·공·사립유치원 • 3년('20~'22년)

구분	제1주기 (2008~2010년)	제2주기 (2011~2013년)	제3주기 (2014~2016년)	제4주기 (2017~2019년)	제5주기 (2020~2022년)
영역 및 항목	• 4개 영역 (교육과정, 교육환경, 건강·안전, 운영관리) • 14개 항목	• 4개 역역 동일 • 9개 항목	• 4개 영역 동일 • 항목 삭제	• 4개 영역 (교육과정, 교육환경 및 운영관리, 건강·안전, 교직원)	• 3개 영역 (유아중심 교육과정 및 방과후 과정, 민주적 유치원 운영, 교육환경 및 건강·안전)
평가 지표	28개 지표 (91개 기준)	15개 지표 (47개 요소)	11개 지표 (30개 요소)	20개 지표 (77개 항목)	11개 지표 (41 또는 42개 항목) ※ 지표별 2개 이상의 문항 선택하여 평가
평가 방법	• 서면평가, 현장 방문평가(학부모 만족도 조사를 별도의 개별 지표로 실시)	• 서면평가, 현장 방문평가 • '학부모 만족도'를 부모교육·참여활동 및 가정·지역 사회와의 연계 관련 지표에 포함	• 서면평가, 현장 방문평가, 유치원정보공시 공개정보 활용	• 정량평가 방법을 도입하여 객관성과 예측가능성 제고	• 자체평가와 서면평가 병행 • 자체평가: 5단계 평정척도 • 서면평가: 정량평가-Y/N체크
결과 처리	• 평가결과를 비공개처리 • 평가참여에 따른 행·재정적 지원 ※ 전체 유치원의 99.8% 실시	• 결과 공개가 원칙이나 범위 및 방법은 시·도 교육감이 결정 • 평가결과에 따라 시·도교육청별 행·재정 지원	• 결과 공개 (총평, 영역별 소견, 이력, 우수유치원 등) • 유치원 알리미에 공개	• 결과 공개 (총평, 영역별 소견 등)	• 결과 공개 (총평, 영역별 소견 등)
결과 활용	우수사례를 발굴하여 보급, 일반화	유치원의 질 제고를 위한 피드백자료로 적극 활용	평가결과를 연계한 맞춤형 컨설팅 장학자료로 활용	평가결과를 연계한 맞춤형 컨설팅 장학자료로 활용	유치원 교육과정 운영 개선을 위한 자료로 활용

구분	제1주기 (2008~2010년)	제2주기 (2011~2013년)	제3주기 (2014~2016년)	제4주기 (2017~2019년)	제5주기 (2020~2022년)
교육부 지원 내용	• 국가공동지표 개발·보급 • 평가인력의 전문성 제고 • 평가 모니터링 및 결과 처리 • 평가 데이터베이스 구축	• 국가공통지표 및 평가 편람·매뉴얼 개발·보급 • 평가 인력풀 구축을 통해 전문성 제고 • 시·도평가위원 중앙 연수 지원 • 효율적 평가 추진을 위한 모니터링 지속 • 평가 데이터베이스를 보완, 활용도 제고	• 국가공통지표 및 평가 편람·매뉴얼 개발·보급 • 시·도 업무담당자 및 강사요원 중앙연수 지원 • 평가 데이터베이스를 보완, 활용도 제고	• 교육부 차원에서 일회성 컨설팅 실시	• 컨설팅 지원 체제(자체평가 관련 사전 컨설팅 실시, 평가 결과에 따른 체계적인 후속 컨설팅 실시)

출처: 교육부(2014), (2017); 서울특별시교육청유아교육진흥원(2020).

2. 제5주기 유치원 평가

1) 목적

첫째, 유치원 평가의 현장 적합성 제고를 위해 자율적인 유치원 교육 활동의 진단 및 개선을 통한 유치원 교육의 질을 향상한다. 둘째, 2019 개정 교육과정을 충실히 운영할 수 있는 유치원 운영체계 구축 및 유아의 건강·안전 관리 강화를 통한 유치원의 책무성 및 공공성을 강화한다. 셋째, 유치원 교육공동체의 참여·소통·협력을 통한 자율과 책임의 유치원 자치문화를 조성한다.

2) 기본 방향

가. 유치원 평가 주기는 3년이며 동일 주기에는 동일 방식으로 평가한다.

나. 자체 평가, 서면평가를 실시하되 현장의 업무 부담을 최소화한다.

다. 평가 영역은 3개 영역으로 'Ⅰ. 유아중심 교육과정 및 방과 후 과정', 'Ⅱ. 민주적 유치원 운영', 'Ⅲ. 안전하고 쾌적한 교육환경 및 유아를 위한 건강·안전'으로 구성한다.

라. 평가 문항은 3개 영역 중 Ⅰ, Ⅱ 영역은 단위 유치원이 교육목표에 따라 이를 달성하기 위한 문항으로 자율적으로 구성하되, Ⅲ 영역은 우리 원에서 제시한 평가 문항 활용

마. 평가결과에 대한 환류를 강화하여 유치원 운영 개선을 통한 유치원 교육서비스를 향상한다.

바. 유아교육진흥원, 서울시교육청, 각 교육지원청의 협력을 통해 유치원 평가의 효과성, 신뢰도를 높인다.

| 표 8-2 | 유치원 평가 기본 방향

구분	현재	기본 방향
평가절차	• 자체평가 → 서면평가 → 현장평가	• 자체평가 → 서면평가로 **단계 간소화**
평가방식	• 객관화·정형화된 형식의 현장방문을 통한 외부자 중심 평가 • 획일화된 평가지표, 평가문항 제시	• 단위 유치원의 구성원과의 협력·소통을 통한 **유치원 자체평가 역량 제고** • 평가문항 자율 구성으로 **유치원 자율성 존중**
결과 환류	• 평가 결과의 실질적 활용 부족	• 조직적이고 체계적인 **후속 컨설팅 강화**

단위 유치원 업무경감 및 현장 적합성 제고를 위한 절차를 간소화하여 복잡하게 진행되었던 평가절차(자체평가-서면평가-현장평가)를 단순화하되, 건강·안전 영역은 서면평가를 실시하고 현장평가는 생략하였다. 또 '유치원 교원능력개발평가' 전면 실시에 따른 중복 평가 지표는 삭제함으로써 현장의 부담감

을 최소화 했다.

3) 평가영역

유아중심 교육과정 및 방과 후 과정, 민주적 유치원 운영, 교육환경 및 건강·안전으로 3개 영역 11개 지표, 41(42)개 항목으로 구성되어 있다. 구체적인 내용은 다음과 같다.

| 표 8-3 | 평가 영역별 지표와 문항

평가영역	평가지표	평가문항
유아중심 교육과정 및 방과 후 과정	유아·놀이중심 교육과정 편성·운영 및 교수·학습 지원	• 유치원에서는 유아 자신의 흥미와 요구에 따라 능동적으로 놀이에 참여하는 유아·놀이중심 교육과정을 실천하며 유아의 놀 권리를 보장하고 있다.
		• 교사는 유아의 성별, 종교, 신체적 특성, 가족 및 민족 배경 등으로 인한 편견이 없으며, 각 개별 유아의 차이를 긍정적으로 수용하고 배려하는 유치원 문화를 지향한다.
		• 유치원의 비전과 실정을 고려한 교육과정이 있으며, 구성원 모두가 교육과정 운영을 위해 노력한다.
		• 유치원에서는 유아의 전인적 성장과 발달을 위하여 유아의 능력과 발달 수준, 발달 특성 및 경험에 맞춘 개별적인 교육과정을 편성·운영한다.
		• 유치원에서는 유아가 주도하는 놀이와 연계하여 유아의 요구와 특성을 반영한 교육과정을 운영하며 유아가 스스로 놀이하며 배우는 과정을 지원한다.
		• 교사는 유아의 개별 놀이 상황과 맥락에 따라 유아의 놀이를 촉진 및 활성화하는 노력(공간 확보, 시설 및 환경 마련, 자료와 재료 제공 등)을 한다.
		• 특수교육대상 유아를 위한 지원 및 관리, 맞춤형 프로그램의 편성 및 운영이 내실 있게 이루어진다.

평가영역	평가지표	평가문항
유아중심 교육과정 및 방과 후 과정	유아·교육 과정 평가 및 환류	• 교사는 유치원 일과 운영 전반에 나타난 유아의 흥미와 놀이 모습에 근거하여 유아의 변화 및 특성, 발달 상황을 포괄적으로 파악한다.
		• 유치원에서는 자연스러운 일상 놀이 상황에 초점을 맞춘 다양한 평가 방법을 개발하여 유아 이해 및 지원, 교육과정 재구성과 연계하여 평가를 운영한다.
		• 유치원에서는 구성원 간 자율적이고 민주적인 협의를 통해 수립한 평가 계획에 따라 교육과정 편성·운영 및 교육과정 지원체제의 적절성, 실효성 등을 평가하여 교육과정 질 관리 및 환류를 담보한다.
		• 유치원에서는 참여, 소통, 협력을 기반으로 하는 유아 놀이 실천-평가-환류가 체계적으로 운영되고 있다.
	교원의 전문성 신장 지원	• 유치원에서는 교육과정 수립 및 구체적인 교육 실천에 관한 사항을 교육공동체의 토론과 협의를 통해 공동으로 개발하여 적용하고 있다.
		• 교사들은 교원 공동의 성장과 전문성 신장을 위해 교원학습공동체에 참여하면서 교육 활동 경험과 어려움, 정보 등을 공유하고 있으며, 개선을 위한 토의, 토론이 지속적, 정기적으로 이루어지고 있다.
		• 교사는 놀이중심 교육과정 구성, 놀이 지원, 놀이 상호작용, 놀이 관찰 중심 평가 등에 대한 연수 및 연구 활동에 활발히 참여하여 교원의 전문적 역량 함양을 위해 노력하고 있다. • 수업 공개를 통한 수업 나눔, 연수 참여, 다양한 형태의 교원학습공동체 운영 등을 통해 교사의 전문성 향상을 위한 노력이 협력적이고 자발적으로 이루어지고 있다.
	돌봄과 쉼이 있는 방과 후 과정	• 유치원에서는 유아의 발달, 정서적 안정감, 체력 등 개별적 요구를 고려하여 놀이와 쉼을 기반으로 하는 방과 후 과정 계획을 수립·운영하고 있다.
		• 유아의 놀 권리와 쉴 권리를 보장해 주는 안정적인 방과 후 과정을 위해 시설 확보 및 시설 관리, 담당 인력 등에 대한 계획을 수립하고 체계적이고 지속적으로 지원한다.

평가영역	평가지표	평가문항
민주적 유치원 운영	우리 유치원의 비전 공유	• 유치원에서는 교육공동체의 참여·소통·협력을 기반으로 목표를 함께 수립하고 있다.
		• 유치원의 비전과 목표를 유치원 교육에 적극 반영하고 있다.
		• 교육공동체의 구성원이 유치원 비전과 목표에 대해 잘 인식하고 있으며, 비전을 추구하는 활동에 적극 참여하고 있다.
	참여와 소통의 교육 자치	• 교직원 간 의사소통이 원활하고 민주적인 의사결정이 이루어지며, 상호 협력이 잘 이루어지고 있다.
		• 민주적인 참여와 소통을 바탕으로 교직원회의가 이루어지고 있으며, 회의에서 합의된 결과를 유치원 운영에 실질적으로 반영하고 있다.
		• 교직원은 공동의 책임감을 가지고 유치원 교육에 참여하고 있다.
		• 교직원의 업무가 효율적으로 구조화되어 있어 교사가 교육활동에 전념할 수 있다.
		• 행정업무 경감, 전시성 행사 감축 등의 노력으로 교사가 놀이 지원과 유아지도에 집중할 수 있는 여건을 조성하고 있다.
		• 교직원을 위한 시설 및 직무공간을 위한 설비를 설치하여 교직원을 배려하는 환경을 조성하고 있다.
		• 교직원의 처우에 대한 규정에 따라 교직원의 복지를 향상시키기 위한 노력이 이루어지고 있다.
		• 유치원 공동체 간 갈등을 해결하기 위한 지원방안 및 갈등 예방과 치유를 위한 참여를 지원하고 있다.
	협력 공동체 형성	• 학부모 연수, 유치원 교육활동 참여 기회 제공, 학부모회 운영 등 학부모 참여를 활성화하여 상호이해와 협력을 높이기 위해 노력하고 있다.
		• 학부모가 유치원 교육활동에 적극적으로 참여하고 의견을 반영할 수 있도록 개방적인 시스템을 갖추고 있다.
		• 지역사회의 인적·물적 자원을 유치원 교육활동에 활용하고 있다.
		• 지역사회와의 협력적 체제 구축을 통하여 마을과 함께하는 다양한 교육프로그램을 운영하고 있다.

평가영역	평가지표	평가문항
안전하고 쾌적한 교육환경 및 유아를 위한 건강·안전	안전한 시설설비와 쾌적한 공간	• 실내·외 시설설비와 공간은 유아에게 안전하며 유아가 쉽게 사용할 수 있도록 갖추고 있다.
		• 실내·외 놀이공간, 놀이시설, 놀이자료의 안전관리 및 점검이 효율적으로 이루어지고 있다.
		• 유아를 위한 안전시설이 설비되어 있으며, 실내·외 쾌적한 환경이 조성·유지되고 있다.
	안심하고 믿을 수 있는 급·간식 환경	• 유아의 건강을 고려한 균형 있고 질 높은 급·간식을 제공하고 있다.
		• 유아가 안심하고 급·간식을 먹을 수 있도록 식자재가 위생적으로 관리되고 있다.
	유아와 교사를 위한 건강 및 안전 증진	• 유아의 질병 및 상해 관리와 이를 위한 가정과의 소통이 이루어지고 있다.
		• 유아와 교직원의 건강 및 안전 증진을 위한 예방 관리지침이 마련되어 있다.
		• 유아와 교직원의 건강 및 안전 증진을 위한 교육이 이루어지고 있다.
	안전한 등·하원	• 유치원은 교육과정 내에서 유아의 안전한 등·하원 환경 조성을 위한 안전교육을 계획-반영-실시하며 지속적으로 지원하고 있다.
		• 통학차량을 이용하는 유아를 위하여 통학차량의 지속적인 관리와 안전운행을 위한 노력이 이루어지고 있다.

4) 평가방법

유치원의 자율성을 존중하고 공공성을 강화하기 위해 자체평가와 서면평가를 병행 시행한다.

| 표 8-4 | 자체평가와 서면평가

유형	시기	평가위원	평가영역	평가지표 및 문항	평가방법	결과공개
자체평가	매년	유치원 자체평가위원 (학부모 2인 이상 포함 5~11명 이내 구성)	Ⅰ~Ⅲ 영역	• Ⅰ, Ⅱ영역 - 영역, 지표 수정 불가 - 문항자율구성 (지표별 최소 2문항) • Ⅲ영역 - 영역, 지표 수정 불가 - 제시문항(10문항), 요소(26)	• 자체 설문지 • 평정척도 • Y/N 정량평가	홈페이지 정보공시
서면평가	주기 내 1회	서면평가위원 (유아교육진흥원 선정)	Ⅲ영역	• Ⅲ영역 - 영역, 지표 수정 불가 - 제시문항(10문항), 요소(26)	• Y/N 정량평가 • 평가문항별 증빙자료 • 정보공시자료	홈페이지 정보공시

Ⅱ. 어린이집 평가

1. 추진배경

어린이집 평가제도는 보육·양육에 대한 사회적 책임강화 실현 및 안심 보육 환경 조성을 위해 국가 차원에서 모든 어린이집을 주기적으로 평가하여 상시적인 보육서비스의 질을 확보하고자 하는 제도이다.

2018년 12월 11일 「영유아보육법」 개정안이 공포됨에 따라 2019년 6월 12일부터 어린이집 평가제가 시행되었다. 평가제 시행은 지금까지 평가인증을 신청한 어린이집에 한해서만 이루어진 어린이집 질 관리가 전국 모든 어린이집으로

본 장에 제시된 「어린이집 평가」는 2020년 보건복지부·한국보육진흥원 「2020 어린이집 평가 매뉴얼」의 내용을 일부 요약 정리하여 제시하였다.

확대되었다는 점에서 의미가 크다.

1) 어린이집 평가인증제도의 제도 개선과 시행 경과

2005년부터 시행되어 온 어린이집 평가인증제도는 어린이집이 지향해야 하는 표준적인 기준의 제시로 보육서비스의 실제를 제시하고 질적 수준을 공정하게 평가하여 보육의 품질 향상뿐만 아니라, 수요자인 부모에게 합리적인 어린이집 선택 기준을 제공하고 정부의 효율적인 지원 및 관리체계를 위한 질 관리 기제로 작동하여 왔다.[1)]

평가인증이 어린이집 선택에 영향을 미친다는 비율이 78.6%(2015년 보육실태조사)로 나타났으며, 인증 어린이집(3.95점) > 미인증 어린이집(3.78점)(부모만족도, 2014, 육아정책연구소)으로 인증 어린이집이 더 많은 것으로 조사됐다.

이처럼 지속적인 평가인증 지표 개선과 컨설팅, 평가결과와 지원제도 연계로 상시적인 어린이집 품질관리가 추진되고 있다. 특히 2017년부터 현장중심의 평가 및 등급제 방식으로 평가제도를 개편하여 실질적인 보육 질 개선에 중점(2017. 11.)을 두고 있다.

제1차 평가인증(2006.~2009.), 2차 지표와 3차 시범지표를 적용한 제2차 평가인증(2010.~2017. 10.), 통합지표를 적용한 제3차 평가인증(2017. 11.~2019. 6. 11.)을 거치면서 제도의 운영과정을 합리적으로 개선해 왔으며, 변화하는 현장의 수준을 반영하여 지표를 개정함으로써 어린이집에서 지향해야 할 보육서비스의 바람직한 실제를 지속적으로 제시해 왔다.

1) 참고: 한국보육진흥원(2017). 「어린이집 평가인증 12년」, 서문희·양미선·이정원·김온기·원종욱·송신영(2013). 「어린이집의 질 제고를 위한 평가인증제도 중장기 개편방안」. 육아정책연구소., 이미화·서문희·최운경·엄지원(2012). 「보육서비스 품질 제고를 위한 어린이집 평가인증 발전방안 연구」. 육아정책연구소, 서문희·신희연·송신영(2009). 「보육시설 평가인증 효과 분석」. 육아정책연구소.

| 표 8-5 | 평가인증 제도 개선 경과

1차지표(2006년)	2차지표(2010년)	3차지표(2013년)	4차지표(2017년)
• 인증점수(70점) • 자체점검을 통한 자율적 질 향상 유도 • 7개영역 85항목	• 통과 점수 상향(75점) • 교사관련 평가 확대 • 70개 지표 • 218개 평가단위	• 시설별 지표 통합 • 질 향상 노력 반영 • 50개 지표 • 308개 평가단위	• 등급제전환(4등급) • 현장평가 강화 • 21개 지표 • 123개 평가단위

| 표 8-6 | 평가인증제도 시행 경과

구분		내용
도입	2003. 4.~12.	보육시설 평가인증제도 실시모형 개발 관련 연구용역 실시
	2004. 1.	보육시설 평가인증제도 도입 근거 마련(영유아보육법 제30조)
시범 운영	2005.	보육시설 평가인증 시범운영 실시
1차 시행	2006.~2009.	제1차 어린이집 평가인증 시행
2차 시행	2010~2017. 10.	제2차 어린이집 평가인증 시행
	2013. 9.	어린이집 평가인증 결과공표 시행
	2014. 11.	3차 시범지표 적용
	2016. 6.	유치원·어린이집 평가체제 통합방안 발표 (국무조정실 영유아교육보육통합추진단)
3차 시행	2017. 11. ~ 2019. 6.	제3차 어린이집 평가인증 시행(통합지표 적용)
어린이집 평가제 시행	2019. 6.~	어린이집 평가제 시행
평가제 현장 적용	2019. 9.~	어린이집 평가제 현장평가 적용

2) 어린이집 평가제 전환

평가인증제도가 도입된 2005년 이후 현재까지 저출산 및 양육부담에 대한 사회적 책임 강화로 보육서비스에 투입되는 재정 규모가 크게 증가하였고, 영유아 시기의 중요성 및 아동권리에 대한 부모의 관심과 사회적인 인식이 높아졌다.

보육서비스의 질 관리와 유지를 위해 도입된 평가인증제도는 어린이집의 물리적 환경뿐만 아니라 보육과정 및 상호작용과 같은 과정적 질 관리가 어루어짐에 따라 보육서비스의 전반적인 질적 수준을 향상시켰다. 또한, 보육교직원의 역량 강화 및 전반적인 보육현장의 전문성을 제고하는 데 기여하였으며, 부모의 합리적인 선택권 보장과 중앙 및 지방 정부의 효율적 보육재정 집행에도 기여한 것으로 나타났다.

하지만 평가인증제도가 어린이집의 자발적 신청에 의해 운영됨에 따라 미인증 어린이집으로 인해 질 관리 사각지대 문제가 발생하였으며, 최근 아동권리 보호, 아동학대 예방, 안전관리 강화에 대한 사회적 요구 증가로 전체 어린이집 질 관리에 대한 필요성이 제기되었다. 이에 2018년 12월「영유아보육법」개정을 통하여 '보육 · 양육에 대한 사회적 책임 강화(국정과제 48-3)' 실현과 영유아의 건강한 성장 및 발달을 위해 모든 어린이집을 대상으로 하는 의무 평가제의 법적 근거가 마련되었으며, 2019년 6월 12일부터 어린이집 평가제가 시행되었다.

어린이집 평가제는 전체 어린이집의 질 관리를 위하여 평가 자체에 목적을 두기보다, 정기적인 평가를 통해 어린이집이 지속적으로 보육의 질적 수준을 향상시키고 유지하게 함으로써 영유아의 안전과 건강, 조화로운 성장과 발달을 도모하여 부모가 믿고 맡길 수 있는 안심 보육환경 조성에 기여하고자 한다.

2. 추진경과

2018년 12월 「영유아보육법」 제30조에 법적 근거가 마련된 이후, 본격적인 평가제 시행을 위해 「보육서비스 질 제고를 위한 의무평가제 시행방안」 연구용역[2]을 실시하여 평가제 운영체계와 지표 개발을 추진하였다.

이후 중앙보육정책위원회의 심의를 거쳐 평가제 시행을 위한 운영체계 및 지표가 최종 확정되었다. 구체적인 추진경과는 다음과 같다.

| 표 8-7 | 평가제 추진경과

구분	내용
2018. 12. 11.	「영유아보육법」 개정, 공포
2018. 12. 18.~2019. 3. 31.	평가제 시행방안 연구용역
2019. 2. 26.~2019. 4. 4.	의견수렴 실시(공청회, 간담회, 대국민 의견수렴, 협의체)
2019. 4. 15.	중앙보육정책위원회 심의
2019. 6. 12.	어린이집 평가제 시행

평가제가 시행된 2019년 6월 이후 6,302개소의 어린이집이 평가대상으로 선정되어 참여하였으며, 평가 사각지대 조기 해소를 위해 2020년까지 미인증 어린이집을 우선적으로 평가할 예정이다.

2) 연구진: 이완정(인하대학교), 권혜진(나사렛대학교), 신나리(충북대학교), 정선아(숙명여자대학교), 손승희(한남대학교), 장혜진(대구대학교)

3. 추진목적

첫째, 상시적인 보육서비스 질 관리를 위해 주요 핵심지표를 중심으로 질 관리 표준을 제시하고 어린이집 스스로 질적 수준을 제고하도록 한다.

둘째, 전체 어린이집에 대한 주기적 평가를 통하여 보육서비스 품질관리의 사각지대를 해소하고 전반적인 보육서비스 수준을 지속적으로 관리하여 국가의 책무성을 강화하고자 한다.

셋째, 궁극적으로 평가제를 통해 보육서비스의 질 향상을 제고함으로써 영유아의 안전과 건강, 조화로운 성장과 발달을 도모하고자 한다. 이를 위해 영유아의 인권과 놀 권리를 보장하고 영유아가 건강하고 행복하게 성장할 수 있는 안심 보육환경을 조성하며, 보육교직원이 영유아 보육에 집중할 수 있는 여건을 조성한다.

4. 주요내용

1) 어린이집 평가인증제도의 시행 경과

평가제는 전체 어린이집에 대하여 평가를 주기적으로 진행하고 결과 등급에 따라 관리한다. 어린이집에는 평가의무가 부여되므로 「영유아보육법」 제44조제4의 6호에 따라 평가를 거부, 방해 또는 기피하거나 거짓, 그 밖의 부정한 방법으로 평가를 받는 경우 그에 따른 시정명령 및 행정처분을 받을 수 있다.

어린이집 평가제 특징을 평가인증제와 비교한 내용은 다음 〈표 8-8〉과 같다.

| 표 8-8 | 평가제 추진경과 및 운영체계

구분	평가인증제	평가제
평가대상	• 평가인증 신청 어린이집	• 전체 어린이집
평가절차	• 어린이집 신청 ➜ 기본사항 확인 ➜ 자체점검 ➜ 현장평가 ➜ 종합평가(총 4개월) 신청(어린이집) → 기본사항 확인(지자체) → 지자체점검 보고서 제출(어린이집) → 현장 평가(현장 평가자) → 종합결과, 결과통보(종합평가 위원회)	• 평가대상 통보 ➜ 기본사항 확인 및 자체점검 ➜ 현장평가 ➜ 종합평가(총 3개월) 대상 통보(한국보육 진흥원) → 기본사항 확인 및 자체점검 보고서 제출(지자체, 어린이집) → 현장 평가(현장 평가자) → 종합결과, 결과통보(종합평가 위원회)
	• 참여수수료 어린이집 납부	• 참여수수로 전액 국가 부담
	• 기본사항: 필수항목 9개, 기본항목 - 필수항목 미준수는 참여 제외, 기본항목 미준수는 차하위 등급 부여	• 기본사항: 사전점검사항 5개, 위반이력사항 - 사전점검사항 미준수는 D등급 부여, 위반 이력사항 발생 시 차하위 등급 부여
	• 소위원회와 종합평가위원회에서 심의, 등급 결정	• 소위원회와 종합평가위원회에서 심의, 등급 결정 ※필수지표 및 요소 미충족 시 A등급 불가
	• 재참여, 재평가 과정 운영	• 재참여, 재평가 과정 폐지
평가결과	• 4등급(A, B, C, D), D등급 불인증	• 4등급(A, B, C, D)
평가주기	• (유효기간) 3년(A등급 1년 연장 가능)	• A, B등급 3년/C, D등급 2년
결과공표	• 평가받은 어린이집의 결과 공시 - 평가인증 결과, 인증이력 등 공개	• 전체 어린이집의 결과 공시 - 평가결과, 평가이력 등 공개
사후관리 및 등급조정	• 인증 어린이집 사후관리 - 연차별 자체점검보고서 제출 - 확인점검(무작위, 월 단위 시기 안내) - 확인방문(배우자 및 직계존비속 또는 1년 이상 재직교사로 대표자 변경, 주소변경) - 인증유효기간 종료 • 법 위반 및 행정처분 발생 시 인증취소	• 평가 등급별 사후관리 - 연차별 자체점검보고서 제출(A, B등급) - 사후방문지원(C, D등급 의무 실시) - 확인점검(평가 관련 민원발생, 법 위반 및 행정처분, 정보공시 부실 어린이집 등에 대하여 불시점검) • 평가등급 조정 및 관리 - 법 위반 및 행정처분 발생 시 최하위 등급 조정
결과활용	• 인증어린이집에 대한 행·재정적 지원	• 평가 등급별 행·재정적 지원 등 • 지도점검 연계(2회 연속 D등급 어린이집)

출처: 보건복지부·한국보육진흥원(2020). 2020 어린이집 평가 매뉴얼(어린이집용).

2) 운영체계

어린이집 평가는 정해진 주기에 따라 대상을 선정하여 통보함으로써 시작된다. 대상통보는 총 2회에 걸쳐 진행되는데, 선정통보(1차)는 현장평가 6개월 이전에, 확정통보(2차)는 현장평가 2개월 전에 통보된다. 확정통보를 받은 어린이집에 대해서는 통보 익월부터 기본사항 확인 및 자체점검, 현장평가, 종합평가 등의 과정이 3개월간 진행된다.

각 어린이집의 평가시기는 평가주기[3]와 연계하여 정해지는데, 정해진 평가주기 외 신규개원, 대표자 변경, 행정처분 등의 사유 발생 시에는 별도로 정해진 평가시기에 맞춰 통보가 이루어진다. 또한 평가제 시행 이후에는 평가 참여수수료를 국가가 전액 부담한다.

2020년에는 품질변동 요인별로 다르게 적용하였던 평가대상 선정시기를 일관되게 적용하도록 하였으며, 종전 운영자 변동 없이 국공립어린이집으로 전환한 신규개원 어린이집[4]은 기존의 평가결과와 유효기간을 유지하되, 확인점검을 통하여 보육서비스 품질 유지 여부를 모니터링 하도록 개선하였다. 또한, 기본사항 확인의 위반 이력사항 및 평가과정 중 변동사항 확인의 적용 기준일을 선정통보월로 변경하였다.

3) 기존 인증제의 인증유지 어린이집은 인증유효기간과 연계하여 평가시기를 맞추어 대상통보 됨.
4) 적용 기준일: 2020. 3. 1. 이후 국공립으로 전환한 신규개원 어린이집

3) 평가지표

평가지표는 제3차 평가인증에서 적용하였던 통합지표[5)]를 기반으로 하되, 어린이집의 고유한 특성을 반영하였다. 또한, 2020년에는 개정 누리과정 및 개정 표준보육과정의 시행, 보육지원체계 개편 등 보육정책의 변화를 반영하여 평가항목을 일부 개선하였다.

평가제 지표의 주요 특징은 다음과 같다.

첫째, 기존 지표 간 항목 수 차이로 나타났던 등급 산정의 불합리성을 해소하고자, 지표를 21지표에서 18지표로, 79항목에서 59항목으로 축소하였고 지표별 평가항목 수를 평균 3~4개로 균형 배치하였다.

둘째, '영유아 권리 존중', '놀이', '안전' 가치 강조를 통해 영유아중심의 안심 보육환경을 조성하고자, 영유아 권리 존중(1-1) 지표를 필수지표로 지정하여 그 의미를 강조하고 놀이중심의 보육과정 운영을 강화하였다. 또한 급·간식 위생 및 안전 항목 중 영유아의 등원부터 하원까지 안전하게 생활하는 데 반드시 필요한 필수요소(8개)를 지정하여, 필수지표 또는 필수요소 충족이 최상위 등급을 받을 수 있는 필수조건이 되도록 하였다.

셋째, 보육교직원의 근무여건 개선과 보육에 집중할 수 있는 보육환경 마련을 위하여 보육교직원의 처우, 스트레스 관리 관련 지표를 강조하고 직무역량 제고를 위한 항목을 강화하였다.

5) 국무조정실 영유아교육보육통합추진단의 「유치원·어린이집 평가체계 통합방안」을 기초로 유치원과 어린이집이 고통으로 사용하도록 개발된 지표로, 2017년 11월부터 평가제 전환 이전까지 적용됨.

| 표 8-9 | 평가제 추진경과

구분	평가인증제		평가제	
영역(4)	지표(21)	항목(79)	지표(18)	항목(59)
Ⅰ. 보육과정 및 상호작용 (31 ➔ 18)	1-1. 보육계획 수립 및 실행	4	1-1. 영유아 권리 존중 [필수]	2
	1-2. 일과 운영	5	1-2. 보육계획 수립 및 실행	6
	1-3. 교수-학습방법 및 놀이지원	6	1-3. 놀이 및 활동 지원	3
	1-4. 교사-영유아 상호작용	6	1-4. 영유아 간 상호작용 지원	4
	1-5. 영유아 간 상호작용 시 교사역할	4		
	1-6. 평가	4	1-5. 보육과정 평가	3
	1-7. 일상생활	2		
	소계	31	소계	18
Ⅱ. 보육환경 및 운영관리 (19 ➔ 14)	2-1. 실내 공간 구성	5	2-1. 실내 공간 구성	4
	2-2. 실외 공간 구성	3	2-2. 실외 공간 구성	3
	2-3. 기관 운영	4	2-3. 기관 운영	4
	2-4. 가정 및 지역사회와의 연계	5	2-4. 가정 및 지역사회와의 연계	3
	2-5. 어린이집 이용 보장	2		
	소계	19	소계	14
Ⅲ. 건강·안전 (15 ➔ 15)	3-1. 실내·외 공간의 청결 및 안전	4	3-1. 실내·외 공간의 청결 및 안전	3
	3-2. 급·간식	3	3-2. 급·간식	3
	3-3. 건강증진을 위한 교육 및 관리	3	3-3. 건강증진을 위한 교육 및 관리	3
	3-4. 등·하원의 안전	2	3-4. 등·하원의 안전	3
	3-5. 안전교육 및 사고 대책	3	3-5. 안전교육과 사고예방	3
	소계	15	소계	15
Ⅳ. 교직원 (14 ➔ 12)	4-1. 원장의 리더십	4	4-1. 원장의 리더십	3
	4-2. 보육교직원의 근무환경	3	4-2. 보육교직원의 근무환경	3
	4-3. 보육교직원의 처우와 복지	3	4-3. 보육교직원의 처우와 복지	3
	4-4. 보육교직원의 전문성 제고	4	4-4. 보육교직원의 전문성 제고	3
	소계	14	소계	12

* 3-2, 3-4, 3-5 지표 내 필수요소 8개 포함

4) 평가등급

「영유아보육법」 제30조에 근거하여 모든 어린이집이 지표를 기준으로 질적 수준을 자체적으로 점검·개선하도록 한 후, 평가과정을 수행하여 4개 영역, 18개 지표, 59개 평가항목에 대해 평가 등급 부여(A, B, C, D 등급)

| 표 8-10 | 평가등급의 기준 및 평가주기

평가등급의 기준 및 평가주기			
등급	등급구분(정의)	등급 부여기준	평가주기
A	국가 평가에서 제시하고 있는 기준을 모든영역에서 충족함	4개 영역 모두 '우수'인 경우 (필수 지표 및 요소 충족)	3년
B	국가 평가에서 제시하고 있는 기준을 대부분 충족함	'우수' 영역이 3개 이하이며 '개선 필요' 영역이 없는 경우	
C	국가 평가에서 제시하고 있는 기준 대비 부분적으로 개선이 필요함	'개선 필요' 영역이 1개 있는 경우	2년
D	국가 평가에서 제시하고 있는 기준 대비 상당한 개선이 필요함	'개선 필요' 영역이 2개 이상인 경우	

5) 결과공표

평가결과(A~D등급) 등 전체 어린이집에 대한 평가 이력정보를 통합정보공시 홈페이지(www.childinfo.go.kr)를 통해 공개

구분		결과공표
평가제 시행 이후 평가정보	평가결과 A~D등급	A등급, B등급, C등급, D등급
	평가 이후 법위반 행정처분 발생	D등급(등급조정)*
	평가이후 변동사항 발생 (대표자변경, 6개월 이상 운영중단 후 재개)	평가예정**
	신규개원	평가예정**
평가제 시행 이전 인증정보	미인증(평가참여 이력 없음)	-
	인증유지	(평가제 결과 확정 이전까지 기존 공표 내용 유지)
	인증취소 · 인증종료 · 인증유효기간만료	인증취소/인증조료/인증 유효기간 만료

* D등급(등급조정)은 통합정보공시 홈페이지 최하위 등급 조정에 포함되는 사유 안내
* '평가예정'은 신규개원, 대표자변경, 6개월 이상 운영 중단 후 재개 시 운영재개일로부터 1년 경과 후 평가 예정

참고문헌

강미희(2004). 유치원 교육과정에서 의미하는 통합과 실제 통학교육의 문제. 광주보건대학논문집, 29, 39-59.

강유정 · 최성열 · 신연희(2020). 교육과정. 서울: 창지사.

경기도교육청(2017). 놀이 2017. 경기: 경기도교육청.

곽노의(2000). 새 천년을 위한 한국 유아교육의 방향-프뢰벨의 유아교육이론에서 본 한국유아교육의 현재와 미래. 한국전문대학 유아교육과 교수연수회 및 학술대회자료집, 33-53(1월 6일).

교육과정개정연구위원회(1996). 통합교과의 교육과정: 교과서 구조개선 연구. 서울: 한국교육개발원.

교육과학기술부 · 보건복지부(2012). 5세 누리과정 해설서. (사)한국시각장애인연합회.

교육과학기술부 · 보건복지부(2013). 3~5세 연령별 누리과정 해설서. (사)한국시각장애인연합회.

교육부(1992). 유치원 교육과정 해설.

교육부(1998). 유치원 교육과정. 서울: 대한교과서주식회사.

교육부(1998). 유치원 교육과정 해설.

교육부(2000). 유치원 교육활동지도자료 1 총론. 서울: 교육부.

교육부(2014). 제3주기 2014학년도 유치원 평가 매뉴얼. 서울특별시교육청유아교육진흥원.

교육부(2017). 제4주기 유치원 평가 중앙연수.

교육부(2020). 제5주기('20~'22년) 유치원 평가 추진 계획(교육부 유아교육정책과-1217, 2020. 2. 25.)

교육부 · 보건복지부(2019). 2019 개정 누리과정(안) 공청회.

교육부 · 보건복지부(2019). 2019 개정 누리과정 해설서. 세종: 교육부 · 보건복지부.

교육인적자원부(2007). 2007 개정 유치원 교육과정.

권낙원(2007). 전문학습공동체 구성 가능성 탐색. 학습자중심교과교육연구, 7(2), 1-27.

권대훈(2003). 교육심리학. 서울: 원미사.

권미량(2020). 영유아교육과정. 경기: 양서원.

길효정(2017). 영유아교육과정. 경기: 공동체.

김경철, 김영호, 염익병, 조옥희(2002). 영유아교육과정. 서울: 학지사.

김경철 · 강민정 · 이정미 · 김은정(2017). 유아교육과정. 경기: 양서원.

김경철 · 김영호 · 염익병 · 조옥희(2002). 영유아교육과정. 서울: 학지사.

김숙자 · 고정리(2005). 유치원 교육과정의 목표 분석과 유아교육의 방향. 교원교육, 21(2), 1-10.

김승호 · 김은정 · 박일수(2019). 교육과정과 수업. 서울: 창지사.

김승희(2018). 유아교육과정. 경기: 지식공동체.

김연정(2004). 국가, 지역, 학교 수준 교육과정간의 연계성 분석. 경남대학교 교육대학원 석사학위논문.

김옥련(1985). 유아교육사. 서울: 정민사.

김재복(1983). 교육과정의 통합적 접근에 관한 연구. 동국대학교 대학원 박사학위논문.

김재복(1998). 교육과정의 통합적 접근. 서울: 교육과학사.

김효권 · 이돈희 · 이홍우(1977). 현대교육과정론. 서울: 교육출판사.

김희연 · 정선아(2006). 어린이의 삶의 관점에서 본 유아보육 • 교육과정의 본질: '발달'과 '교과'에 대한 재해석을 중심으로. 유아교육연구, 26(5), 355-376.

문교부(1969). 유치원 교육과정. 서울: 대한교과서주식회사.

문교부(1979). 유치원 교육과정. 서울: 대한교과서주식회사.

문교부(1981). 유치원 교육과정. 서울: 대한교과서주식회사.

문교부(1987). 유치원 교육과정. 서울: 대한교과서주식회사.

문미옥(2008). 영유아교육과정. 서울: 창지사.

문미옥(2009). 영유아교육과정. 서울: 창지사.

문미옥(2015). 교육과 보육을 위한 영유아교육과정. 서울: 창지사.

박덕규(1993). 프뢰벨의 교육사상과 킨더가르텐. 서울: 민성사.

박영신 · 박은주 · 석은조 · 신은정 · 오성숙 · 이경하(2017). 영유아교육과정. 서울: 창지사.

박찬옥 · 서동미 · 곽현주 · 박성희 · 한남주 · 홍천희(2020). 유아교육과정. 경기: 정민사.

방인옥 · 박찬옥 · 이기현 · 김은희(2003). 유아교육과정. 서울: 정민사.

방인옥 · 박찬옥 · 이기현 · 김은희(2014). 유아교육과정. 경기: 정민사.

보건복지부(2012). 제2차 표준보육과정의 구체적 보육내용 및 교사지침.

보건복지부(2013). 제3차 어린이집 표준보육과정.

보건복지부(2017). 제3차 어린이집 표준보육과정 해설서. 세종: 보건복지부 · 육아정책연구소.

보건복지부(2017). 제3차 중장기보육 기본계획(2018~2022).

보건복지부(2020). 2020어린이집 평가 매뉴얼 어린이집용.

보건복지부(2020). 「제3차 어린이집 표준보육과정 고시」 개정.

뿌리 깊은 유치원 교사 연구회(2019). 유치원 학급운영 어떻게 할까?. 서울: 사람과 교육.

서문희 · 신희연 · 송신영(2009). 보육시설 평가인증 효과 분석. 육아정책연구소.

서문희 · 양미선 · 이정원 · 김온기 · 원종욱 · 송신영(2013). 어린이집의 질 제고를 위한 평가인증제도 중장기 개편방안. 육아정책연구소.

서봉연 · 이순형(1994). 발달심리학. 서울: 중앙적성출판사.

서울특별시교육청 유아교육진흥원(2020). 유치원 평가 기본계획.

신명희 · 박명순 · 권영심 · 장소연(1998). 교육 심리학의 이해. 서울: 학지사.

신화식(2007). 몬테소리 이론과 실제. 서울: 양서원.

신화식 · 양옥승 · 신현옥 · 이상화 · 김명희 · 김향자 · 곽노의 · 이희경 · 오은순 · 김영숙 · 이성희 · 배지희(2012). 영유아교육 프로그램. 경기: 교문사.

양옥승(2008). 유아교육과정 탐구. 서울: 학지사.

양옥승 · 최경애 · 이혜원(2016). 영유아교육과정(2판). 서울: 학지사.

엄태식(2013). 영유아교육과정. 서울: 태영출판사.

여성가족부(2007). 표준보육과정 고시.

오문자(2015). 레지오 알아가기: 한국에서 레지오 교육의 재구성. 경기: 정민사.

이기숙(2000). 유아교육과정(개정판). 경기: 교문사.

이기숙 · 김정원 · 이현숙 · 전선옥(2019). 영유아교육과정. 경기: 양서원.

이기숙 · 김정원 · 이현숙 · 전선옥(2014). 영유아교육과정. 서울: 공동체.

이기숙 · 김정원 · 이현숙 · 전선옥(2020). 영유아교육과정. 경기: 공동체.

이미화 · 서문희 · 최운경 · 엄지원(2012). 보육서비스 품질 제고를 위한 어린이집 평가인증 발전방안 연구. 육아정책연구소.

이상금 · 이경애(1990). 몬테소리교육: 이론과 실제. 서울: 교문사.

이선애 · 오선영 · 마지순 · 안라리 · 최영해(2016). 유아교육과정. 경기: 정민사.

이성호(2004). 교육과정 개발과 평가. 경기: 양서원.
이순형 · 성미영 · 김혜리 · 김정민 · 김진경 · 이성옥 · 김유미 · 오지은 · 우현경 · 임여정 · 정하나 · 심도현 · 안혜령(2016). 유아교육과정. 경기: 파워북.
이연섭 · 김영주 · 라정숙 · 엄정례 · 전경화 · 한은숙 · 홍은경(2005). 유아교육과정. 서울: 교육과학사.
이인학 · 이기영 · 김규태 · 최성열 · 신성철 · 박지은 · 류관열 · 김도진(2013). 최신교육의 이해(2판). 서울: 학지사.
이정환 · 김희진(2007). 영유아교육의 교수학습방법. 서울: 파란마음.
이항재 · 최민수(2004). 아동발달. 서울: 교육과학사.
이현옥(2008). 교과교재연구 및 지도법. 경기: 공동체.
이혜원(2006). 한일 아동복지법의 내용에 관한 비교연구. 한국사회복지학, 58(2), 87-116.
이화여자대학교 부속 이화유치원 편(2002). 이화유치원 교육과정. 서울: 교문사.
임승렬(2001). 유아교사 평가의 새로운 접근. 유아교육연구, 21(1), 87-116.
정나라 · 정유진(2020). 즐거움과 배움과 성장이 있는 놀이중심 교육과정. 서울: 교육과실천.
정옥분(2003). 아동 발달의 이론. 서울: 학지사.
정윤경(2004). 발도르프 교육학. 서울: 학지사.
최경숙(2000). 발달심리학. 경기: 교문사.
한국보육진흥원(2017). 어린이집 평가인증 12년.
한진이(1998). 슈타이너의 발도르프교육. 한국보육시설연합회, 보육정보, 3-4, 12-15.
홍순정 · 곽노의 · 정미라(2004). 아동교육사. 서울: 한국방송통신대학교 출판부.
홍순정 · 이기숙(2013). 유아교육과정. 서울: 한국방송통신대학교출판부.
홍지연(2002). 영유아 교육 프로그램. 서울: 창지사.
황해익(2009). 유아교육평가의 이해. 경기: 정민사.
황해익 · 제경숙 · 서현아 · 천희영 · 최미현 · 강신영 · 김혜림(2001). 인터넷과 유아교육. 서울: 창지사.

Almond, G. A., & Powell, JR., G. B.(1978). *Comparative Politics: System, Process, and Policy*(2nd ed.). Boston, MA: Little, Brown and Company.
American Montessori Society.(1994). *Montessori education*. New York: Author.
Bobbitt, F.(1918). *The Curriculum*. Boston, MA ; Houghton, Mifflin Company.
Bredekamp, S., & Rosegrant, T.(Eds.)(1995). *Reaching Potentials: Transforming Early Childhood Curriculum and Assessment*. Volume 2. Washington, DC: NAEYC.
Brunner, J. S.(1960). *The process of education: a landmark in educational theory*. Cambridge: Harvard University Press.
Chard, S. C.(1998a). *The project approach. Practical guide 1. Developing the basic framework*. New York: Scholastic.
Chard, S. C.(1998b). *The project approach. Practical guide 2. Developing curriculum with children*. New York: Scholastic.
Decker, C. A., & Decker, J. R.(2005). *Planning and administering early childhood programs*(8th ed.). NJ: Pearson Merrill-Prentice Hall.
Derscheid, L. E.(1997). Mixed-age grouped preschoolers' moral behavior and understanding. *Journal of Research in Childhood Education, 11*, 147-151.
Edwards, C., Gandini, L., & Forman, G. (Eds.). (1998). *The hundred languages of children: The Reggio Emilia approach to early childhood education* (2nd ed.). Norwood, NJ: Ablex.

Epstein, A. S.(2007). *International Teacher: Choosing the best Strategies for Young Children's Learning*. Washington, DC: National Association for the Education of Young Children.

Forman, G.(1994). *Different media, different languages*. In L. Katz & B. Cesarone(Eds.), *Reflections on the Reggio Emilia Approach*. Urbana, Il: ERIC. pp. 41-54.

Forman, G.(1999). Beyond the attentive eye: The importance of theory for the practice of documentation. *Canadian Children*, *24*(1), 4-8.

Frost, J. L., & Kissinger, J. B.(1976). *The young child and the educative process*. NY: Holt, Rinehart & Winston.

Goffin, S. C., & Wilson, C.(2001). *Curriculum models and early education: apprasing the relationship*(2nd ed.). Upper Saddle River, New Jersey: Merrill Prentice Hall.

Goldman, J.(1981). The social participation of pre-school children in same-age versus mixed-age groupings. *Child Development, 52*, 644-650.

Grossmann, W.(1994). *kindergarten, 2. Auflage Weinheim und Basel: Beltz Verlag*, 148-158.

Guilford, J. P.(1959). Three faces of intellect. *American Psychologist*, *14*, 469~479.

Ingram, J. B.(1979). curriculum integration and lifelong education. Paris: UNESCO. 배진수·이영만 공역(1995). 교육과정 통합과 평생교육. 서울: 창지사.

Jacobs, H. H.(1989). *Interdisciplinary Curriculum: Design and Implementation*. Alexandria, VA: ASCD.

Jaffke, F. (1991). *Spielen und Arbeiten im Waldorfkindergarten*. Stutgart: Verlag Freies Geistesleben.

Katz, L. G., & Chard, S. C.(1989). *Engaging children's minds: The project approach*. Norwood, NJ: Ablex.

Katz, L. G., & Chard, S. C.(2000). *Engaging children's minds: The project approach*(2nd ed.). Stamford, CT: Ablex.

Katz, L. G., Evangelou, D., & Hartman, J. A.91990). *The case for mixed-age groupings in early education*. Washington, DC: NAEYC.

Lillard, P.(1972). *Montessori: A modern approach*. New York: Schocken.

MacDonald, S.(1997). *The portfolio and its use: A road map for assessment*. Little Rock, AR: Southern Early Childhood Association.

Malaguzzi, L.(1998/2012). History, ideas and basic philosophy. In C. Edwards, L. Gandini, & G. Forman(eds.), *The hundred languages of children*(2nd ed.). Norwood, NJ: Ablex. pp. 49-97. 김희진·오문자 역. 어린이들의 수많은 언어. 2판. 정민사. pp. 65-118.

Martin, S.(1996). Developmentally appropriate evaluation: Convincing students and teachers of the importance of observation as appropriate evaluation of children. Association for Childhood Education International Conference.

Montessori, M.(1949). *The Absorbed Mind: Claremont*, C. A. trans. (1967). New York: Henry Holt and Company.

Montessori, M.(1964). *The Montessori method*. New York: Schocken.

Montessori, M.(1967). *The discovery of the child*. Notre Dame, IN: Fides. (Original work published 1948).

Montessori, M.(1973). *From childhood to adolescence*. New York: Schocken.

Mounts, N. S., & Roopnarine, J. L.(1987). Socail cognitive play patterns in same-age and mixed-age preschool classroom. *American Educational Research Journal, 24,* 463-476.

National Association for the Education of Young children(1991). Guidelines for appropriate curriculum content and assessment in programs serving children ages 3 through 8. *Young Children, 30*, 21-67.

Piner, W. F.(1988). *Contemporary Curricular Discourses*. Arizona: Gorsuch Scarisbrick.

Roopnarine, J. L., Metindogan, A., & Yang, H. J.(2005). Mixed-age educational programs for young children, In J. L. Roopnarine, J. E. Johnson(Eds.), *Approaches to early childhood education*(4th ed.)(pp. 211-232.). NJ: Pearson Merrill-Prentice Hall.

Schwartz, S. L., & Robinson, H. F.(1982). *Designing curriculum for early childhood*. Boston: Allyn & Bacon.

Seefeldt, c.(1980). *A Curriculum for Preschool*. Columbus, OH: Charles E, Merrill.

Smith, L. S. (1997). *Open education revisited. Teachers College Record*, 99(2), 371-415.

Torrance, E. P.(1969). Creative positives of disadvantaged children and youth. *Gifted Child Quarterly*, *13*(2), 71-81.

Torrence, M. (1993). From percept to concept: The sensorial path to knowledge. *Montessori Life*, *5*(3), 28-30.

Trepanier-Street, M. (2000). Multiple forms of representation in long-term projects: The Garden Project. *Childhood Education*, *77*(1), 18-25.

Tudge, J.(1986). Beyond conflict: the role of reasoning in collaborative problem solving. Paper presented at the Piaget conference, Philadelphia. (ERIC Document Reproduction Service No. ED 275 395).

Tyler, R,. W.(1949). *Basic Principle of Curriculum and Instruction*. Chicago and London: The University of Chicago Press.

Tyler, R. W. (1950). Basic principles of curriculum development. Chicago: University of Chicago Press. *Performance Improvement Quarterly*, *3*(1), 65-70.

Winsler, A., Caverly, S., Willson-Quayle, A., Carlton, M. P., howell, C., & Long, G. N.(2002). The social and behavioral ecology of mixed-age and same-age preschool classrooms: A natural experiment. *Journal of Applied Developmental Psychology, 23*, 305-330.

저자약력

정주선

전남대학교 대학원 유아교육과 교육학 박사

현 동강대학교 유아교육과 교수

김민경

강릉원주대학교 대학원 유아교육과 문학박사

현 강동대학교 유아교육과 교수

김세루

전남대학교 대학원 유아교육과 교육학 박사

현 광주대학교 유아교육과 교수

양정은

계명대학교 대학원 유아교육과 교육학 박사

현 유원대학교 유아교육과 교수

윤정선

명지대학교 대학원 아동학(아동가족심리치료) 박사

현 경복대학교 유아교육과 교수

영유아교육과정

초판 1쇄 인쇄 2020년 8월 31일
초판 1쇄 발행 2020년 9월 2일

지 은 이 | 정주선 · 김민경 · 김세루 · 양정은 · 윤정선
펴 낸 이 | 김기섭
편 집 인 | 이초롱
펴 낸 곳 | 창지사 www.changJisa.com
08589 서울시 금천구 가산디지털 1로 83 파트너스타워 1차 9층
전화 (02)719-2211~3
팩스 (02)701-9386
등 록 | 1977년 4월 28일 · 제1-421호

ISBN 978-89-426-1382-3 (93370)

값 20,000원

이 도서의 국립중앙도서관 출판예정도서목록(CIP)은 서지정보유통 지원시스템 홈페이지(http://seoJi.nl.go.kr)와 국가자료공동목록시스템(http://www.nl.go.kr/kolisnet)에서 이용하실 수 있습니다(CIP제어번호: CIP2020035995).